大学生、福島を聴く

東日本大震災と「心の復興」

橋口勝利

関西大学出版部

【本書は関西大学研究成果出版補助金規程による刊行】

大学生、福島を聴く

目　次

目　次

参考地図　福島県と調査地域　……………………………………………6

序章　東日本大震災から9年　◎2011年〜2019年　………………7

第Ⅰ部　震災直後の福島
2011年

第1章　震災直後の衝撃　◎第1回調査活動記　………………………15
第2章　苦悩と分断　◎第2回調査活動記　……………………………33

第Ⅱ部　復興への模索
2012年〜2015年

第3章　傷跡は深く　◎2012年の調査活動記　……………………45
　第1節　ふくしまの子どもたち　◎第3回調査活動記　……………45
　第2節　ふくしまの声を聴く　◎第4回調査活動記　………………62
　第3節　復興への第一歩を探して　◎第5回調査活動記　…………82
第4章　復興への第一歩　◎2013年の調査活動記　………………99
　第1節　復興へ歩みだす　◎第6回調査活動記　……………………99
　第2節　復興への道　◎第7回調査活動記　…………………………113
第5章　地域振興への模索　◎南相馬市の歩み　……………………125
　第1節　福島県の除染状況　…………………………………………126
　第2節　震災被害と復興への道　……………………………………134
　第3節　地域振興のために　…………………………………………146
第6章　混迷と希望と　◎2014年の調査活動記　…………………151
　第1節　復興への希望　◎第8回調査活動記　………………………151

第2節　安全と安心　◎第9回調査活動記　‥‥‥‥‥‥‥‥‥169

第7章　復興の分岐点　◎2015年の調査活動記‥‥‥‥‥‥‥‥‥179
　　第1節　関西・ふくしまの交流を　◎第10回調査活動記‥‥‥‥‥‥179
　　第2節　心の復興へ　◎第11回調査活動記　‥‥‥‥‥‥‥‥193

第Ⅲ部　新たな課題——住民帰還へ向けて
　　　　　　2016年〜

第8章　帰還を目指して　◎第12回調査活動記　2016年　‥‥‥‥‥211
第9章　福島第一原発の今　◎第13回調査活動記　2017年　‥‥‥‥221
第10章　復興まであと何年？　◎2018年の調査活動記　‥‥‥‥‥241
　　第1節　スタートか停滞か　◎第14回調査活動記　‥‥‥‥‥‥241
　　第2節　解決まで30年　◎第15回調査活動記　‥‥‥‥‥‥‥247
第11章　ふくしまの未来を　◎第16回調査活動記　2019年　‥‥‥267

終章　大学生がみた福島‥‥‥‥‥‥‥‥‥‥‥‥‥‥‥‥‥‥‥291

　あとがき‥‥‥‥‥‥‥‥‥‥‥‥‥‥‥‥‥‥‥‥‥‥‥‥297

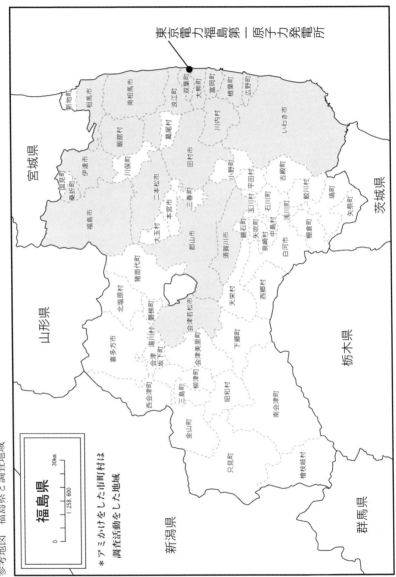

参考地図　福島県と調査地域

福島県

1:258,600

0 ─────── 300km

＊アミかけをした市町村は
調査活動をした地域

東京電力福島第一原子力発電所

新地町
相馬市
南相馬市
浪江町
双葉町
大熊町
富岡町
楢葉町
広野町
いわき市
川内村
飯舘村
葛尾村
伊達市
川俣町
田村市
国見町
桑折町
二本松市
三春町
小野町
古殿町
川内村
福島市
本宮市
玉川村
平田村
石川町
鮫川村
塙町
大玉村
郡山市
鏡石村
矢吹町
泉崎村
浅川町
棚倉町
矢祭町
須賀川市
中島村
白河市
天栄村
猪苗代町
西郷村
北塩原村
磐梯町
喜多方市
会津坂下町
会津若松市
下郷町
西会津町
湯川村
柳津町
会津美里町
三島町
昭和村
金山町
南会津町
只見町
檜枝岐村

宮城県
山形県
新潟県
群馬県
栃木県
茨城県

序章　東日本大震災から9年

2011年〜2019年

関大生が「福島での学び」を伝える（「ふくしま復興を考える
県民シンポジウム2019」2019年3月、福島県郡山市にて）

1　復興は、まだ途中

「復興は、まだ途中なんですよ」

2018年8月、福島県庁企画調整課の佐藤安彦氏の言葉です。

「この震災から得た教訓を教えてくれませんか」、と私が尋ねた際の答えでした。私にとっては、意外といえば意外です。しかし、少し考えてみれば、当然の答えでした。

あの震災から8年の時を経て、復興への歩みも聞こえてくる。私にとっては、そう受け止めての質問でした。しかし、それはあくまで、「外」にいる私の考えに過ぎなかったのです。

「福島の今を関西に伝える」——私のゼミナールでは、震災の発生から、ずっとこのテーマに取り組んできました。何度も福島県に足を運んで、何世代もの学生たちが現地の方々に触れ合ってきました。

それから8年、「教訓なら、関西のかたにも伝えやすい」——私のそんな安直な考えが露呈して、福島県庁のかたにたしなめていただいた、ということだろうと思います。私は、まだまだ被災地をわかっていなかったのです。その反省と新たな決意を胸に、2019年6月、学生たちと9年目の福島県調査活動を実施しました。

本書は、2011年3月11日に発生した東日本大震災からの復興の歩みを記録したものです。この大事故から3カ月後の2011年6月に、私たちは初めて福島県を訪問しました。それから、2019年に至るまでの9年間、関西大学政策創造学部、橋口勝利ゼミナールが福島県を調査活動した取材記です。

ただし、本書は、震災の被災状況や復興策について、専門的見地から考察を深めるというスタイルはとりません。われわれは、これまでに数多くの行政機関、民間組織、避難生活者、大学教員や学生たちと出会い、取材を続けてきました。その貴重なお話から、大震災の惨状や爪痕だけでなく、複雑な立場や苦しい生活状況ゆえの生々しい体験もたくさん教えていただきました。

その教えや体験から、多くの影響をうけたのは、ほかでもなく関西大学の学生たちでした。学生たちは、メディアには伝えられない福島の現実に直面して素直に受け止めたとき、確実にその意識を変えたのです。そして福島の方々に向き合った学生たちは、使命感を持って、福島の今を関西に発信してきました。私は、その学生たちの感じた姿を映し出すことに、力を注ぎたいと思います。その思いを胸に、この本を執筆しました。9年間にわたって福島県を見つめてきた学生たちが、何を学び、どう変わったのか。「もうひとつの東日本大震災」を伝えます。

2　復興支援活動の始まり
－3.11から支援活動の開始まで－

1　震災発生時
　2011年3月11日午後2時46分、私は大阪府吹田市の関西大学にいました。研究室でパソコンに向かい事務作業を行っていたら、突然、目の前の画面がグニャグニャと歪みだし、キーンと頭に痛みが生じたのです。もちろん、それを地震とは気づかず、画面を見過ぎたために疲れが出たのだと思っていました。異常に気付いたのは、インターネット画面に大地震を伝える緊急情報がひっきりなしに現れたからでした。やがて、画面は大津波の発生を次々に伝えてきます。私は、急ぎ自宅へ戻って、テレビ画面を確認しました。黒灰色の津波がまちを飲み込んでいく映像をいくつも見ました。そのときの私は、すべてがまるで日常ごととは思えず、なすすべもなく見つめるだけでした。

2　大学人として
　東日本大震災への向き合い方が変わったのは、先輩教員の深井麗雄教授の言葉でした。
　「この未曾有の大震災に、大学は何か行動を起こすべきだ」
　この言葉は、私の中にストンッと落ちたのです。
　大学は、研究教育機関です。日々自分の研究テーマを追究し、その成果を

学生教育として還元する。市民講座を通じて社会に発信する。そのこと自体は大切な仕事だと思いますし、私も誇りを持って取り組んでいます。しかし、その学問は、やはり現実社会の問題解決に生かされなければならないとも感じていました。ましてや、私は政策創造学部に属しているのです。現実の課題への提案力や実践力が、いま、ここで求められているのではないか。だから、深井教授の言葉は、私に強く響いたのです。そして、深井教授は、「福島へ行きませんか」という言葉をかけてくれたのです。

3 「なぜ、福島へ行くんですか」

震災発生の翌日、福島第一原子力発電所の水素爆発事故が報じられました。もはや何が起きてもおかしくない状況です。批判を覚悟で吐露すれば、「なぜ、福島へ行くんですか」と考えたことは何度もありました。それほど、福島第一原発の放射性物質への恐怖は得体が知れず恐ろしいものでした。

深井教授は、新聞記者時代の人脈をフルに活かして、福島の地元新聞社と連携し、「福島慰問隊」と銘打って福島行きの態勢を整え、有言実行の姿勢を貫いておられました。学生たちもすでに 3 名を選抜し、事前学習に取り組ませていました。その一方で、福島第一原発の動向にも細心の注意を払い、「爆発事故の状況次第では、この企画を中止する。学生を守らなければならないから」と学生への配慮も忘れていませんでした。それでも、私は、学生を関与させるかどうかを決めきれないでいました。

4 「僕たちに声をかけてくださいよ」

2011 年 4 月、私の研究室に 2 人の学生が訪ねてきました。2 人は私の教え子の 3 年生です。学生は、「先生、福島での活動の話を聞きましたよ」と切り出しました。戸惑う私にかまわず彼は続けました。「僕たちに声をかけてくださいよ。福島へ行きます」と言ったのです。2 人のこの言葉は、私の背中に電流が走り抜けるほどの衝撃を与えました。

福島に向き合おうとする学生たちが確かにいる。その学生たちが私の指導を求めている。私が大学教師としてするべきことは、この学生たちを導いて

守ってあげることです。正直に言って、学生たちが、これほどの高い志と、現地に向かおうという行動力を有していたとは思いませんでした。私の覚悟は、ここで固まりました。この日から、9年間におよぶ福島での活動が始まったのです。

3　本書の構成と引用の方針

　本書は、2011年からの9年間の調査記録を3部構成にし、11章を収録しています。1年間の全活動を1章のなかに記録する方法をとっています。ただし、2011年の2度の調査記録については、それぞれ1章ずつ設けました。このことで、震災から間もない日々、そして学生たちの認識の変化を克明にお伝えできると考えたからです。ただし、取材先の方々の個人名は、みなさんのお立場やプライバシーを考えて、特別な許可をいただいた方を除き、原則として匿名にしています。同様に、取材活動を行った関西大学の学生たちも匿名としていることを付記しておきます。

　なお、学生たちの記録の引用は原則として原文のままとしていますが、名称の間違いなど明らかな誤りは直し、一部省略し、また表記を統一しました。下線も筆者が付けたものです。

年表　東日本大震災と福島県

年	月	日	震災とその後の動き 地域	震災とその後の動き 事項	橋口ゼミ調査活動 回	橋口ゼミ調査活動 主な活動地域
2011	3	11		東北地方太平洋沖地震発生		
		12		福島第一原発1号機で水素爆発		
		14		福島第一原発3号機で水素爆発		
		15		福島第一原発4号機で水素爆発		
	4	22		国が、計画的避難区域、緊急時避難準備区域、警戒区域を設定		
	6				1	郡山市・福島市・いわき市
	9				2	福島市・郡山市・石巻市（宮城県）
	12			先行除染開始		
2012	2				3	福島市・郡山市・二本松市・南相馬市
	4			計画的避難区域と警戒区域の一部を、3つの区域（避難指示解除準備区域、居住制限区域、帰還困難区域）に再編		
	6				4	福島市・いわき市・郡山市・南相馬市・会津若松市
	7	25	田村市都路地区	面的除染開始		
	10				5	福島市・二本松市・南相馬市
2013	6				6	福島市・南相馬市
	9				7	福島市・南相馬市
2014	2				8	福島市・川内村・南相馬市
	4	1	田村市都路地区	避難指示解除準備区域解除		
	9	1	川内村東部の一部	避難指示解除準備区域解除 居住制限区域を避難指示解除準備区域に再編		
	11				9	福島市・南相馬市
2015	2				10	須賀川市・伊達市・相馬市・富岡町
	3	13		仮置場から中間貯蔵施設（保管場）への搬入開始		
	6				11	福島市・伊達市・南相馬市・富岡町
	9	5	楢葉町	避難指示解除準備区域解除		
2016	6	12	葛尾村	避難指示解除準備区域解除、居住制限区域解除		
		14	川内村	避難指示解除準備区域解除		
					12	福島市・田村市・南相馬市
	7	12	南相馬市	居住制限区域解除 避難指示解除準備区域解除		
2017	3	31	川俣町	居住制限区域解除 避難指示解除準備区域解除		
			浪江町	居住制限区域解除 避難指示解除準備区域解除		
			飯舘村	居住制限区域解除 避難指示解除準備区域解除		
	4	1	富岡町	居住制限区域解除 避難指示解除準備区域解除		
	7				13	福島市・南相馬市・富岡町
2018	3			面的除染が完了（帰還困難区域を除く）	14	飯舘村・浪江町・富岡町
	8				15	福島市・飯舘村・南相馬市・浪江町・富岡町
2019	4		大熊町	居住制限区域解除 避難指示解除準備区域解除		
	6				16	福島市・浪江町・大熊町

注）事項は本書の内容に関連の深い項目を中心に取り上げた。
資料）『ふくしまの環境回復の歩み』（環境再生プラザ）を基に筆者作成。

第 I 部　震災直後の福島

2011 年

第1章　震災直後の衝撃

－第1回調査活動記　2011年6月－

〔第1回活動概要〕

2011年6月29日〜7月1日

参加者：学生5名、教員2名

◎ビッグパレットふくしま（郡山市）、ホテル華の湯（郡山市）、ホテル山水荘（福島市）　各避難所訪問

◎特別養護老人ホーム信夫の里、ラジオ福島、福島県庁へのインタビュー調査

◎いわき市小名浜（沿岸部・被害状況見学調査）、福島大学学生との交流

第1回の福島県調査活動は、2011年6月29日〜7月1日にかけて実施しました。メンバーは、福島民報社大阪支社1名、スポーツニッポン新聞社1名、旭堂南陽氏（講談師）、イ・ヨンボ氏（シンガーソングライター）ご夫妻とご子息（次男の木村正城）。関西大学政策創造学部からは、深井麗雄教授、橋口勝利、政策創造学部3年生が5名参加しました。この企画のタイトルは「立ち上がろう東日本！　旭堂南陽まごころ講談会」。被災者避難施設での慰問活動を目的に、講談とコンサートを実施したのです。なによりも、被災地の声を聴くことがわれわれの目的でした。

津波で壁が破壊された体育館

1 福島へ行く

1 大阪伊丹空港

　私は、6月29日午前7時に大阪（伊丹）空港でメンバーと待ち合わせました。震災発生から3カ月足らず、被災地の状況がほとんど摑めない中で決意したプロジェクトです。「おはようございます」とあいさつを交わすものの、学生たちの表情は強張っていました。もっとも、学生たちからみれば、私の表情のほうがよほど強張って見えたかもしれません。それほど、気持ちが高ぶっていたのです。そんな緊張感を察してか、深井教授は、1枚の模造紙を用意しました。「この模造紙に、周りの方からのメッセージを集めてきてください」と、学生たちに指示を出したのです。

　今回の調査が学生5人にとっては初めてのミッションとなりました。正直に言えば、私は、「見ず知らずの搭乗客にメッセージを求めるなんて、無理難題を言うものだ」と思いました。ところが、しばらくして、学生たちに目線をやると、学生たちの周りに人だかりができています。しかも、その囲みはいっこうに解けることがありません。15分ほどたつと、「先生、メッセージが集まりました」と学生の声がするのです。私は目を疑いました。模造紙は、びっしりと「福島がんばれ！」や「負けるな！」の言葉であふれていたのです。学生たちは、メッセージを集めた「達成感」と、集まってしまったことへの「困惑」の表情を浮かべていました。未曾有の原発被害を被った福島への関心の高さ、そして、その福島へ赴く学生たちへの反応の大きさ。そんな大変なところへ行くのだ。改めて、今からの行動が、とてつもないことなのだと知らされた瞬間でした。

　伊丹空港から福島空港まで飛行機で約1時間です。「着陸態勢に入りました」というアナウンスが流れると、体に緊張感が走りました。正直に言うと、窓から見える雲すらどす黒く見え、その得体の知れない空間へと飛び込まなければいけない、そんな気分でした。

　福島空港に着陸して、最初に空気を吸ったときの緊張感も忘れられません。

メンバーの言葉数が少なかったことも覚えています。これからわれわれは、どうなるんだろう。本当にここに来てよかったんだろうか。それぞれが不安の言葉を飲み込みながら、空港のロビーを出たのです。ほどなく、一行は空港からタクシーに分乗しました。運転手は、一行の堅い雰囲気を察したのか、大きめの声で、「ここの空気はキレイですから！」と、いたずらっぽく笑いながら言ったのです。この運転手は、乗客にこの言葉を何度も投げかけて、リラックスさせようとされてきたのでしょう。こんな気遣いを、震災以来ずっとされていたのでしょう。しかし、そんな気遣いに、学生も、私も、乾いた笑いを返すのが精一杯でした。

　福島での慰問活動の目的は、福島の方々の話を聞いて、少しでも気持ちを和らげてもらうこと。メンバーには、音楽家のイ・ヨンボさんと、講談師の旭堂南陽さんがおられます。この2人のステージもその目的を達成するために構成されたのです。「とにかく福島へ」という想いは共有していましたが、「本当に何かできるのか」という問いに早くも悩み、答えを模索することになりました。

2　ビッグパレットふくしま──郡山市

　最初の訪問地となったのが、郡山市のビッグパレットふくしまでした。ここはコンベンション施設のため、本来はスポーツや文化講演に活用されるはずです。しかし、施設に一歩踏み込むと、そこはすでに「まち」となっていました。通路にはダンボールや毛布が敷き詰められ、力なく寝そべる人々であふれていました。ホールに入ってみると、そこは完全に居住スペースでした。細い木材を縦横に組んで仕切りの枠を作り、ブルーシートをかぶせて1戸ずつ仕切るのです。「玄関」には、段ボール紙で名前が書かれた「表札」がたてかけられ、その中に押し込められるように家族が「暮らして」います。

　私は、そのホールを出て、毛布とダンボールの間をぬうように歩き、次のホールへと足を踏み入れました。ホール看板には富岡町とあります。足を踏み入れたら、「あっ」と息を飲みました。なんと、私の視点から一面に避難者すべての頭が見渡せたのです。各家族の仕切りは、腰の高さほどのダンボー

1－1　ビッグパレットふくしまの居住環境。木材とブルーシートで区切られた。

1－2　ビッグパレットふくしまの居住環境。各家庭の区切りは段ボールの高さまで。

ルのみ。ですから、立ち上がれば周りの人の生活はほとんど見えてしまいます。そんな状況だったのです。重苦しい雰囲気に言葉を飲んでしまいました。

　「ここで生活しなきゃいけないのか」

被災地の方の声を取材すると言っても、なんと言っていいのか。そんな折、学生が、「つらいですか」と、ホールにいた女性に静かに語りかけました。しかし、女性は、振り向くことも、返答することもありませんでした。

　私はホールを出て、通路を歩いていると、ベンチに座る女性と目が合いました。聞けば、富岡町から来て避難生活を送っているといいます。震災以降、とにかくあちこちを移動してこのビッグパレットふくしまにたどり着いたそうです。一言、「富岡に帰りたい」と言いました。このときこそ、私も学生たちも、言葉にできないショックを受けた瞬間でした。学生は、この避難者への取材時の苦悩を記しています。

◆関大生（3年生、女性）の記録[1]

　最初に訪れたビッグパレットふくしまで、被災者と私たち県外からの来訪者との落差を感じた。「関西の人たちに向けて、あなたのメッセージを書いていただけませんか？」スケッチブックを片手にペンを出し、私は二人の年配の女性に声をかけた。

　それまで笑顔で話していた二人の顔つきが、突然、無表情に変わった。「私はいいです」。その一言で会話は途切れた。

　被災者の方が、「ありがとう！　頑張ります‼」などと書かれたメッセージカードを持って、ニッコリ笑っている広告などをよく見かけるが、そのメッセージを期待していた私には思いがけない一言だった。しかし、被災者の方には、その言葉に至るまでに辛い葛藤や痛みがあるはずなのに、それを一言二言でメッセージカードに書き記してもらうことは、被災者の方の真の思いに即していないのではないかと感じた。

　震災後、われわれがテレビや新聞で見た表情やメッセージ。その背後にあった苦しみや悲しみを、われわれは身に染みて感じることになりました。被災地の方々に寄り添うこと、それは決して簡単ではないのです。

　ビッグパレットふくしまをあとにして、ホテル華の湯を訪問しました。このホテルも震災からの避難者が生活されていました。故郷から長く離れるこ

とを余儀なくされた生活をうかがうべく、学生たちは話しかけていきます。ビッグパレットふくしまでのショックもあったはずなのに、「うんうん」と頷きながら避難者の話に耳を傾けていました。ある学生は、ホテル華の湯で避難生活を送っていた87歳の女性のお元気な姿が印象的だったようです。

◆関大生（3年生、男性）の記録 [2]
　関西で生活している私が想像していた福島とは、原発による風評被害で人々は身も心も疲れ果てて途方に暮れている、そう考えていた。しかし、六十年以上住んだ家を離れる話の時もこの女性から笑顔が絶えることはなかった。「辛くないんですか？」この質問に対し「ツンツンしている人もいるけど、オラはやだ。笑ったほうが勝ちだ」そう言った女性はまた笑い、私の肩をバシバシと叩いた。

3　福島市内の様子

　福島の駅前を歩いてみました。道行く方々の服装は「普通」でした。防護服を着ている人はおらず、マスクをつけた人もまばらです。「原発の被災地」、「空気も危険」という印象から勝手に想像したイメージとは明らかにかけ離れていました。確かに、福島の人々は、この地で生活していたのです。

　こうした私の印象は、学生たちも同様に抱いたようです。この日の夜、福島市内で懇親会を実施した際、地元の福島大学生と話す機会がありました。そのときの話を、関大生はこのように記録しています。

◆関大生（3年生、女性）の記録 [3]
　震災直後は電気や水道などのライフラインが止まり、スーパーに行くにも1キロ渋滞していたり、店内に入れてもレジまで100メートル以上並んでいたりという状況が続いたそうです。ですが、震災から4カ月たった今では、関西に住む私たちと何ら変わらない学生生活を送っている様子でした。大学でも震災直後はほとんどの学生がマスクを着用していたそうですが、今ではそんな学生も見かけなくなった、と教えてくれました。彼

女が「震災前と震災後の生活がほとんど変わっていないから、ガンバッテ！と言われても何をしていいかわからない」と言っていたのに衝撃を受けました。なぜなら、私自身、福島に入り実際に町の様子を見るまでは、福島市内にも地震によって倒壊した家屋がいまだに修復されていない場所が数多くあって、どこも放射能で危険な状態にあると思い込んでいたからです。

つまり、福島の方々は、震災から3カ月近くたってほぼ「震災前と同じような生活」を送っているのです。しかし、それで不安はないというわけではありません。この学生は、続けてこのようにも記録しています。

◆関大生（3年生、女性）の記録[4]
　しかし、彼女の不安は、「目に見える被害」ではなく、雨や水道水に含まれる放射能や、将来就職できるのかどうかという「目に見えない被害」でした。福島原発の事故から、直接水道水から水を飲むことはなくなり、雨にも敏感になったそうです。「震災前は福島で就職したいと思っていたけど、大学卒業後は福島にいるのは危ないと思うから他県に出たい」。この言葉を聞いた時はショックでした。福島県民がこれから向き合っていかなければならない問題は、この「目に見えない不安」であるということを教えてくれました。

目の前に見える「普通の生活」と、心に秘めた「不安」。関大生たちは、福島の震災を少しずつ受け止めていったようでした。

2　避難者との交流

1　活動の意義
　避難所の各地で、音楽家のイ・ヨンボさんはコンサートを、旭堂南陽さんは講談を行い避難されている方々を元気づけます。今回訪問したホテル山水荘でも、イ・ヨンボさんのコンサートが行われました。機材の設営は、学生

たちが率先してテキパキと進めていきます。この一行は即席で結成されましたが、今ではしっかりとチームになっています。南陽氏の講談の後、気がつけば、学生たちは避難者に話しかけていました。その様子を見ていると、笑い声が聞こえ、避難者の男性から人生訓をうかがって何度も頷く学生の姿も目に入りました。こうした光景を見ると、「現場の声を聴く」というプロジェクトの意義を考えさせられます。この活動の当初、われわれは、「被災地の方々の声を取材しなければいけない」と意気込み、「話を聴くことが支援」とわかったつもりでいました。しかし、大事なことは、「普通に話すこと」でした。このことに私も学生たちも次第に気づいたように思います。交流の時間が終わった際、避難者の方々に笑顔で別れを告げ、充実した顔で帰ってきた学生たち。その顔を見ていると、「自分たちのできることは何か」への答えがおぼろげに浮かび上がってきたようでした。

　続いて、福島市の信夫の里を訪問しました。ここは特別養護老人ホームで、この施設の方々30名ほどに集まっていただき、やはりイ・ヨンボさんのコンサートを行いました。選曲は被災地を元気づける歌です。イ・ヨンボさんは、「頑張って」や「ほら！　春が来た!!」など次々にオリジナルソングを歌い、みんなを巻き込んでいくのです。

　このイ・ヨンボさん。話していると、「苦しくても前向きに」とよくおっしゃいます。この言葉からも、イ・ヨンボさんは、この震災に自分はどう向き合うか、しっかり覚悟を持って行動しておられたように思います。新聞社の方も、学生たちも、私も、大きく手拍子と声で、集まってくれたみなさんと「ほら！　春が来た!!」と歌い、右手を天につきあげています。歌の持つ不思議な力に、このとき初めて気づきました。

　イ・ヨンボさんのコンサートののち、学生は、避難者のお話を以下のように記録しています。

◆関大生（3年生、男性）の記録[5]
　二泊三日の福島訪問を通して最も印象に残った経験は、2日目に訪れたホテル山水荘でのことである。ここに避難している方々への慰問ライブを

1－3　イ・ヨンボさんのライブ風景。みなさん、元気な手拍子。

1－4　学生たちは、このライブの後、避難者の方々と交流した。

終えた後、1人のお年寄りの女性にお話をうかがった。その方は目に涙を浮かべ、「放射能の恐怖が先行して風評被害が広がり、福島は危険と思われているかもしれない。でもそんな中わざわざ来てくれたことに感動した。音楽も心に響き、元気をもらった。本当にありがとう」とおっしゃってい

た。その感謝の言葉に、私が逆に勇気づけられてしまった。

　イ・ヨンボさんには、もうひとつ、大切なことを教えていただきました。私に対する一言、「あなたが兄貴分として学生たちを導き、引っ張っている姿を見て、先生だなと思いました」と声をかけてくれたことです。コンサートを終えて、ほっとひと息の瞬間のことでした。この言葉は、私の心の隙間を埋め、確実に自分の進むべき道を示してくれました。

　それは、今回のプロジェクトについて、実は私自身が一番悩んでいたと思うからです。私は、このプロジェクトの間、「何のためにここに来ているのか」、「学生たちに何を教えればよいのか」、「そもそも、被災地の方々に自分は役に立てるのだろうか」と、ずっと自問自答していました。

　これは、このプロジェクトが始まったころから、わずかながらも抱いていた疑問でした。情けない話ですが、それが拭えないまま、活動を始めたのです。その私の半端な姿は、すぐに露呈しました。

　1日目のビッグパレットふくしまでのコンサートの際、イ・ヨンボさんは私に、「学生さん、これ持ってよ」と声をかけてくれました。とっさに、「いや、私は教師なんです」と答え、機材を受け取りました。その際、イ・ヨンボさんの驚きと当惑の表情は、今もよく覚えています。私は、無理もない話だと思いました。言葉では、学生たちに「被災地の復興支援をしよう」と言っていても、自分自身の決意は曖昧だったのです。その姿に教師たる姿は見えるはずがありません。ですから私は、2日間の活動では、まず自分自身が率先して、被災地の方々に話しかけ、その悩みや戸惑いに向き合うことにしました。被災地の方々と触れ合うなかで私の力不足を感じたときは、正直に学生たちに伝えて、悩みを共有しました。そして次に出会う被災地の方々に自分から向き合っていったのです。

　そして、信夫の里でのコンサートの後、イ・ヨンボさんが「あなたが兄貴分として学生たちを導き、引っ張っている姿を見て、先生だなと思いました」とおっしゃったのです。今にして思えば、イ・ヨンボさんは、初日に私に言った言葉を、「悪いことした」と気にしていたのだろうと思います。しかし、

それを「ごめんなさい」と言うことで終わりにはしませんでした。そうではなく、私がその後、「先生」として、どう行動したのかを見て、励ましてくれたのだと思います。

　このとき、私には、「学生たちと一緒に被災地の方々と向き合う」という軸が出来上がったと思います。これは、私がこの活動でやるべきことが、はっきりと浮かび上がった瞬間となりました。振り返ってみれば、このイ・ヨンボさんの言葉は、私にとってあまりにも大きかったのです。

2　メディアの苦悩——ラジオ福島

　活動もいよいよ終盤へ向かいます。ラジオ福島の公開収録の場でアナウンサー大和田新氏と、学生たちとが福島をテーマに語り合ったのです。

　収録後、われわれは、大和田氏に震災当時の状況を尋ねました。大和田氏は、「本当なのかと疑うような信じられないことを報道しなければいけないことが続いた」と当時を振り返りました。「たとえば、海岸に遺体が200体打ち上がっています」という報道について大和田氏は、「2人の遺体でも大変な事態なのに、200体と言われても、とても信じる気になれない」というのです。それでも、ラジオで情報発信に努めたそうです。震災直後のあまりにも凄惨な話に、私は言葉を失いました。もちろん、学生たちも。福島の方々は、それぞれの仕事の場で震災に打ちひしがれ、それでも自分の役割を果たしていたのです。この大和田氏の言葉に、学生たちは、福島で見たことを伝える意味をかみしめはじめました。大和田氏への取材後、学生はこのように記しています。それは、ラジオが人を繋ぐ架け橋となることで、被災者を救ったエピソードでした。

◆関大生（3年生、男性）の記録[6]
　2日目に訪れたラジオ福島では、大和田新氏の話をおうかがいすることができた。その中でも私は、ラジオならではの救援の方法に心を動かされた。それはラジオが被災者と被災者の架け橋となったことである。具体的に説明すると、被災者Aが避難所に避難する際に常備薬を少ししか持って

きておらず、「薬を多く持っている人がいれば分けてもらいたい」とラジオに投稿すると、被災者Bが「薬を分けてもいい」と言ってきたのである。また、被災者AとBは離れていたため、被災者Cが運送役をかってでたのである。つまり、被災者Aはラジオがなければ薬を調達することはできなかったのである。

われわれは、この日の最後に福島県庁を訪問しました。行政が震災の被災状況や復興に向けてどう取り組んでいるのかを知るためでもありました。この訪問を経た学生は、以下のように記録しています。

◆関大生（3年生、男性）の記録[7]
　われわれは福島県庁を表敬訪問した。まず私が県庁に到着して目に入ったのは、庁舎の屋上にある国旗と県旗である。その二本の旗はいまだ半旗であったことに心が痛んだ。
　今回の表敬訪問では県の広報課と観光課の方からお話をうかがうことができた。私は福島県のこれからについて質問をした。「福島県の経済を復興するには外部からのお金の流通が必要不可欠であり、そのためには他府県から福島県に観光などで来てもらう必要がある」という回答であった。しかし、福島県から他府県に避難されている人が多くいる今、他府県の人々が安心して福島に来ることは難しいであろう。よって私は県庁の方に「まずは福島県民を福島県に呼び戻すことが必要ではないか」と提案したところ、県庁の方もその案については以前から考えておられたようであった。しかし、福島県が安全であるかどうかは、やはり個人個人で判断が異なるため強制的に呼び戻すことは困難であるようだ。やはり、福島県の復興の第一課題は原発事故の早期収束である。

福島県外からの観光活性化と、県外避難住民の帰還の問題。これは、2019年を迎えた今でもなお大きな課題として突きつけられています。そのあまりにも大きな問いを学生は提示していたのです。

3　津波の爪痕
——いわき市小名浜

　最終日、疲れを感じる暇などありません。一行は、震災後、初めて福島県沿岸部のいわき市小名浜へ向かいました。小名浜が近づくと、前方の道路は塞がれて、検問らしき人がバスのドアへ近づいてきました。引率役の福島民報記者が、取材である旨を告げて通行許可をもらい、バスは直進しました。道路脇では、ショベルカーがいくつも稼働し、学校の運動場には瓦礫が校舎の高さまで積み上げられ、粉塵をあげていました。福島県では、人々は普通に生活していると書きましたが、ここは違っていました。

　海岸沿いを歩くと、ほどなく豊間中学校が現れました。われわれは玄関横の通路を抜けて体育館に入ってみました。体育館の正面には舞台がありましたが、その背後の壁には大きな穴があいています。壁の木材は、外側へ散らばり空に向かって反り返っているのです。海からの大津波が体育館を破壊し

1−5　小名浜近辺の学校の運動場。おびただしい量の瓦礫が積み上げられていた。

1－6　体育館。壁は津波で破壊された。床面は瓦礫が撤去され、その中央にピアノが安置されている。

たことは、容易に想像できました。その大穴の真横には、掛け時計が、傾きながらも午後3時27分を指して止まっていました。つまり、地震と津波の爪痕をはっきり残していたのです。ただ、床面には、瓦礫は一切なく、ところどころに水たまりがあるだけです。中央には、ポツンとピアノが鎮座しています。聞けば、震災後に自衛隊がこの体育館の瓦礫を撤去したということです。その後、生徒たちがこの地へ帰ってきたときに、このピアノで楽しい時間を過ごしてくれることを願ってのことだそうです。震災で時は止まっても、これからのことを考えて行動する人が確かにおられたのです。

　小名浜の漁港を訪れました。ここでまたしても津波の凄まじさを目の当たりにしました。漁港の建屋は吹き飛び、船を繋ぐコンクリートの杭が折れ曲がっていました。しかも、海の方へ向かって。おそらく、津波が海へ戻っていく際にコンクリートを無残にへし折ったのでしょう。この波で、どれだけの方々が海に飲み込まれたのだろうか。われわれは戦慄を覚えずにいられませんでした。

　小名浜漁港を視察した学生は、このように記しています。

◆関大生（3年生、女性）の記録[8]
　3日目は津波の被害が大きかった小名浜を訪問しました。まずは小名浜
の漁港に行きました。漁港に入る前の道路では、散乱した瓦礫はほとんど
撤去されていて、不自由なく車が通れる状態まで綺麗に片付けられていま

1－7　小名浜の漁港。建屋が崩れて津波被害が残る。

1－8　コンクリートの柱。根元が海側に折れていた。

した。しかし海のほうに近づいていくと、5〜20メートルほどの長さの大小様々の大きさの船が何十隻も打ち上げられており、見たこともない異様な風景に言葉を失いました。市場や倉庫だったとみられる平屋建ての横に長い建物も、すべてほぼ全壊。屋根や壁、柱は津波によって流されていて、残った柱でかろうじて建っているという様子でした。

この学生は、小名浜の薄磯で見た光景を、このように記録しています。

◆関大生（3年生、女性）の記録 [9]
　次に、「日本の灯台50選」にも選ばれた有名な塩屋埼灯台が近くにある、薄磯という場所へいきました。バスに乗って山あいの道を抜け、沿岸部へ進んでいくにつれ、家がどんどん無くなっていく様子に愕然としました。バスから降りると、辺りには薄く砂埃が舞っていました。数年前に立てたであろうと思われる新築の家でさえも壁が崩壊し、家の中が丸見えの状態でした。消防車とみられる赤い車は空き缶のようにぐしゃっと押しつぶされ、道路の端の溝には、ドロドロに汚れたミニーちゃんのぬいぐるみや、バスケットボール、仏壇に供える仏飯器などが落ちていました。

ただ、この学生は、小名浜にも津波の被害を感じさせない区域があったことを記録してくれています。

◆関大生（3年生、女性）の記録 [10]
　しかし、同じ小名浜でも海沿いから離れれば、まるで地震なんてなかったかのように車が走っていたり、コンビニが営業していたり、日常的な生活が送られていました。メディアでは、この2カ所のような津波被害の大きかった場所がよく取り上げられ、あたかも沿岸部全域が壊滅状態になっているものと想像していましたが、実際には小名浜の中でも直接的に津波の被害を受けていない地域があるということにも驚きました。ただテレビの前にいるだけではわからなかった事実を知ると同時に、「福島は生

きている」ということを肌で感じた時間でした。

　3日間に及ぶ福島県調査。被災地の慰問活動と銘打ったものの、やはり、激しく引き裂かれた現地の惨状に、ただただ圧倒される日々でした。学生たちも、私も、何を伝えるかが浮かぶわけではなく、ただ、あまりの惨状に戸惑ったのが本当のところだと思います。それでも、私たちは、福島の方々に直接触れて、これまでの認識を変え、自分たちのこれからすべきことを見出したように感じます。この3日間を終えた学生たちの感想を2つ紹介し、第1章を閉じます。

◆関大生（3年生、男性）の記録[11]
　福島に行き分かったこと、それは福島の東日本大震災との戦いはこれからだということ。福島県民の人はみなそれを理解しているようだった。
　被災者の方が、「希望を持つことが大切」とおっしゃっていた。とてもじゃないが私がもし福島に住んでいたらそんなことは言えないであろう。そしてさらに驚いたことがある。それは被災者と原発関係者との関係である。福島に行く前の私の考えでは、原発の影響で避難している方々は原発関係者を白い目で見ているのではないかと思っていたが、実際に数名の避難されている方に話を聞くと、「私たちの地域は原発なしでは発展してこなかった土地。だから原発を直すために必死で働いている方には感謝している」と原発関係者や各地から来ている電力会社の人に対し、感謝の気持ちを述べておられたことは衝撃的であった。このように福島には行ってみなければ分からないことはたくさんあった。だから多くの人に福島を訪れて福島を知ってほしい。

◆関大生（3年生、男性）の記録[12]
　全日程が終了してから感じたことは、福島の生きる力の強さである。放射能で汚染された環境という点だけで見れば、異常であることは間違いない。しかし、人々はその状況を正面から受け止めることで、生きる力が増

しているようにも思えた。この様子を今度は福島が自ら発信し、風評被害を自ら改善し、福島の力強さを見せつけるべきだ。そうすれば日本全土の福島に対する見方が変わり、相乗効果で支援の力が強くなり、復興への追い風となるのではないだろうか。

注

1　福島民報、2011 年 7 月 31 日。
2　同上。
3　福島調査報告書　2011 年 6 月 29 日～7 月 1 日（橋口研究室所蔵）。
4　福島調査報告書　2011 年 6 月 29 日～7 月 1 日（橋口研究室所蔵）。
5　福島調査報告書　2011 年 6 月 29 日～7 月 1 日（橋口研究室所蔵）。
6　福島調査報告書　2011 年 6 月 29 日～7 月 1 日（橋口研究室所蔵）。
7　福島調査報告書　2011 年 6 月 29 日～7 月 1 日（橋口研究室所蔵）。
8　福島調査報告書　2011 年 6 月 29 日～7 月 1 日（橋口研究室所蔵）。
9　福島調査報告書　2011 年 6 月 29 日～7 月 1 日（橋口研究室所蔵）。
10　福島調査報告書　2011 年 6 月 29 日～7 月 1 日（橋口研究室所蔵）。
11　注 1 に同じ。
12　同上。

第2章 苦悩と分断
－第2回調査活動記 2011年9月－

〔第2回活動概要〕
2011年9月30日〜10月2日
参加者：学生2名、教員2名
◎福島大学での学生・教員へのインタビュー調査・討論会
◎「郡山市コミュニティ川柳の集い」に参加
◎宮城県石巻市の調査　石巻日日新聞社へのインタビュー調査

福島慰問活動第2回は、2011年9月29日からの3日間でした。今回は、福島大学の学生や教員との討論を通じ、福島県の課題を考えることを試みました。震災から半年を経た福島県では、放射性物質への「目に見えぬ不安」や将来に悩む学生や教員の方々のお話が強く印象に残りました。宮城県石巻市周辺では、大津波によって、小学校や墓石が破壊しつくされている様が生々しく残されていました。

散乱した墓石（石巻市）

1　東日本大震災と大学

1　学生の苦悩

　1日目の9月29日は、午前中に新幹線で福島へ移動した後、午後1時から福島駅近辺で福島大学の女子学生2名に取材させていただきました。2名の女子学生は、ごく普通の大学生です。ですから、今回参加の関大生と何ら変わりません。ただ、この福島大生たちは、福島県被災の現状を海外で発表した経験もあり、行動力にたけていました。1人の福島大生は、大学近辺で下宿していたため、震災当時は水や食料を求めて1週間ほど長蛇の列に並ぶ日々を余儀なくされ、不安な毎日を過ごしたそうです。

　驚いたのは、震災後の大学授業再開の話に及んだときでした。福島大学は、震災から約2カ月後の5月に授業を再開したそうです。この決定について、もう1人の福島大生は、宮城県から通学しているため、「授業が再開されたら、福島に行かなければならなくなる」というのです。彼女は、「安全かどうかが不明なままで、学生が福島に行かなければならなくなるのはおかしい」と主張します。続けて、「大学は、本当に私たちのことを考えているのか」とも主張していました。私は、この学生の言うことは確かにもっともだと思いました。ただ一方で、授業再開を望む学生もいただろうし、大学側には事情もあったのだとも思います。したがって、どちらの判断が正しいのかはわかりません。確かなことは、少なくともこの学生と大学には、この震災を通じて「溝」が生じてしまったということでした。

　話を聞いてみると、さらに根深い「溝」も生まれていたようでした。震災後、妻や子どもの不安から、福島を離れて避難生活を選択した大学教師がおられたそうです。その教師の選択を、一部の学生が非難したという事実があったそうです。学生にとってみれば、福島で不安な生活を送っているなかで、知人ましてや先生の動向は気になっていたと思います。ただ、大学教師も人間であり、守るべき家族がいます。家族の生活に不安があるから一時的に避難したくなるのも無理からぬことです。私も大学教師ですが、妻や子どもも

います。ですから、同じ状況に直面すれば、避難生活を選択していたかもしれません。平時であれば、このような問題は生じなかったはずです。

　当然ながらこれらの話は、すべての学生や教師の実情ではないと思います。しかし、少なくとも彼女たちの話によって、震災後、大学でも「福島に残るか、残らないか」という選択を迫られたことがわかります。その選択をめぐって、学生と教師との間にも「溝」が生じていたのです。

　最後に、その学生はこんなことを言っていました。「支援、支援って言っても、全然目に見えてこない。本当に不安でしょうがない」。やり場のない怒りにこぶしをグッと握りしめていました。この話を、「とある大学生の少数意見」と片付けてしまうのは簡単かもしれません。けれども、私たちにはこの言葉はとても重く、そして深く、心に突き刺さったのです。

2　教師の葛藤

　午後3時30分、われわれ一行は福島大学を訪問し、3名の福島大学教師と意見交換会を開きました。震災を経験した福島大学の先生のお話も苦悩と使命感にあふれていました。なかでも、奥本英樹先生の話は、現場調査に基づく見解を交えたお話で刺激的でした。震災の被害は、地震と津波、原発の放射性物質の大きく3つに分類されます。放射性物質は、福島市へも被害をもたらしています。多くの住民の生活はふだんどおりに推移しているものの、問題は局所的に放射線量が高い数値を示すホットスポットの存在です。このホットスポットの場所が把握できていないと、思いもかけず放射性物質の被害を受けてしまいます。それゆえ、奥本先生は、ホットスポットの位置を広域的に把握してマップを作成し、住民に周知徹底することが必要だと訴えておられたのです。そして何よりも、「早く除染してほしい。復興は除染なくして進まない」と主張して、次への道筋を明確にイメージしておられました。それだけでなく、震災被害の分析も独自の調査で進めておられました。沿岸部の津波の被災地をご自身で調査して、「あること」に気付いたといいます。津波の被害地を辿ってみると、神社や貝塚を避けるように、津波到達地点が広がっているということです。「もしかしたら、古くから街のあった

ところには津波は来ていないかもしれない。むしろ、新しく埋め立ててまちづくりを進めたところが津波の被害になったかもしれない」と仮説を提起され、地域形成の問題点まで指摘されていたのです。震災からわずか半年後で、現在、過去、そして今後に向けてはっきりと自説を構築し、行動に移されている奥本先生に、私は初対面で大きな衝撃を受けました。以後、私は、この先生から福島調査活動で継続的に教えを乞うことになりました。

　この意見交換会の後、場所を変えて懇親会となりました。福島大学の先生方に当時の話を聞くと、震災発生後、やはり、「福島に残るかどうか」に悩んだそうです。大学教師は、授業が再開すれば、教壇に立たねばなりません。われわれ大学教師からすれば当たり前のことですが、震災発生からわずか数カ月という異常な状況下で、平常心を保つことは容易ではないでしょう。加えて、教室には、不安を抱く学生もいれば、授業再開に不満をもつ学生もいるのです。そのなかで、自分自身も不安を抱きながらも、授業を実施するために教壇に立つ大学教師の葛藤や苦しみは、想像してもしきれません。教育現場では、学生と教師との信頼関係は基本中の基本です。しかし、震災はこの信頼関係にも「溝」を生み出し、「苦悩」をもたらしていたのです。

2　引き裂かれた思い出

　2日目の9月30日。午前中は、「郡山市コミュニティ川柳の集い」に参加しました。

　午後は、宮城県へ向かい調査活動をしました。東北大学の先生の案内で、宮城県沿岸部の被災地（石巻近辺）や、石巻日日新聞社を取材しました。

　宮城県石巻市は、津波の被害が甚大であったと伝えられたところです。車窓からは、見渡す限り遠くまで瓦礫が続き、どれだけあるのか想像もつきません。一行は車を降りて、現場を歩いてみました。すると、思わず「あっ」と声が出ました。それは、信じられない光景が広がっていたからです。無残になぎ倒された墓石が一面に広がっています。私は、破壊されつくした墓の数々に息を呑みました。よく見ると、いくつかの墓の中に花が挿してありま

2−1　福島県の沿岸部と津波到達域。神社と古墳、貝塚は大きな文
字で表示。神社と貝塚が津波被害を免れている。

資料）『東日本大震災　復興支援地図』（昭文社、2011年。地図使用承認 © 昭文社第
61G023号）

した。そして花を挿していないお墓もありました。花を持ってきた人はこの墓を見てどう思ったのでしょうか。そして墓に来られなかった方々は、もしかして津波の犠牲になったのかもしれません。ふと見ると、ちょっとしたおもちゃが積んでありました。プリクラや写真なども並んでいます。ここを訪れた方は、この場に思い出の品を集めて、誰かを弔ったのかもしれません。この地に住んでいた子どもや家族の思い出は、あの震災によって引き裂かれてしまったのでしょうか。関大生たちは、じっとこの光景を見つめて、何を感じたのでしょうか。

　もうひとつ、小学校らしき建物を見ました。よくみると、白い建物の一角が黒く焦げています。おそらく、地震のあと、火災が発生したのでしょう。しかし、その火の痕跡は、途中で遮断されています。もしかすると、地震で発生した火災が広がり始めたときに、津波が押し寄せて火は呑み込まれたのかもしれません。そうだとすると、この学舎の子どもたちは、地震と火災、そして津波の恐怖に晒されていたことになります。震災から半年。この地震と津波で破壊されつくした地をよく見渡してみると、この地を訪れる方々の姿も見えます。その爪痕は、生々しく残っていたのです。

3　「福島は怖くなかったの？」

　3日目の10月1日。午前中に福島大学の学生と再び会いました。場所は、われわれが宿泊したホテルのロビーです。関大生2名と私とで1日目に聞けなかった話に踏み込みました。

　お互い同じ女子学生、会うのも2度目とあってすっかり笑顔でなじんでいます。当初はぎこちなかった会話も和やかに進みました。ただ、震災の話になると、雰囲気は変わりました。1人の福島大生は、大学への疑念や、支援が見えない現状に、やはり不安と怒りを隠しません。

　福島大生が、関大生の2人にふと問いかけました。

「福島は怖くなかったの？」

　思いもかけない質問に、関大生2人の表情はこわばり、しばらく沈黙が

2－2　倒れた墓石が広範囲に広がる。

2－3　墓石の一角に積まれたおもちゃや写真。

2－4　学校の建物の一角には火災の跡も残っていた。

続きました。

　2人は、何も答えられなかったのです。すると、もう1人の福島大生がポツリと言いました。

　「私、ときどき思うんです。あの震災の日に、福島にいたことで、自分が結婚するときに何か言われるんじゃないかって」

　「先生、私は将来お嫁に行けるんでしょうか」

　私も、何も答えることはできませんでした。「大丈夫だよ」と言うことは簡単だったかもしれません。しかし、その言葉を言ったところで本当にその学生は安心したでしょうか。もっといえば、そこまで自信をもって言えるのでしょうか。安易な励ましはかえって相手を傷つけてしまう、そんな気がしたのです。

　福島県では、教師も、学生も、これほど重い苦しみを背負わなければならないのでしょうか。東日本大震災がもたらした苦しみは、あまりにも深く重いものでした。この日の福島大生の言葉は、私を福島での活動へと動かす原点となりました。「苦しんでいる学生たちの声を聴かなければいけない」、「この学生たちの声を、関西で伝えなければいけない」。それは、私の胸に使命感として今でも刻み込まれています。

　福島大生の問いかけを受けた関大生たちも同じ思いだったと思います。大阪に帰る新幹線では、関大生たちは落ち込み、重苦しい雰囲気になりました。分かり合ったはずの福島大生との間に生じた突然の「溝」にショックを受けたからでしょう。

　この年の11月、関西大学で「東日本大震災と福島県」をテーマに、私は特別講義を実施しました。そこにこの2人の関大生にも登壇してもらいました。2人は、こう伝えました。

　「福島では、震災当日に現地にいただけで、将来の結婚に悩んでいる大学生がいます」

　そして、

　「みなさんは、そんな悩みをもったことがありますか」

　「みなさんなら、どんな言葉をかけますか」

200人の同級生たちに毅然と問いかけたのです。

福島で見て聴いたことを、同じ大学で学ぶ学生たちに発信する。彼女たちは、自分のできることをすることで、福島で会った学生の想いに応えたのだと思います。

私たちは、今回の取材のなかで、様々な方々の話を聴いてきました。それは、原発の被害に苦しむ学生や教員の声、その葛藤や苦しみでした。福島で学ぶ学生たちは、放射性物質に怯え、不安を抱きながらも懸命に学び続けています。福島で教鞭をとる教師たちは、その怯えに耐えながらも教育の一線に立っています。

「なぜ自分はこんなことになったのか」

「私の将来はどうなってしまうのか」

家族、住居、仕事、教え子、研究。目に見えぬ不安を抱えながら悩んでいる先生方と話していると、胸が締め付けられる思いでした。自分が同じ立場だったら、教師としてどう行動していただろうか。どんな精神状態でいただろうか。そんな問いを自分に何度も投げかけました。しかし、答えは見つかりません。ただ、できることは、この葛藤の中で生きる方々の姿を見つめ続けて発信していくことです。この第2回調査活動での経験は、われわれの今後の活動にとって、大きな礎となりました。

学生たちと私は、大阪に帰ってからも、被災地で聴いたことや見たことを、関西の方たちに伝え続けています。それは、大学教師である私が、まずできること、すべきことだと思うからです。話を聴いてくれた学生や社会人には、福島県の人々の想い、被災地の現状を聴いて涙する方々がおられます。関西という遠いところにいても、被災地の現状を少しでも深く知ること、そして共感すること、これこそがまず大切なことだと思うのです。

第Ⅱ部　復興への模索

2012 年〜 2015 年

第3章　傷跡は深く
－2012年の調査活動記－

第1節　ふくしまの子どもたち

－第3回調査活動記　2012年2月－

〔第3回活動概要〕

2012年2月14日〜2月16日

参加者：学生11名、教員2名

◎福島市中央卸売市場、仮設住宅（二本松市）、福島県観光物産交流協会での調査

◎福島大学学生との意見交換会

◎福島市の仮設住宅訪問（体操・カラオケ大会・意見交換会への参加）

◎南相馬市高平小学校で「ジャンボカルタ大会」実施

◎南相馬市沿岸部の見学・調査

震災からほぼ1年を迎えました。関大生の関心は高まり、参加希望者が増えました。そこで今回は活動の範囲を広げ、小学生との交流にも取り組みました。

仮設住宅で子どもたちと遊ぶ大学生

1 なぜ僕たちが？——福島大生との交流

〈1日目：2月14日〉

2月14日。午前中は、関大生たちが4チームに分かれて調査活動を行いました。主な調査先は、福島市中央卸売市場、ハローワーク（郡山市）、福島県観光物産交流協会、仮設住宅でした。この取材は、「食」、「仕事」、「観光」、「仮設住宅」と学生たちが自ら震災復興へのテーマを設定し、取材交渉を行い実現したものです。

午後は福島大学の学生との意見交換会を実施しました。関大生たちは、自分たちの福島へのイメージを伝えたうえで、福島大学の学生たちの悩みや考えを直接受け止めることになりました。その言葉は、関大生に強い衝撃を与えたようです。関大生の記録を以下に記します。

◆関大生（3年生、男性）の記録[1]

福島大学の学生と交流したことで、日常生活の様子を聞くことができ、私たちが思っている以上に普通の生活をしていることがわかりました。大学内や街中においても放射線を気にしてマスクをはめている人はほとんどおらず、活発に活動している様子でした。しかし福島大学の学生との意見交換で、「県外の人から見た福島県に対するイメージが、個人のイメージにつながるのが怖い」という言葉を聞いて胸が痛む思いをしました。そこであらためて、福島全体の復興のためには、多くの人が持つイメージを改善していくことが必要だと感じました。

◆関大生（3年生、女性）の記録[2]

1日目の夕方に福島大学の学生と交流させていただいた時、私は「福島県産のものは食べますか？」と尋ねたところ、「食べないようにしている」という返事が来て少し驚いた。子どもを持つ親などは敏感に考えているかもしれないが、大学生はあまり意識せずに商品を購入していると勝手に思

い込んでいたからだ。一緒に討論していた福島大生に、「福島県に住んでいる人が福島のものを消費しなかったら誰が消費するのですか？」と質問すると、「福島に住んでいる人が悪いわけではないのに、なんで私たち福島県人が責任とらなければいけないの？　福島に住んでいても関西に住んでいても、同じ人間だから放射能は怖い。だから福島県のものは食べたくないっていうのはおかしい？」と言われ、返す言葉がなかった。しかし<u>私たち関西人は、どこか心の片隅で「福島のものは福島で消費したらいいのに」と思ってはいないだろうか。この時の会話は本当に印象深いものだった。</u>

　関大生が福島に対して抱いていた「食」への考えと福島大生の認識との違いが、明確に表れていました。実は、2人の関大生の「驚き」には理由があります。この2人は、この日の午前中に福島県の中央卸売市場を、さらに3日目にはJA直売所を取材しています。福島の食品を扱う施設を取材した2人は食の安全性を訴える方々の声を聴いていたのです。だからこそ、福島の「食」に不安を抱く福島大生の言葉に驚いたのでしょう。

　◆関大生（3年生、男性）の記録[3]
　　今回、福島に訪れるということで、私は自分なりに福島県のイメージを頭に思い浮かべて向かいました。そのイメージというのは、福島の人はみんなマスクをはめていることや、他の県より町全体が暗いのではないか、スーパーでは地産の食材はあまり売っていないだろう、などといった非常にネガティブなイメージでした。しかし、3日間を終えた今、私の福島県に対するあらゆる印象が180°変わりました。それはマスメディアや他人から与えられた情報ではなく、現地で多くの人と接し、生の声を聞けたこと、被害の状況を自分の目で確かめることができたからこそ得られたものだと思います。
　　それらを強く実感したのはフィールドワークで、1日目に訪問した中央卸売市場と、3日目のJA直売所での取材によるものです。そこで私は風評被害の恐ろしさ、メディアの過剰な情報発信による人から人への蔓延の

実態を知りました。正しい知識を持っていれば、売りに出されている食材は何の心配もなく、むしろしっかりとした検査によって安全が保証されているにもかかわらず、イメージだけで避けられてしまう現状です。生産者、販売者の苦労が身にしみました。

◆関大生（3年生、女性）の記録[4]

　福島に着き、私は食について調べるため、福島中央卸売市場とJAの直売店を取材した。中央卸売市場では、震災の影響があまりないということに驚いた。しかし、震災直後は、「福島県にトラックが入りたくないから市場まで運べない」と言われたことや、福島ナンバーの車に「帰れ」と落書きされていたこと、大阪のスーパーから「福島のものなんかいらん」と言われたこともあったそうだ。福島の人の目には関西の人はどのように映っているのだろうと考えると、とても肩身の狭くなる思いだった。

　福島の「食」は、風評被害と向き合うことを余儀なくされています。福島県の生産者や流通業者の苦悩は、関大生たちに強い印象を与えたのです。

2　ふるさとを離れて

〈2日目：2月15日〉

　2日目の2月15日、午後は、福島市南矢野目応急仮設住宅を訪問しました。ここでは、浪江町の方々が避難生活を送っていました。ふるさとが警戒区域に指定されたために、避難を命じられたからです。集会所では、ちょうどカラオケ大会が催されており、町民同士が交流を深めている最中でした。われわれが集会所を覗いてみると、みなさんから、「せっかくだから、おいで」とのお話。そこで、私や学生たちもカラオケ大会に参加させていただきました。歌い終わると、ご高齢の女性が、すぐに私たちのそばに来てくれました。そして、「ありがとう、元気が出ました」と涙を流してお礼を述べてくれたのです。避難生活のなかで、この地を訪れる人との交流を大切にされている

ことが痛いほどわかります。放射性物質のためにふるさとを離れて生活する高齢の方々は、今の現実を受け止めて日々を生きているのです。そんな仮設住宅を訪問した学生の記録です。

◆関大生（3年生、女性）の記録[5]
　ここではかつて浪江町に住んでいたが、放射線量の影響で家に帰ることができない方々が暮らす。
　よそからやって来た私たちがいきなりやってきて、受け入れられるだろうかと正直ずっと不安だった。仮設住宅に到着すると、何人かのお年寄りが集まっていたので、「こんにちは」とあいさつした。すると優しい笑顔で「どこから来たさ〜」と聞き慣れない福島弁の質問攻めにあった。最初の不安なんて、あっという間に吹っ飛んでいた。
　この日は近くの施設でみんなで体操をやるとのことで、私たちも一緒に連れて行ってもらった。生き生きと楽しそうにしている姿を見て、とにかく元気で明るい、それが私の第一印象だった。一緒に体を動かしたり機械の使い方を教えてあげるうちにすっかり打ち解け、お孫さんの就職の話や若い頃の話、そして震災の苦しみを語ってくださった。「こうやってみんなとわいわいできるのは本当に楽しい。けど、家に帰って1人になったり夜になるとどうしようもなく寂しくなる」。誰よりも大きすぎる苦しみを抱えながらも、決して屈しないんだという強さを感じたおばあちゃんの笑顔は忘れられない。

◆関大生（3年生、女性）の記録[6]
　私たちは、浪江町から避難してきた人々が暮らす、福島市内の仮設住宅を訪れました。浪江町は津波と福島第一原発事故という2つの大きな被害を受けました。あるおじいさんは地震のあった翌日の3月12日に避難しました。その時は、夕方ごろには帰れるだろうと思い、服を数着と毛布だけを持って出て、戻れなくなってしまったのだと話してくれました。
　仮設住宅では1人暮らしの場合、四畳半一間で暮らしています。そこ

に住むおばあちゃんは「玄関からドアを開けると、全部部屋が見えてしまうのが嫌だ」と控えめながら話してくれました。また、浪江町と福島市では気温が大きく違います。そのことと、ストレスが重なり5カ月間にわたって体調を崩された方もいました。不便な暮らしを強いられ、不満もある中で、「でも辺りは店とかあって便利だし、暮らしやすい」という前向きな声も聞かせていただきました。

　学生たちは、仮設住宅を訪問する前には、「お話を聴けるだろうか」、「受け入れてもらえるだろうか」と大きな不安を抱えていました。しかし、福島のみなさんに温かく受け入れてもらえたことで、心を通わせることができました。震災時のこと、その後の仮設住宅の暮らしは学生の想像をはるかに超えるものでした。ですが、その仮設住宅の方々の温かい言葉のうちにひそむ苦しみは、学生にしっかりと伝わっていました。

3　子どもたちとの交流
〈3日目：2月16日〉

　2月16日は、南相馬市の高平小学校で「ジャンボカルタ大会」を実施しました。
　この企画は、小学生たちに励ましのメッセージを贈りたいという想いから企画しました。それだけでなく、ジャンボカルタを目指して、子どもたちに体育館中を元気に走り回ってもらおうという企画でもありました。当時の小学校は、除染作業のために校庭を満足に走れない状況だったからです。企画した学生はこんな記録を残しています。

　◆関大生（2年生、男性）の記録 [7]
　　今回、私たちが訪れた小学校は、福島県南相馬市の高平小学校です。地図を見てもわかるように高平小学校は浜通りに位置しています。
　　これを見ると高平小学校のほんの数百メートルのところまで津波が押し

3－1　高平小学校でのジャンボカルタ大会。子どもたちの元気な姿を見た。

寄せてきたのがわかります。さらに原発からも近く、今でも放射性物質の問題に苦しんでいます。子どもたちはこの問題のために、満足に外で遊ぶことができません。わたしたちは満足に外で遊べない子どもたちにめいっぱい体を動かして元気になってほしいという願いでカルタ大会を企画しました。

　福島の子どもたちを元気づけたいという目的で行ったカルタ大会ですが、実際に高平小学校の子どもたちは喜んでくれるのかとても不安でした。もしかしたら自分たちがやっていることは自己満足で善意の押し売りになるのではないだろうかと心配していました。

この学生は、小学生の役に立ちたいと思うと同時に、この企画が自己満足になってしまうのではないかという不安にも駆られていたのです。この企画への不安は彼だけではありませんでした。

◆関大生（2年生、女性）の記録[8]
　福島の小学生とカルタ大会をするにあたり、不安だったことは、自分の想像以上に子どもたちが震災によって傷ついているんじゃないかということだった。その場合、どう接したらいいのかわからなかった。

被災者の方々に役に立ちたいと願って学生たちが行動したとしても、どの

ような結果になるのかはわかりません。その苦悩を抱きながら企画を実施したのです。お互いに緊張の中でカルタ大会がスタートしました。1年生から6年生まで91名の小学生は、次第に体育館を元気に走り回ってくれるようになり、笑顔も絶えることはありませんでした。学生たちと子どもたちが入りまじり、時間はあっという間に過ぎました。大会後は、別れを惜しむ小学生たちが何人もいました。このカルタ大会は、学生たちと小学生たちの間に新たな交流を生むことになったのです。交流を終えた学生の記録にはこう記されています。

◆関大生（2年生、女性）の記録[9]

　実際、カルタ大会を始めると、子どもたちは純粋にカルタを楽しんでくれて、カルタ中も大阪の子どもと同じように普通に接してくれて安心した。あとで、先生方が教室にカルタ大会予告の張り紙をしてくれていたこと、子どもたちも楽しみにしていたということを知り嬉しかった。

　メッセージ作成が終わってから、3年生の女の子と話した。その時、自分から聞いていないのに、震災当時のこと、友達が津波で亡くなったことを教えてくれた。地震の時、ある女の子は児童館にいて、裸足で逃げ出した、揺れが大きくて怖かったと話していた。津波で友達を亡くしたこと、友達が遠くへ行ってしまったこと、震災当時のことも、少し悲しそうに話していて、知ってほしいという思いが伝わった。

　しかし、フィールドワークで取材した大人の方たちにも感じたように、福島の子どもたちも大人と同じように、福島の震災のことを関西の人や周りの人に知ってほしい、という気持ちがあるのだと思った、また、子どもたちが関西では震災当時どんな様子だったのか、関西の人たちは福島についてどう思っているのか、ということに関心があることも知った。

カルタ大会を企画した学生は、カルタ大会を終えた後、校長先生や子どもたちとの別れをこのように記しています。

◆関大生（2年生、男性）の記録[10]

　そしてカルタ大会が終わり、校長先生が最後にあいさつで僕たちに「震災から今まで辛いことの方が多かったですが、今日は久々に楽しい時間を過ごせました」と言ってくれました。さらにその後、教頭先生が音頭をとり、こどもたちみんなから一斉に「ありがとう」という言葉をもらいました。この一言を聞いて、素直にこの企画をやって本当によかったなと思いました。また、なによりもたくさんの子どもたちの笑顔を見ることが出来て本当に嬉しかったです。

　終わったあとも子どもたちはなかなか帰ろうとせずに僕やスタッフたちについてきてくれました。写真を撮ろうとカメラを向けるといつの間にか大勢集まって集合写真になっている。手紙を書きたいと言って住所を聞いてくれた子もいる。たった2時間程度を一緒に過ごしただけなのにこんなにも喜んでくれるとは想像していなかった。

　そして、カルタ大会の後、3年生の教室にお邪魔しました。

　<u>少し年配の担任教員が、子どもたちの笑顔についてこう話してくれた。「うちのクラスは28人居たのに10人になった。津波で1人亡くなって、あとは避難した。この子たちは笑っちゃいけない雰囲気があった。今日のカルタ大会で久しぶりに子どもたちの笑顔を見た。本当にありがとうございました」</u>。

　実際に被災していない私たちには分からない寂しさを抱えている子どもたち、無邪気にはしゃいでカルタをとっている楽しそうな顔の裏側には、今でも癒えない傷やどうしても埋められない寂しさがあるのです。しかし、そんな寂しさを一瞬でも忘れさせることが出来たのでは、と思います。

　また、今回のこのカルタ大会を含め、福島慰問のなかで感じたのは、<u>被災地の人たちは僕たちがどんな形であれ被災地を訪れることをとても喜んでくれることです。特に子どもたちはとても喜んでくれます</u>。

　なので、今みなさんのなかで被災地へのボランティアをしようか迷っている人がいたら、是非実際に被災地へ行ってみて欲しいです。ぼくたちもこの高平小学校とのつながりをこれからも続けていこうと思っています。

学生たちにとっては、このカルタ大会は、福島の子どもたちからたくさんのことを学び、自身を成長させるきっかけとなったようでした。

　帰阪後、高平小学校から感謝の手紙をいただきました。その中には、4年生児童20名からの手紙がありました。ある女の子の手紙には、こんな1節がありました[11]。

　「わたしはかるたが苦手でした。でも、みんなケンカとかをしなかったり、今までやったかるたの中でもすごくおもしろかったです。こんな、全校でやったこともなかったし、かるたのことで本気になったのも関西大学のみなさんのしきりや気持ち、えがおで、こんなにおもしろかったんだと思っています」

　男の子の1節も紹介します[12]。

　「この前は高平小の体育館でジャンボカルタ大会を開いていただきありがとうございました。じつを言うとぼくは、ジャンボカルタ大会で1まいもカルタを取れなかったんですが、みんなといっしょにジャンボカルタ大会を楽しめたので楽しい思い出が作れたのでよかったです」

　子どもたちと学生とが心を通わせることができたことが、一番の成果だったのかもしれません。この封書の中には、担任の先生の手紙も同封されていました。先生のお手紙には、カルタ大会での子どもたちの楽しい様子と普段の生活の苦悩を記してくれています[13]。

　「ジャンボカルタを一生懸命走って取る姿、カルタを取って喜び合う姿、悔しがる姿など子どもらしい生き生きとした姿をたくさんみることができました。しかし、放射能汚染のため、様々な制限があるこの南相馬市では、時々子どもの顔が曇ってしまうときがあります。大人だって同じです。そんな中、日々子どもたちといっしょに何ができるのか、さがしている状態です。答え

はすぐにはみつからないと思います。でも、五年後には、青空の下、草原に
ねっころがってのんびり空をながめることができたら、最高です」

　小学校の先生たちも、東日本大震災から大きな課題を投げかけられていま
す。子どもたちと一緒に豊かな日々を取り戻したい。そんな強い願いが胸に
刺さりました。

4　沿岸部のまち──南相馬市

　高平小学校をあとにして、南相馬市の街並みを調査しました。市内をみる
と、原発が近いこともあって、シャッター通りと化した商店街や撤退する
チェーン店が目につきました。
　まちを見た学生の記録を紹介します。

◆関大生（2年生、女性）の記録[14]
　**高平小学校周辺では、多くのチェーン店が撤退していた。自分もチェー
ン店でアルバイトしているためか、それを見てアルバイトの学生やパート
の人たちや店長は、収入を得る場所を失くしてどうしたのだろうかと疑問
に思った。しかし、営業している店のほとんどの所でアルバイト、パート
募集の張り紙を見掛けた。また、これは福島市でのことだが、居酒屋のア
ルバイト募集が 18 － 30 歳になっているのを見て、実際どうかはわから
ないが、働く人が不足しているのではと思った。**

　津波の爪痕が残る沿岸部は、がれきの撤去は進んではいるが、インフラ整
備はまだまだです。それでも、ふるさとで元気に暮らしている小学生たちが
います。胸が締め付けられる思いです。それでもわれわれは、沿岸部へも向
かいました。学生は以下のようにその緊張感を伝えています。

◆関大生（2年生、女性）の記録[15]

バスツアーでは、何箇所か巡りましたが、その中で印象深かったのはサーファーが利用していたという海岸です。その海岸の周りは何もなく、新たに何かニュータウンでも建設するのか？といったような雰囲気が漂っていた。海へと近づくと、シャワールームが震災時そのままにのこされている。海岸のブロックもそのままだ。<u>なぜ、1年経過したのにもかかわらず復旧工事が行われていないのか？　その疑問がすぐに頭をよぎったが、原発事故の影響があるからだ、と知った。</u>

　ふらふらと海岸を歩いていた時だった。目を足元にやるとそこには、枯れた小さな花束が供えられていた。小さな石を寄せ集めてしっかりと重しがされてある。私は言葉を失った。それまでにも、色々な破壊された街並みをみていたが、言葉では表しきれないものを見てしまったと思った。海岸周辺の様子は異常だが、海の様子はふつうである。普通に大阪と同じである。しかし、その普通の海が人の命を確かに奪ったのだなと、実感したのだ。

　われわれは、さらに南相馬市を南下しました。すると、突然「行き止まり」に出会いました。ここは福島第一原発から20km圏内の警戒区域を遮断する境界線でした。道路に突如現れた柵と検問に立つ警察官。だだっ広い平地を走る道路に異様な風景が広がっていました。この光景を記した学生の記録には、その驚きが示されています。

◆関大生（2年生、男性）の記録[16]
　この写真は原発の半径20km圏内に入らないように警察官が立ち入りを制限している様子です。福島には一般のボランティア活動や復興に関わるお仕事で来られている方々など、様々な人たちが震災以降福島のために活動されていますが、<u>ここに映っている警察官の方々も他県から任務で赴かれている方たちでした。放射能の影響から家族、夫から遠く離れて避難している住民もいる中、この警察官の方々も家族の心配を受け、現地で長期間任務にあたられているそうです。</u>寒い中じっと立っているこの方々を

3－2　原発20km圏の境界線にある検問所。警官の方は、県外からも来られている。

見て、福島の1日も早い復興を願わずにいられませんでした。

　この沿岸部見学に力を尽くしてくださったのは、福島大学の奥本英樹先生で、高平小学校との交流もとりなしてくださいました。この企画は、被災地の方々を学生たちが知るうえでも使命感を得るうえでも、確実に大きな影響を与えました。

◆関大生（2年生、男性）の記録[17]
　またバスツアーを企画し、一緒に行動していろいろな説明をしてくださった奥本先生から多くのことを感じ取ることができました。奥本先生は被災地をまわる最中にもよく笑顔を見せられ、私は何でこの状況で笑顔になることができるのだろうと疑問に思っていました。しかし、そのときは決まって震災前の様子を思い出して、私たちにその場所がどれほどいいものだったのかを伝えているときに見せる笑顔でした。福島県に長年住み、趣味のサーフィンをする場所を失ってしまった先生が、本当は私たちの何百倍も悲しいに決まっている。しかし、現実に正面から向き合って復興の

ために全力を尽くす先生の姿に私は感動しました。辛さを乗り越えて、私たちに現状を伝えてくれる人がいる。そんな人たちのためにも、今回見たこと、聞いたことを私たちが代わりに多くの人に伝えていかなければならないと強く感じました。

5 　被災地から学んだこと

　2012年4月23日、私は関西大学で、特別講義「東日本大震災と福島県」を、政策創造学部の学生約300人に向けて実施しました。内容は、福島大学での学生交流活動、仮設住宅や農産物集積所の現状、加えて、沿岸部の南相馬市での調査や高平小学校でのカルタ企画についてでした。震災から1年を経た現在でも、復興への道筋を模索する福島県の現状を考える機会にしたいという思いからです。講義では、調査活動に参加した学生に、自分の思いを以下のように語ってもらいました。

　◆関大生（2年生、女性）の記録[18]
　なぜ福島県にいったのか？　それは、福島慰問の話をうかがった際、行けば価値観が変わる、新しい自分に出会える、何かを変えたいと思ったのがきっかけで参加したのである。実際参加して思ったことは、もっと福島の良さを全国に伝えたい！　その1つに限る。
　福島の観光のことを解っていない私に、熱心に福島の現状を語ってくれた福島県観光物産交流協会の部長さん。どの観光スポットがおすすめかおしえてくれ、色々親切にしてくださった観光案内所の女性。バレンタインだからとチームキャプテンにプレゼントをくれる一児の母。タクシーのことを尋ねると、タクシー会社にまで電話してくれる焼きそば屋の店員さん。行くつもりの喫茶店がまだ開店していなくて困っていると、「うちへおいでーっ」と呼んでくれた印刷屋の代表さん。原発の記事を「うちが印刷したやつだよ」と、わざわざ外にまで持ってきてくれる社長さん。メンバーがＡＴＭで用事しているのを外で待っていると、「寒いから中で座って待っ

3-3 台湾の実践大学での学生交流会（2014 年 11 月）。関大生は、この交流会で「福島の今」と題して発信した。

ときなさい」と声をかけてくれた郵便局の人。初めて会ったのに、そんなのお構いなしに接してくれる仮設住宅に住むおばちゃん。話しながら泣いてくれるおばちゃん。数えきれないほど親切な人に出会った。わたしは、その 1 つ 1 つの出会いがうれしくて刺激的だった。しかし、そんな親切な地元の方には共通点があった。それは、放射能という見えない恐怖と闘っているということだ。福島の今後のお話を聞いていると、見えない恐怖をどうすることもできず、みんな困っていた。どうせ福島に人は来ない。皆そう思っていた。私は、それをどうすることもできないために悔しくなった。放射能に慣れてしまっているのにも悲しくなった。だが、そうしないと生きていけないのだろうなとも感じた。

　私は、ぜひとも皆に福島県へ足をはこんでほしいと思う。ボランティアでもいいが、どちらかといえば地元の人々と触れ合ってほしい。話をしに行ってほしい、と思ったのである。それは 1 人でも多くの人が福島へ行くことが、福島の人々の元気を取り戻す最大の薬だと感じたからである。放射能が怖い…その気持ちはわかる。けれども、福島の人々はそんな場所で

暮らしている。同じ人間なのだから現地の恐怖を自分の耳で聞いてほしい。

◆関大生（2年生、男性）の記録 [19]
　福島駅に着いて、大阪とはなにもかわらず、普通に生活をしている人々がいたことに違和感があった。私たちにとって「福島は放射線が危険」というイメージが大きかったからこその違和感であったように思う。福島県民からしたら、この現在が日常に変わりつつあるのだろう。しかし、そんな人々も心の奥には「放射能」のコワさをずっと持っていた。
　「大阪から来た」そう言うと、「いいなあ、大阪に住みたいな」という返事をよく聞いた。いつまでたっても放射能の恐怖はとれないものだった。
　しかし、その放射能におびえるだけでなく、福島の人々は自ら現状に向かっていっている。住民の不安を少しでも和らげるために、セミナーを開いたり、話を聞いたりと被災者同士でケアし合っているという施設がよく目にとまった。
　取材をしていく中で、ずっと変な感じがした。日本の東北地方、福島県。1年前までなにも意識することのなかった場所が被災地と言われ、たくさんのボランティアが来て、たくさんのメディアがきて、興味本位でネットに悪口を書く人がいて、イジメが起こって。私たちの1つ1つの発言も聞く人によったら、差別のように聞こえているのではないかと思うときもあった。
　思い切って「なにを大阪に伝えたらいいですか？」と聞いてみた。すると、相手はなにも望んでいなかった。特別にしてほしいことはない。でも、「福島の現状は忘れないでほしい。これからずっと、私たちはこの中で暮らしていくのに、忘れられたら寂しいから」と言っていた。
　私たちが常々言っている、福島の現状を伝えることをやめてはならない。このことをよりいっそう強く思った。

注
1　福島調査、2012年2月14日〜2月16日（橋口研究室所蔵）。

2 福島調査、2012 年 2 月 14 日～2 月 16 日（橋口研究室所蔵）。
3 福島調査、2012 年 2 月 14 日～2 月 16 日（橋口研究室所蔵）。
4 福島調査、2012 年 2 月 14 日～2 月 16 日（橋口研究室所蔵）。
5 福島調査、2012 年 2 月 14 日～2 月 16 日（橋口研究室所蔵）。
6 福島調査、2012 年 2 月 14 日～2 月 16 日（橋口研究室所蔵）。
7 福島調査、2012 年 2 月 14 日～2 月 16 日（橋口研究室所蔵）。
8 福島調査、2012 年 2 月 14 日～2 月 16 日（橋口研究室所蔵）。
9 福島調査、2012 年 2 月 14 日～2 月 16 日（橋口研究室所蔵）。
10 福島調査、2012 年 2 月 14 日～2 月 16 日（橋口研究室所蔵）。
11 高平小学校からの手紙（2012 年）（橋口研究室所蔵）。
12 高平小学校からの手紙（2012 年）（橋口研究室所蔵）。
13 高平小学校からの手紙（2012 年）（橋口研究室所蔵）。
14 福島調査、2012 年 2 月 14 日～2 月 16 日（橋口研究室所蔵）。
15 福島調査、2012 年 2 月 14 日～2 月 16 日（橋口研究室所蔵）。
16 福島調査、2012 年 2 月 14 日～2 月 16 日（橋口研究室所蔵）。
17 福島調査、2012 年 2 月 14 日～2 月 16 日（橋口研究室所蔵）。
18 福島調査、2012 年 2 月 14 日～2 月 16 日（橋口研究室所蔵）。
19 福島調査、2012 年 2 月 14 日～2 月 16 日（橋口研究室所蔵）。

第2節　ふくしまの声を聴く

－第4回調査活動記　2012年6月－

〔第4回活動概要〕
2012年6月21日～6月23日
参加者：学生16名、教員2名
◎いわき市・郡山市・福島市・会津若松市でのインタビュー調査
◎南相馬市立高平小学校での交流活動「体育館で身体を動かそう」を実施　小高区駅前商店街の調査
◎福島市笹谷東部・南矢野目仮設住宅での「足湯」活動の実施
◎福島大学での学生との意見交換会

昨年の東日本大震災発生以来、福島県での調査活動は4度目となりました。そんな中で、地域の方々と触れ合い、たくさんの縁ができました。復興支援に活躍される福島大学の教員や学生たちとの交流も確実に深まっています。

取材先は学生たち自身で決め、アポイントメントも学生たちが行いました。南相馬市では小学校を、福島市内では仮設住宅を訪問し、震災時の記憶や日々の暮らしについてうかがいました。

仮設住宅でお話を聴く大学生

1　震災と使命感

〈1日目：6月21日〉

1　いわき市小名浜での調査活動

　津波や放射線被害のなかで、復興への道を歩む方々の熱意を学生たちは肌で感じました。福島県の小名浜を調査したグループは、福島民報の小名浜販売店を取材しました。

　小名浜販売店は、福島第一原子力発電所の水素爆発直後に、放射能への恐怖感を持ちつつも「情報を届けなきゃ」という使命感を持って、毎日欠かさず配達をしたそうです。

　取材を終えた学生は、以下の記録のなかで、「使命感」を強く印象づけられたことを書き残しています。

◆関大生（3年生、女性）の記録[1]
　お話をうかがって、Aさんの経営者魂を感じた。驚いたのは、震災翌日、他社の新聞が先に配られているのを見て、「悔しい」と言ったことだ。一見温厚そうな印象のAさんであるが、震災直後でみんな錯乱している中でも、自分の仕事に誇りを持っていたのだろう。また、社員に無理強いせず、自分の後ろ姿を見せて付いてきてもらった、というエピソードでもAさんのリーダーシップがうかがえる。

◆関大生（3年生、女性）の記録[2]
　小名浜販売店が新聞を配達し続けられたのはAさんの行動力と決断力のおかげなのだと感じた。「小名浜のAさんが配っているらしいぞ」この言葉にすべてが詰まっていると思う。人とは無力になったときほど情報だ、と配達に使命感を感じて配り続けたAさん、そしてパートや社員の皆様は本当に素晴らしいと思う。「社員は家族と同じです」。この言葉を取材中に何度も聞いたのがすごく印象的だった。

そしてこの取材を終えて、たくさんの人に伝えたいメッセージを以下のように記録しています。

◆関大生（3年生、女性）の記録[3]
　小名浜については、「前向きに頑張っているので、温かく見守ってほしい」というまとめをしたいです。福島を特別扱いしないでほしい、福島は自立するべき。震災があったことや被害などは忘れてほしくないが、話題からなくなってほしい。でも、現実は、町は人通りも少なく、歩行者よりも車のほうが多く走っている状況も交えたら、まだ完璧でないことも伝わるかなと。また廃棄物の処理についても、他県に頼むことによって福島が他県から嫌われるのではないかという心配がある、ということも伝えたいです。

　いわき市では、ふくしま海洋科学館（アクアマリンふくしま）へも取材に赴きました。地震や津波で甚大な被害を受けましたが、再オープンへ向けた使命感を、学生が記録しています。

◆関大生（3年生、女性）の記録[4]
　アクアマリンふくしまでは、震災後すぐの4月下旬に、館長が、オープンした7月15日に再オープンしようと言い、職員やボランティアがギリギリまでがれきを撤去して復旧した。そして震災が起きてから3カ月で再オープンを実現した。このような行動的な活動はメディアでも取り上げられた。また、ここでは、なんとなく不安を持っている人は、他にも水族館があることから、顧客が他に行ってしまうことを防ぐため、ここにしかないもので呼び込むことを考えた。営業面において、震災前は旅行会社を中心に回っていたが、震災後は福島にゆかりのある個別の会社を訪問し、社員旅行に使ってもらうことや、震災での教訓を活かし、海岸線を持つ県や消防団を呼び込むことに取り組んでいる。このように、アクアマリンふくしまでは、自分たちで考え、積極的に新しい行動を起こしている。震災が起きたという事実は変わらないし、震災で犠牲になったものはたくさん

あるが、それ以上に、震災前では当たり前にしていたことができなくなったからこそ、「どうにかしないといけない」という大きい気持ちが芽生え、何が何でも考え出さないといけないという状況になったからこそ、新しいことを考え、生まれ、次々に実行に移していくように感じた。

　午後には、いわき海星高校を訪問しています。いわき海星高校は、福島県で唯一津波被害を受けた高校です。そのため、あちこちに津波の爪痕が残っていました。そんな中で、生徒会を中心に「P旗プロジェクト」という活動を行っています。P旗とは国際海洋信号旗で、「本船はまもなく出港する、船員は全員帰艦せよ」の意です。津波被害後の再出発を誓い、生徒たちは、校舎内の掃除やお世話になった人に手作りキーホルダーを送る活動をしているのです。

　また、大学生たちは、いわき地区に伝わる盆踊り「じゃんがら念仏踊り」を行っているグループにも会いました。生徒たちは、津波で亡くなった友人の鎮魂のため、津波で壁や窓が抜けている武道場で、必死に練習をしているそうです。生徒会長は、「昨年11月、小名浜高校と合同で行った文化祭『地域復興祭』で7,500人のお客様が来たことが嬉しかった」と話してくれました。限られた環境の中で、精いっぱい強く生きる高校生の姿に、大学生たちは勇気づけられたのです。

2　会津地方での調査活動

　会津地方に取材に赴いた学生たちの記録も紹介します。

　学生たちは、震災後の修学旅行の変化について取材しました。会津若松観光物産協会への取材によれば、もともと宮城県や新潟県、千葉県の中学生が修学旅行で会津地方によく訪れていたようです。しかし、東日本大震災の影響で、2010年度の840校から2011年度には100校へと激減してしまったといいます。しかし、会津若松観光物産協会の方々の懸命な説明や教育委員会の協力などで、会津若松市には原発の被害がほとんどないことへの理解が進みました。その結果、2012年度は、200校が修学旅行で訪れるまでに回

復したそうです[5]。福島第一原発から遠く離れた会津地方にも、風評被害が広がっていたのです。

3 宮城県の小学校

　宮城県仙台市の新田小学校の仮設校舎を訪問した学生の記録も紹介します。この仮設校舎は、東日本大震災の前から、生徒数の増加と耐震強化のために建設が予定されていたそうです。ですから、仮設校舎の建設については、震災によって期間が遅れただけで、震災が直接的な建設理由ではなかったとのことでした。しかし、震災を受けて1年3カ月、状況は大きく変わりました。学生は教頭先生から以下のようなお話を聴いてきました。

◆関大生（3年生、女性）の記録[6]

　1年3カ月たってようやく普通に戻った。沿岸部とまではいかないが、十分な復旧支援があればこんなに長い期間かからなかったと思う。今の段階は復旧だけで、復興ではないし、今後「復興」することは難しいと思う。〔震災後1年3カ月たってからの子どもたちの様子について〕ようやく落ち着いてきたが、まだ夜電気を消して寝られない子はいる。

福島第一原発の影響についても、教頭先生はこのように話されたそうです。

◆関大生（3年生、女性）の記録[7]

　震災から1年3カ月たって、やはり子どもたちへの放射能が心配。震災で子どもたちは失ったものが多く、これから大きくなって「東北の子はお嫁にもらえない」などと言われたらどうしようとか考えてしまう。メディアが大げさにとりあげすぎていることもあり、誤った情報が風評被害の原因だと思う。だから、自分たちの足で東北に来て現状を知り、本当のことを伝えていって欲しい、とおっしゃっていました。

宮城県の小学校。この地でも福島第一原発の風評被害を心配する教師の姿

がありました。

4　福島市を歩く

　福島のまちを歩き、そこで出会う人たちを取材した学生もいます。その出会いは、福島の今を伝える貴重な言葉と体験に満ちていました。次にその記録を記します。

◆関大生（3年生、男性）の記録[8]
　○公園の清掃をしていた男性
　福島市内の公園を3つまわったが、どこも人がいなくて静まりかえった公園が印象に残っている。そんななか、公園の清掃をしていた60歳ほどで白髪交じりの男性と話した。
　「震災以降、子どもの声が無くなった」
　公園を1分ほど歩いたところに保育園があり、震災前はよく園児全員で遊びに来ていたが今となっては来なくなった。公園の芝生は、市内の公園では一番に除染して毎時0.2マイクロシーベルトまで下がったにもかかわらず。ちなみに、2キロ程離れた福島駅周辺は毎時0.8マイクロシーベルトであり、市内でもここまで放射線量が違うのに驚いた。
　〜私は「人が来ない公園をなぜ掃除するのか」と聞きました〜
　「いつか来るかもしれないし、来た時に前と変わらず綺麗な公園で迎えたいから」
　人が来ないことに嘆きながらも、いつか来る人のために掃除をする。掃除ひとつでもこれだけの思いが詰まっている。
　○公園近くの保育園
　3歳〜4歳の子どもたちは、園内のアスレチックで遊んでいた。先生に話をうかがうと「30分しか遊ばさないようにしています」とのことで、やはり外で遊べない現実があった。
　〜私は「なぜ公園に行かないのか」と聞きました〜
　園外に出すのは親御さんから禁止されている。園内も除染しているので、

園内で遊ばせるようにして外には出さないようにしている。公園も園内も放射線量は変わらないが、子どもが外の空間で遊べない。

　○40代の主婦

　福島駅前で「あなたの幸せな時は？」とインタビューをしているときに出会った。

　大阪から来たと伝えるだけで「ありがとう」と泣きそうな顔で言ってくれた。そこで、私たちの活動を話したところ「本当に嬉しい。福島に来てくれてありがとう」と言われました。私なら大阪に誰かが来ても「ありがとう」とは言わない。福島県民の温かさを感じた。この人の幸せな時は「友達とお茶を飲んでいるとき」だ。なにも大阪と変わらないと思った。

　○おにぎりをくれたおばあさん

　駅前の地図を見ているところを話しかけた。話し込んでいくうちに、孫と私が同い年だとわかり鮭のおにぎりを差し出してくれた。彼女は農家であり、サクランボや野菜などを作っている。やはり、風評被害はひどいそうだった。近所の農家も経営をやめる数が増えてきたそうだ。

　〜いま、なにを望んでいますか？〜

　「なにもいらない。元の福島をかえしてほしい。福がない島になっているよね」

　悲痛な叫びだったが、それだけ風評被害は深刻なのだと気付かされた。

　学生は、まちで出会う人々にそっと話しかけ、福島の声を聴きました。彼は、「この福島の声を大阪に届けたい」と強い使命感を得ることになりました。

2　子どもたちと再会

〈2日目：6月22日〉

1　南相馬市の小学生との交流会

　2日目は、参加者全員が貸し切りバスに乗って、沿岸部の南相馬市へ向かいました。南相馬市立高平小学校で、全校生徒を対象に交流会を実施したの

3-4　高平小学校での交流会。子どもたちと体育館を走り回ったのち、七夕の願いを書いた。

です。学生たちは、110 人を超える小学生たちと元気に体育館を走り回り、クイズ大会を楽しみました。その後、小学生たちは、七夕の願いを紙製の笹に飾りつけました。

　企画を統括した学生は、以下の記録を残しています。

◆**関大生（3 年生、男性）の記録**[9]
　前回、今回と子どもたちは競技中、そして休憩中まで元気に走り回っていた。校長先生のお話でも「外部から来た僕たちが行う企画だからこそ子どもたちが気を使わずに走り回れる」とおっしゃっていた。また「普段の生活の中で子どもたちが 1 年生から 6 年生まで一緒になって行う行事があまりないのでとてもいい機会である」ともおっしゃっていた。子どもたちも僕たちの企画を楽しみにしてくれている様子で、今回 6 年生のみんなはぼくたちのために寄せ書きを作ってくれていました。イベントが終わって帰ろうとしている私たちのところまで見送りに来てくれる子どもたちの姿を見ると、「自分たちが高平小学校のために行っている企画が、少しは子どもたちのためになっているのではないか」と実感させてくれました。

2　警戒区域が再編されて

　われわれは、小高区、浦尻海岸などを調査しました。この地区は、警戒区域から避難指示解除準備区域に再編されたことにより日中の立ち入りが可能となりました。とはいえ、小高駅前の商店街、そして広範囲に破壊されつく

した沿岸部は、震災後の爪痕を今なおはっきりと残していました。

◆関大生（3年生、女性）の記録[10]
　高平小学校でのクイズ大会の後、私たちはバスを貸し切って、南相馬市の海岸部、小高区の駅前商店街の調査を行いました。南相馬市は津波と放射能両方の被害を受けた地域であり、震災後一部警戒区域となっていましたが、今年4月16日に南相馬市の警戒区域が再編されました。しかし、今でも一部には立ち入りが禁止されている地域もあります。
　前回も南相馬市の沿岸部を訪れましたが、警戒区域が再編され、前回入れなかった区域にも入ることが出来ました。再編前の警戒区域の境界線を超える時、放射能という目に見えない恐怖に体が震えました。
　前回訪れた時は、沿岸部の被害の大きさや復興がまったく進んでいない状態に驚きました。あれから約4カ月が経ち、変わっていたのは草木が成長していたことだけでした。草が生い茂っていることで、より一層、ここに人が住んでいた痕跡を感じることができなくなっていました。
　また、4月に警戒区域解除となった小高駅の駅前商店街を訪れました。そこは震災から時間が止まったままのような光景でした。崩壊し、屋根瓦がそのまま地面の上に墜落した家。大音量で不気味に鳴り響くスピーカーからのポップな音楽。ほとんど車が通らないのに動いている信号機。異常の中の正常に気味の悪さを感じました。そんな中、明かりがついている床屋を発見しました。中の人にうかがってみると、営業しているとのことでした。常連のお客さんが1日2、3人来るといいます。営業している理由を尋ねると、「お客さんがいるから。ここが家だから」とおっしゃっていました。この言葉に人の強さを感じました。
　地盤沈下により海のようになった海岸沿いの田んぼ。津波に流されたままのあるはずのない場所にあるクルマや自動販売機。復興が進まない理由が放射能の影響であること、そして目に見えないものを再認識することができました。

3－5　南相馬市の海岸部などを見学。震災後の爪痕を今なおはっきりと残していた。

3－6　小高駅の近辺。人影はなく震災当時の姿が残る。

　先日まで警戒区域で立ち入りが制限されていた区域に踏み込んだ際、学生はこのような記録を残しています。

◆関大生（3年生、女性）の記録[11]
　この前、警戒区域だった境界線を越える時は少し身が震えた。警戒区域内はこの前見た景色と何も変わらず、復興していないことを見て感じた。
　避難指示解除準備区域には宿泊してはいけないということを分かっているが店を再開している人もいて、自分の家に早く帰りたいという気持ちが伝わってきた。沿岸部も前見た景色と変わっておらず、復興という言葉が嘘のようだった。**車があるはずのないところに転がっている景色も、見慣れて不思議と感じなくなっている自分に気づき、慣れるということは恐ろしいと感じた。**

小高区のまちを歩いた学生の記録です。

◆関大生（3年生、男性）の記録 [12]

　前回よりも中に入れたこともあり、悲惨な光景が多かった。人が帰って
くるのはいいが、泊まるのはだめな区域で散髪屋さんに出会った。水の入っ
たタンクを車から出していたのを手伝うと、店のなかに入れてもらえて
コーヒーをごちそうしてくれた。辺りの家にくらべて、震災前とまったく
同じような綺麗さだった。

　〜なぜ帰ってきた？〜

　「家だから。お客さんがいるから」

　今でも常連さんが、1日に2〜3人くるそうだ。

　水も通っていないここで店を開くために、タンクを運び、ポットを使い
温かいお湯をつくると言っていた。

　また、関東の大学生もよく来ると言っていた。

◆関大生（3年生、女性）の記録 [13]

　初日は大阪と変わりのない街を見ていたので、海岸部の被害の大きさは
衝撃だった。どうやったらこんな風に崩れるのか想像もつかない程で、「す
ごい」としか言えなかった。これからあの土地はどうやって復旧していく
んだろうと考えたが、大量にあった瓦礫は受け入れ先も決まっていないだ
ろうし、海水が流れ込んでできた池はあのままなのかと思うと、自分が何
も出来ないことが悲しくなった。同時に、この現状を実際に見て、多くの
人に知ってもらうことが今は大事なことなのだと感じた。

3　仮設住宅の声

〈3日目：6月23日〉

　最終日は、参加者全員で福島市内の仮設住宅を訪問しました。この仮設住
宅では、浪江町から避難されている方々に、足湯マッサージを行いました。
そして、京都伏見の日本酒を原料にした酒粕パックも実施しました。この活
動を通じて、学生たちは、避難者の方々と笑顔で交流したのです。

◆関大生（3年生、女性）の記録[14]
　ここではたくさんの人と足湯のマッサージをしながら他愛もない話をした。
　「浪江は、夏は涼しくて冬は雪が降らない、本当にいい町だったんだよ〜」この言葉をたくさんの方から聞いた。みんな避難してきた今も浪江が好きだということが話をする中でしみじみと伝わってきた。
　思っていた以上にたくさんの方が足湯のために集会所まで足を運んできてくれてすごく嬉しかった。1日しかいられない私たちは仮設住宅の人にとったら有難迷惑と思われないかな、と少し不安だったのもすぐになくなってしまうくらい、みなさん優しくて楽しくお喋りをしてくれた。「浪江はいいところ」、この言葉を何回も聞いて、やっぱりみんな住み慣れた町に帰りたいんだろうな、と思った。仮設住宅での1日は本当に時間が過ぎるのが早くて、最後お別れするのが悲しくなるほどだった。
　もう一度仮設住宅の人々に会いたい。そして次に会うときは仮設住宅での再会ではなくて浪江町での再会だったらいいのに、と願う。

◆関大生（3年生、女性）の記録[15]
　集会所は私が想像していたよりも明るい雰囲気で、子どもたちが走り回っていた。おじいちゃんおばあちゃんが楽しそうに話しているのを見て、あたたかい気持ちになった。外を歩いているときにおばあちゃんに出会った。以前は農家をしていたおばあちゃんは、「今は時間を持て余している。夜は眠れなくて薬に頼るばかりで、そのせいで次の日の体調もすぐれない」と言っているのを聞いて、楽しそうにお話ししているおばあちゃんたちも、やっぱり心の中に震災のことをずっと抱えているのだということを感じた。「遠いところからありがとうね」と言われたときは本当に嬉しくて、また会いに行きたいと思った。

◆関大生（3年生、女性）の記録[16]
　仮設住宅に初めて訪れた。住宅街の中に突然仮設住宅があったのでとて

も驚いた。足湯でおばあちゃんと色々と話した。仮設住宅の付近はとても店があり充実しているそうです。また震災のことについても話してくださいました。あの日とても雲が黒くなったらしいです。そのおばあちゃんは農家もしていて野菜などを作っていたがそれもすべてなくなってしまったと悲しそうに話していました。魚が好きだというおばあちゃんでしたが、震災後は津波の影響でほとんど食べていないそうです。ほかの学生とお話をしていたおばあちゃんの話を聞いたら、震災の日、必死に手をつかって這いつくばって山を登っていたそうです。最初は4人でしたが次々と人が増えて若い人に登るのを手伝ってもらったそうです。仮設住宅で暮らしているおばあちゃんたちの会話は、やはり震災や津波の話が多いそうです。しかし最近は世間話も増えてきたそうです。その後、私ともうひとりの学生とでおばあちゃんの家に入って1時間くらい話していました。その時、スイカやコーヒー、漬物をいただきました。そのおばあちゃんは、1人で暮らしていました。その時も震災のことを話してくださいました。息子を亡くしたことなど本当はおばあちゃんが辛いのに、辛そうには話さないで普段の話と変わらない口調で話されていました。

　家族などの話をした後、私たちはその家を出て行かないといけない時間になり、出ていこうとすると、おばあちゃんが「ありがとう」と言ってくれました。お礼を言うのは私たちのほうなのに元気をもらいました。仮設住宅で私はとても良い出会いができたと感じました。

◆関大生（3年生、男性）の記録[17]
　○仮設住宅で花の世話をするおじいさんとおばあさん夫婦
　おじいさんは、家の話をよくする。「高価な骨董品があって、花も一面にあって、部屋もたくさんあって」と、家がまだあるような現在進行形で話していた。しかし、「家どうなったん？」そう聞くと、「全部流れた」と言っていた。
　おじいちゃんは漁師であり、津波がくるときは職場の人と逃げたそうだ。おばあさんを家まで迎えに行き、とりあえず遠くまで逃げた。津波が落ち

3－7　仮設住宅での交流。足湯を行いながらお話をうかがった。

着いてから、家にいくと何もなくて、高価な骨董品もなかった。避難所へ
行って届いていないか聞いて回った。でも、なかった。とても落ち込んだ
そうだ。話しながら、テンションが下がっていくのがわかった。漁師だっ
たころ、大漁旗を20年間守り続けたそうだ。漁師の話も現在進行形であり、
まだ続けているのかと思ったら、もうやっていないそうだ。

最近花のお世話をするようになって、少しずつ元気になってきているそうだ。過去と現在がごっちゃになってしまっている。簡単に、流されたからといって割り切れるものではないのだろう。

　○50代の男性——奥さんと子どもは県外へ避難している

　仮設住宅で寝ていると、2～3時間で目が覚めるそうだ。慣れない環境であり、不満はたくさんあるのだが、ご近所さん同士では弱音ははかないそうだ。だからこそ、こういったボランティアで来てくれる人たちに話すことで少しでも気持ちが楽になると言っていた。

　～散歩をする理由～

　ずっと家にいると頭がおかしくなるから。落ち着くはずの家がそうでない。夜、眠りやすくするため。

◆関大生（2年生、女性）の記録[18]

　私はTさんというおばあちゃんに足湯と手のマッサージをした。初めはお話をすることも緊張していたが、「今日は暖かいですね」と話しかけると、次々とお話をしてくれた。以前は農家をしていて、米とたくさんの野菜を育てていたこと、震災の時、必死に山に登って一晩山で過ごしたこと、3人のお子さんがいて息子さんが震災でお亡くなりになったこと、8人のお孫さんがいて10人のひ孫さんがいること、もう少ししたら、4畳半の仮設住宅から2DKの仮設住宅に引っ越すこと、秋にはいわき市にいるお孫さんと一緒に住むこと、私たちが仮設住宅に来てこのような活動をしたことを「孫みたいで嬉しい」と、とても喜んでくれた。そして、お家まで送っていくと、Tさんのお家に招待していただき、スイカと、Tさんが漬けたお漬物とコーヒーを出していただいた。そこでもたくさんのお話をしてくれた。お話をするのが大好きで、「こうやって来てくれたことが嬉しい、ありがとう」と言われたときは最高に嬉しかった。

◆関大生（3年生、女性）の記録[19]

　初めて仮設住宅にお邪魔させてもらったが、想像以上に明るい雰囲気で

驚いた。集会所に来ているおばあちゃんたちも笑顔が多く、足湯も気持ちよさそうにしている姿が印象的だった。仮設住宅の中を歩き、すれ違ったおばあちゃんたちに「こんにちは」とあいさつをすると、みんな笑顔で「こんにちは」と返してくれ、「若い人たちが来てくれることが嬉しい」と言われ、とてもうれしかった。花を植えていたおばあちゃんに話しかけると「天気がいいから水がいるかどうか見てるんだ」と話してくださり、少しずつではあるが、仮設住宅自体の雰囲気も良くなってきているのではないかと感じた。

　ほかの学生が仲良くなったおじいちゃんの家にお邪魔させてもらい、いろんな話をした。知り合ったばかりの人なのに孫のように扱ってくださり、まるでおじいちゃんの家にお邪魔したかのようだった。福島の人はあったかいと、肌で感じることができた。「またおいでー」の一言が胸に響いた。

◆関大生（2年生、女性）の記録[20]
　集会所では子どもたちがゲームをしたり、ボランティアの人たちと一緒に遊んで楽しそうにしていたので、元気な姿を見られてよかったです。仮設住宅に住む方々は気さくに声かけに答えてくれて、たくさんお話をしてくださいました。おばあちゃんとの会話の中には、やはり震災当時の記憶や今でも家が大変なことになっていてとても困っているということや、畑を手放したことで、生活のリズムが狂ってしまい、夜眠れないと言っていました。

　大切なのは、たくさんの人とのコミュニケーションをとること。そして、避難している人々の日常負担になっているストレスをうまく解消してあげられる場をたくさんつくることだと思いました。仮設住宅での足湯ボランティアや酒かすパックなどのイベントを継続して開催するのは絶対必要だなと思いました。何より、そこに住んでいる人々がお互いに会話をしたり、情報交換しあっている光景が見られて安心しました。

◆関大生（3年生、女性）の記録[21]

私たちは福島大生と違い、継続して福島で活動できないし、ゼミの活動であって、ボランティア活動とも少し違う。そういう人たちを、福島の人はどう思うのか気になっていたが、大阪から来たと言うと、仮設住宅の方は「大変やね、わざわざありがとう」と言ってくださったり、震災の話をたくさんしてくださった。また、Jくんたちからも、「いつもより足湯に来てくれた人が多かった、大阪の人は話すのがうまい」と言ってもらえて、行ってよかったと思った。福島大学の学生がこんなふうに活動しているのを見たり、いろんな話を聞いてすごく刺激になった。こんな言い方をするのは悪い気もするが、自分たちで行動したり、活動していて、尊敬すると思うと同時に羨ましいと思えることもあった。

4　大阪で伝えたいこと

　警戒区域から避難指示解除準備区域に再編された南相馬市小高区のまちは、時間が止まったようにひっそりとしており、破壊された海岸はそのままでした。仮設住宅では、日々悩み続ける人、変わり果てた自宅に落胆する方々もおられました。

　とはいえ、新たな地域ブランドを確立すべく前向きに活動を始めようとする方々もおられます。高平小学校の児童たちは、元気いっぱいで体育館を走り回り、未来への夢をたくさん書いてくれました。福島県では、光と闇、それぞれが絡み合いながら、明日への一歩を模索しているのです。この活動を終えて、学生たちは大阪に戻って伝えたいことを、心に刻みつけたようです。

　学生たちは、関西に伝えたいことを以下のように記録しています。

◆**関大生（3年生、女性）の記録**[22]
　関西にいると実際の復興状況がわからない部分があると思う。震災から1年以上たち、被災地も復興しつつあるのだろうと思いがちだが、実際には放射能の影響でまだまだ復興には遠く、被災者が元通りの生活を送れる日が本当に来るのかと思うほどである。その一方で、人と人とのコミュニ

ティが広まったり、絆が強まったりしていることも今回感じることが出来た。福島の人は、進まない復興の中でも、そういった心のつながりを強めながら頑張っていることを伝えたい。

◆関大生（3年生、女性）の記録[23]
　訪問する前、自分の中で迷っていたことがあった。それは、自分が福島の人のことをどのように思っているのか、ということである。かわいそうだから支援しているのか、そもそも支援という言葉や、慰問という言葉が正しいのか、など色々悩んだ。
　しかし、今回の訪問の中で、その答えが出た。私は福島の人が好きで、少しでも元気になってほしいからこの活動をしている、ということ。それは友達が困っていたら助けてあげる感覚と同じだということ。
　今後活動をしていくうえで、このことを忘れないでいようと思う。

◆関大生（2年生、女性）の記録[24]
　福島では、普通に日常のいつも通りの生活をしていました。しかし、まだまだ震災の爪痕は残ったままで、がれきの処理もまだ進んでいない地域もたくさんあるのが現状です。まさに、異常の中の正常という感じでした。
　今回福島に実際に行ってみて、福島の人はそれぞれ不安は持っているけども、何とかこの震災を乗り越えようと努力している人が数多くいるということを知りました。しかし、取材させてもらった方々がそろって口にしていた言葉は「福島でもこの震災があったということを決して忘れてほしくない」ということです。かつての「福島は放射線量が高い」という風評被害は、今では逆に震災の風化に変わっていく傾向があると思い知らされました。

◆関大生（3年生、女性）の記録[25]
　正直に言うと、私はこのバスツアーに行く前も、そして実際に行っているときもすごく不安の気持ちでいっぱいでした。ほんの数カ月前まで警戒

区域だった場所。テレビでしか聞いたことのない警戒区域の場所に自分が今立っていると思うと、テレビの前では抱いたことのなかった複雑な気持ちでいっぱいになりました。人がいなくなってしまった街並みにすごく違和感を感じたし、目には見えない放射能に対して胸がざわつく感じがずっとしていました。建物が壊れている様子や沿岸部の津波の被害の状況を私はカメラで写真として納めることはできませんでした。1年3カ月前、ここでたくさんの人が亡くなっていたということ、そしてそれを私たちには想像もできないような気持ちで見送った人がいると思うと、写真をとるよりも実際に自分の目できちんと見て考えようと思いました。

バスツアーができてよかったです、と締めくくれるようなものではなかったけれど、福島県の様子を大阪の人にもっと伝えたい、そして今の自分に何ができるのかを今まで以上に考えるようになったバスツアーでした。

◆関大生（3年生、男性）の記録[26]
今回、会津若松市、福島市、そして沿岸部の南相馬市小高区を見てきた。どの町もいまだに震災の影響を受けているが、今回改めて沿岸部の小高区を見て他の二つの市とは違う印象を受けた。

会津は風評被害に苦しみながらもだんだんと修学旅行生は戻ってきている。福島市も出会った住民の人が「福島は元気！　でも浜通りはまだ大変」と言っていた。まさにその通りだと思った。福島市の人は時間の流れとともに少しずつ前に進んでいると思う。しかし沿岸部、特に今回調査した小高区周辺はまったく違っていた。一言でいうと沿岸部は1年と4カ月たとうとしている今でもあの時と同じで時間が止まったまま復興が進んでいない。それは建物や道路などもそうだし、そこに住んでいた人たちもそうなのかもしれない。

僕たちにはハードな支援を行うことは出来ないが、単純にもっとお金をかけて出来るだけ早く町を復興させていくことが大事だと思う。町が戻ればそこに住んでいた人も少しは元気になる。時間の経過が福島は復興して

きているというイメージを生んでいるかもしれないが、それは会津であり
福島市の話だと思う。同じ福島でも沿岸部の復興はまだまだだ。実際に見
て思った。

注
1　福島調査、2012 年 6 月 21 日〜6 月 23 日（橋口研究室所蔵）。
2　福島調査、2012 年 6 月 21 日〜6 月 23 日（橋口研究室所蔵）。
3　福島調査、2012 年 6 月 21 日〜6 月 23 日（橋口研究室所蔵）。
4　福島調査、2012 年 6 月 21 日〜6 月 23 日（橋口研究室所蔵）。
5　福島調査、2012 年 6 月 21 日〜6 月 23 日（橋口研究室所蔵）。
6　福島調査、2012 年 6 月 21 日〜6 月 23 日（橋口研究室所蔵）。
7　福島調査、2012 年 6 月 21 日〜6 月 23 日（橋口研究室所蔵）。
8　福島調査、2012 年 6 月 21 日〜6 月 23 日（橋口研究室所蔵）。
9　福島調査、2012 年 6 月 21 日〜6 月 23 日（橋口研究室所蔵）。
10　福島調査、2012 年 6 月 21 日〜6 月 23 日（橋口研究室所蔵）。
11　福島調査、2012 年 6 月 21 日〜6 月 23 日（橋口研究室所蔵）。
12　福島調査、2012 年 6 月 21 日〜6 月 23 日（橋口研究室所蔵）。
13　福島調査、2012 年 6 月 21 日〜6 月 23 日（橋口研究室所蔵）。
14　福島調査、2012 年 6 月 21 日〜6 月 23 日（橋口研究室所蔵）。
15　福島調査、2012 年 6 月 21 日〜6 月 23 日（橋口研究室所蔵）。
16　福島調査、2012 年 6 月 21 日〜6 月 23 日（橋口研究室所蔵）。
17　福島調査、2012 年 6 月 21 日〜6 月 23 日（橋口研究室所蔵）。
18　福島調査、2012 年 6 月 21 日〜6 月 23 日（橋口研究室所蔵）。
19　福島調査、2012 年 6 月 21 日〜6 月 23 日（橋口研究室所蔵）。
20　福島調査、2012 年 6 月 21 日〜6 月 23 日（橋口研究室所蔵）。
21　福島調査、2012 年 6 月 21 日〜6 月 23 日（橋口研究室所蔵）。
22　福島調査、2012 年 6 月 21 日〜6 月 23 日（橋口研究室所蔵）。
23　福島調査、2012 年 6 月 21 日〜6 月 23 日（橋口研究室所蔵）。
24　福島調査、2012 年 6 月 21 日〜6 月 23 日（橋口研究室所蔵）。
25　福島調査、2012 年 6 月 21 日〜6 月 23 日（橋口研究室所蔵）。
26　福島調査、2012 年 6 月 21 日〜6 月 23 日（橋口研究室所蔵）。

第3節　復興への第一歩を探して

－第5回調査活動記　2012年10月－

〔第5回活動概要〕

2012年10月25日〜10月27日

参加者：学生18名、教員2名

◎二本松市、道の駅ふくしま東和、南相馬市立鹿島幼稚園へのインタビュー調査

◎南相馬市小高区（避難指示解除準備区域）での見学・調査

◎福島大学にて福島大生と討論

◎福島市笹谷東部・南矢野目仮設住宅での「足湯」活動

東日本大震災が発生してから、1年半以上が経過しました。福島県入りするのは、今回で5回目となります。昨年6月に初めて訪れたときの緊張感は今でも忘れられません。しかし、今となっては、福島駅のホームに立つと、なにやら懐かしさすら感じるようになりました。正確な表現ではないかもしれませんが、福島の友人に会うためにここに来た、そんな思いすら抱くようになりました。

南相馬市の沿岸部

1 子どもたちは未来の主役

〈1日目：10月25日〉

　1日目は、新幹線で福島入りしました。午後1時過ぎ、夜行バスで先乗りした学生たちと合流し、貸し切りバスで南相馬市へ調査に向かいました。途中、飯舘村を経由します。飯舘村の一部は一時帰宅が認められるようになったようですが、車窓から見ると、家にはほとんどカーテンがかかっています。人通りがなく、生活している気配もありません。バスの運転手さんの説明によると、不審者が侵入した際には、警備会社が通報するようにしているそうです。原発事故は、人々の生活を丸ごと奪ってしまったのです。それだけではありません。震災以降、放置されたままの田畑は、荒廃がさらにひどくなっています。

　道路の脇には「除染作業中」と書かれた看板がいくつか見えました。運転手さんによれば、現在、福島市から沿岸部に行くにはこの道しか通れません。ですから、大量の車両通過を可能にするために、拡張工事をしているそうです。復興への第一歩という気もしますが、いくつも連なる山々を見ていると、除染ははたして進むのだろうか、先行きに不安が頭をもたげてもきました。

　われわれは、午後2時に南相馬市に入り、ほどなくして南相馬市立鹿島幼稚園へ到着しました。この園でわれわれは園長先生に取材させていただき、貴重なお話を聴くことができました。

　園長先生によれば、遊戯器具や校庭の除染はすでに終えたそうです。しかし、除染した校庭には砂ぼこりがたち、子どもたちは満足に外で遊べなかったそうです。そこで、校庭を芝生にしたのだそうです。お話を聴き始めて30分ほど経ったくらいでしょうか。子どもたちが園舎から何人も出てきてくれました。気が付くと、子どもたちは学生たちと芝生の上を元気に走りまわっていました。

　「ああ、南相馬市の子どもたちは、こんなに元気に走り回るんだな」

３−８　飯舘村。一時帰宅が認められたようだが、家はほとんどカーテン。人通りがなく、
生活している気配はない。荒れ果てた田畑。

　何やら、感慨深いものがこみ上げてきたのです。その姿は、大阪に住む子
どもたちと何ら変わりませんでした。子どもたちのあふれんばかりの笑顔は、
南相馬市のこれからを示しているように思えます。
　園長さんはこう言っておられました。
　「私は、どんなときでも子どもたちを元気に育てますよ」
　園長さん自身も被災者です。しかし、まっすぐ前を向いて、子どもたちと
向き合っておられたのです。この子どもたちを育てることが、南相馬市の未
来を創ることにつながる。そんな想いがひしひしと伝わってきました。放射
性物質の除染は、本当に重い課題です。しかし、この芝生が、子どもたちの
未来を開く第一歩となることを祈ります。学生たちは、この鹿島幼稚園での
体験を以下のように記録しています。

◆関大生（２年生、女性）の記録[1]
　復興への第一歩は、幼稚園で見受けられました。
　わたしたちは南相馬市の鹿島幼稚園を訪れました。公立の幼稚園では初
めて人工芝をグラウンドに使用したということを知って、お話をうかがい
たいとおもったからです。まず、芝生をひくようになるまでの経緯をお話
します。
　○砂のグラウンド

3－9　鹿島幼稚園。園長さんから貴重な話を聞かせていただいた。

　震災後、幼稚園のグラウンドは放射性物質で汚染されていて、子どもた
ちはまったくグラウンドで遊べない状況でした。そこで、去年の夏に放射
性物質を取り除くために、グラウンド表面の土の入れ替えが行われました。
でも、その入れ替えられた土というのは、軽くてまるで砂浜のような砂で
した。このような環境では、風が吹いたり走ったりするだけで、砂ぼこり
が舞い上がります。また、三輪車やスクーターで遊ぶことだってできませ
ん。グラウンドにまったく適していない土だったのです。運動の際に体に
負担がかかったり、砂ぼこりが健康に影響するなど、保護者の方も心配し
ていました。

○人工芝

　そんな中、とある公益財団法人が、鹿島幼稚園に対して、風が吹いたと
きに砂が教室に入ることを防ぐために廊下に布をはったり、すべての教室
にエアコンを設置したりするなどの活動を行っていました。そして、向こ
うから「こんなグラウンドでは子どもたちが遊べないから」ということで、
人工芝をひこうという提案があったそうです。

　園長先生は、「今までに色んな支援を受けて、それが芝生につながった」
と話してくれました。「子どもが遊ぶには、この芝生は本当に良かった」
とも言っておられました。

○忘れないでほしい

　園児たちは、「ほうしゃのう」「ほうしゃせん」「しえんぶっし」など、

このような言葉を知っています。本来なら異常なことがここでは普通に起こっていて、それが「日常」になっているのです。

　園長先生は、「心配事だらけだけど、下ばっかり向いていられない。このことを受け止めて、上を向いていかなければ」と言っておられました。そして何よりも、「この震災のことを忘れないでほしい」と言われました。

　私たちは大阪にいて、日々の生活の中で、震災のことを忘れてしまったりもすると思います。でも、時々、現状がどうなっているのか調べてみたりして、思い出して、忘れないことが、私たちがここにいて、今すぐできることの1つだと思います。

　子どもたちを大切に想っていたのは、園長先生だけではありませんでした。地域の方々が、子どもを慈しみ育てる場を守ったのです。学生たちは、その姿をしっかりと伝えたいと心に刻みました。

　午後4時ごろ、われわれは園長先生に別れを告げ、沿岸部の見学に向かい

3−10　南相馬市の沿岸部。沿岸部は瓦礫がかなり撤去されたものの、まだまだほとんど手がつけられていない状況。

ました。沿岸部では、がれきの撤去は進み始めています。しかし、まだまだ手の付けられていない箇所がほとんどでした。

　午後5時ごろ、南相馬市の小高区を見学しました。前回訪れたときには、小高駅の正面から延びた中央道路に家屋が倒壊して散乱していました。その家屋は撤去されていたものの、人影はほとんどありません。夕刻のため薄暗くなってきたこともあったのでしょう。閑散とした街並みはあまりにも重く、われわれは言葉も出ませんでした。

　福島県を悩ませる最大の問題は、放射性物質が拡散したことによる被害です。この放射性物質をどうやって除染するのか。この課題をテーマに取材した学生たちは、このような記録を残しています。

◆関大生（2年生、男性）の記録[2]
　まず、除染とはどのようなプロセスで行われるのかを説明します。
　最初に、除染を行うには、除染した土を一時保管するための仮置き場を確保する必要があります。この仮置き場を作るには、その地区全域の全戸の合意が必要です。ここで全戸の合意が得られなければ、除染を開始することはできません。しかし、自分の生活する地区内に仮置き場を作って欲しいと思う人は少ないのが実情です。だから合意をとるのはむずかしいのです。
　全戸の合意が得られると、ようやく除染作業が始まります。市町村が業者などに除染を委託し、そこでやっと行われるのです。仮置き場を家の近くに作ることは、有害物質が拡散してしまう可能性もあり、不満が出てしまうのですが、除染活動はしてもらわないと生活に大きな影響が出てしまうので、たいていの地域はしぶしぶ合意するそうです。そこで線量が下がれば評価してくれます。しかし、たいていの地域は、しぶしぶ合意したこともあり、除染後に計測して、数値が下がらなかったりすると、苦情が寄せられることもあるそうです。
　次に除染後の土のゆくえについてお話しします。

除染した土などは、一時的に家の敷地内や仮置き場に置いておきます。そして最後には、最終処理場に持っていくのですが、この最終処理場をどこにするかなどが決まっておらず、そのことに対しても不満が多くあるそうです。

　しかし、除染は私たちが生活していくうえで、避けて通れません。だからもっと互いに理解し合おうとし、助け合える方法を見つけることが、復興へとつながるのではないかと思います。

　除染には、仮置き場が必要です。しかし、その仮置き場は住民の生活圏に設置されるのです。放射性物質という課題は重いですが、その解決への一歩には、やはり住民の方々の理解が欠かせないのです。

2　福島大生との討論会

〈2日目：10月26日〉

　2日目は、福島大学を拠点に、学生間の交流活動を行いました。学生にとって、被災地の現場を調査することはもちろん大事です。しかし、自分で見たこと、感じたことを同世代の学生と話し合うことで、しっかりと考え抜くことも大切なのです。

　午前中は、福島大学の出入り口付近に設置されたコミュニティカフェを利用して、たこ焼きの模擬店を出店しました。福島大生と交流して、震災に関わるアンケート調査を実施するためです。福島大生たちは、被災地で学ぶ悩みを伝えるだけでなく、将来像を前向きに語り、関大生たちに強い刺激を与えてくれました。

　午後3時からは、福島大学の講義室で、討論会を行いました。まずは、福島大生が震災復興に関わる活動を報告しました。そして、関大生もこれまでの調査結果を報告し、討論会へと進みます。そこで学生交流を深めました。福島大学と関西大学との震災をめぐっての討論会について、関大生が以下のように記録しています。

3－11　福島大学講義室で、討論会。福島大生の震災復興に関わる活動報告。関大生もこれまでの調査結果を報告し、学生交流を深めた。

◆関大生（3年生、男性）の記録[3]

　たこ焼きパーティーを共同して行った福島大学のNゼミの学生とディスカッションを行いました。Nゼミは環境経済学が専門で、弁当容器回収プロジェクトをしてリサイクル活動に取り組んだりと、地域の環境問題について研究しています。ディスカッションを行うにあたり、大きく、震災後の農業、観光、就職、外からの支援活動の4つのテーマに分かれ、話し合いました。

　農業では、風評被害について話し合いました。風評被害は、震災直後に比べて減ってはいるが、完全になくなったわけではなく、現実に福島が直面している問題の1つとなっています。

　観光では、修学旅行数が9,000人から0人へと激減したりと、観光産業への被害について話し合いました。また、そこから他県から注目されるような「福島モデル」に変えるために、被災地でのボランティアを通して現地で頑張る人と触れ合うスタディツアーについても話し合いました。

そして就職では、福島生まれ、福島育ちの4回生の女子大生から話を
うかがいました。彼女は、将来は東京に出て就職したいと思っていたが、
震災がきっかけで地元福島に貢献したい思いが強くなり、実家の近くの市
で公務員として働こうと決めたと言っていました。その学生は放射能によ
る影響なども大学で勉強し、福島に住むことで抱えるリスクに対しても
しっかり向き合い、そのうえで決断しています。

　最後に、外からの支援について。私たちは外からの支援団体の受け入れ
のサポートが被災者のみなさんの負担になるのではないかと考えていたの
ですが、4回生の岩手県出身のFさんは、外からの支援団体について、「ボ
ランティアにきてくれてほんとうに嬉しいし恩返ししたい」、「被災者のな
かでも体験の差が大きいので自分たちもサポートしていきたい」、と話し
てくれました。

　また、このイベントに参加してくれた学生向けに記述式のアンケート調
査を行いました。今回集まった52人分の調査結果を報告したいと思いま
す。

　「みなさんは、原発や放射能という言葉を聞いて、どんなイメージをし
ますか?」私たちは、健康を害する怖い存在であると思っていたので、ま
ず、「原発・放射能とはどういう存在ですか?」という質問を投げかけて
みました。福島大学の学生も、「目に見えないから怖い」、「いらないもの」、
「原発には反対」などという回答がありました。今世の中では「脱原発」
を訴える抗議運動が全国各地で起こっています。同様に福島大学の学生も
原発は不必要だという意見の人がいました。

　しかし、それとは裏腹に対照的な意見もありました。原発は「ないと生
活できないもの」というように「原発は必要」という意見の人は、52人
中6人いました。しかし、その中でも、「原発は要るが、放射能は要らない」
という意見も少なからずあり、やはり目に見えない放射能に対する不安を
持っている人は多かったです。

　一方で、意外だったことは学生の中には「気にしていない」という回答
が52人中8人もあったことです。学生と話していた中でも、「慣れ」と

いう言葉が印象的でした。福島で日常生活を過ごしていると、ニュースで原発関連の話題が出た時にふと思い出すくらいの感覚になるのだそうです。置かれている環境にもよると思いますが、福島に住む人々がみんな原発や放射能のことを気にして生活しているのかと思うとそうではないことがわかりました。

　続いて、「なぜ福島大学に入学したのか」という質問を投げかけてみました。先ほど述べたように、福島大学は福島県の中でも線量が比較的高い地域に位置していますが、しかしなぜ福島大に入学しようと思ったのか真相を探るべく、今年入学した１年生たちの動機を調査しました。

　しかし、「意外にも地元が近い」、「学費が安価」、「行きたい学部があったから」という一般的な回答が大半でした。

　ですが、あえて福島大学を選んだ学生もいました。「震災に関わりたかった」、「復興のために、地元で学びたかったから」という学生がいました。

　また、これからの目標について質問したところ印象的だったのは、「震災からの復興を願い、地元のために何かしたい」と願っている学生が多かったことです。また、「毎日元気に生きる！」という力強い回答も多くありました。

　ほとんどの学生が、「今後福島をどうしていくのか」、「自分の経験を県外の人にどのように発信していくのか」など、福島が直面している問題に向き合い、「震災前以上に福島のことを考えるようになった」という言葉を口にしていました。就職を目前にした学生からも、「地元や福島に貢献する」、「教師になり、震災後の福島の状況や生活を正しくリアルにほかの地域に伝えていく」などといったような、福島に対するまっすぐな気持ちと、何か責任感といったようなものを強く感じました。

関大生たちが、福島大生との討論会のなかで、自分たちの先入観や認識を改めていく様が伝わってきます。これも福島の今を知るためには、とても大切なことです。

　午後６時からは、両大学の学生で芋煮会を行い、交流をいっそう深めま

した。福島大生は、関西のバーベキュー交流会のような感覚で芋煮会をするそうです。学生とはすごいものです。初めて会った学生同士でも、短い時間でも震災をテーマに討論し、交流会では意気投合していました。

3 仮設生活に慣れる

〈3日目：10月27日〉

　最終日は、福島市の仮設住宅を訪問しました。学生たちは、仮設住宅の方々に足湯マッサージと酒粕のパックを実施しました。酒粕は、京都市伏見区の酒造会社のご好意でご提供いただきました。仮設住宅では、昨年6月での活動で出会った方々と懐かしい再会もできました。ただ、「仮の生活」のはずが、仮設住宅での生活は、今に至るまで続いています。そのため、この生活に慣れきった雰囲気に、違和感が湧き上がってきました。「いつまでこの生活が続くのか」という、諦めや失望。福島県の重い課題を見た気がします。

　仮設住宅で活動した学生たちの記録です。

◆関大生（2年生、女性）の記録[4]
　私たちが仮設住宅に行ったそもそもの目的は、現地の人とふれあい、生の声を聞くということです。ニュースで報道されていることでしか情報を得ることができなかったけれど、実際に被災地に足を運んでみて、自分の目で現状をみて、自分の耳で被災された方の本音を聞くことで報道以外の現実を知ることができるのではないか、また、私たちにいったい何ができるのかを考えたところ、大震災が原因で精神的に心に大きな傷を負った方に少しでもその傷を癒すことができないかという考えに至りました。

　その活動とは、福島大学の学生さんに協力をしてもらい、足湯、手のマッサージをしながら、さらに大阪名物のお菓子やジュースを置いてみなさんにくつろいでもらいながらお話をしていただける雑談スペースを設置して、とにかく多くの方とお話をすることでした。私たちは、この活動を通して少しでも仮設住宅に暮らしている方たちのコミュニティが広がって

3−12 福島市の仮設住宅での交流。学生たちは、仮設住宅の
方々に足湯マッサージと酒粕パックを実施した。

いったらいいなと考えました。

　私たちの福島に行く前の福島の方たちのイメージは、家に帰ることもで
きず、つらいことを多く経験されているので、とても疲れきっているので
はないかという暗いイメージを正直持っていました。では、仮設住宅でお
話しさせていただいたことを話したいと思います。

　○現在ひとりで暮らしている70代のおばあさんの話
　仮設住宅におうかがいして何人もの方とお話をしましたが一番印象に
残った出来事があります。それは、息子さんがお一人いらっしゃるおばあ
さんの話でした。
　そのおばあさんは震災前お1人で暮らしていたそうです。息子さんは
結婚しており、お子さんは3人います。震災が発生した際、おばあさんは
息子さん夫妻の消息が不安になり、息子さんに連絡したそうですが繋がら
なかったそうです。後日、息子さんの奥さんから、おばあさんの息子さん
が亡くなったことを聞いたそうです。おばあさんは、「息子はね、震災があっ

た時車に乗っていて、津波がすぐ近くまできているから会社に連絡をいれたらしく、それが息子の最期だった」とおっしゃっていました。おばあさんは仮設住宅の鍵をつけているキーホルダーにお孫さん3人の写真をつけていました。こちらのお孫さんは津波で亡くなった息子さんのお子さんです。

「この子たちは息子似でね……」と話し始めるおばあさんは遠くて、懐かしそうな目をしていました。

　○息子さんがいらっしゃる60代男性のお話
　私は仮設住宅に行って60代の男性からお話を聞きました。
　この方は震災前に離婚なさって、震災後は計5回避難されたとおっしゃっていました。1回目に避難されたのは小学校の体育館だったらしいのですが、水道が止まっていて用を足すために近くの山を往復していたということでした。仮設住宅に移ってからは息子さんと2人暮らししているとおっしゃっていたのですが、その息子さんは精神障害を患っているということでした。しかし男性はこの話を冗談半分に明るく話しておられました。その姿は、どこかせつなさと同時に力強さを感じました。

　学生たちは、お話をうかがうなかで、震災時の苦悩、家族との別れ、日々の生活の苦しみに直接触れたのです。あまりにも大きく重みにあふれたお話を、学生たちは受け止めきれなかったかもしれません。学生たちが知りたかった「福島の声」は、それほど奥深いものだったのです。
　さて、今回の福島県での活動でも、たくさんの人に出会い、様々な話を聞きました。私なりに、震災から1年半を過ぎた福島を見てきたつもりです。しかし、今回参加した学生たちは、福島の声を考えられないほど吸収しました。学生たちは、どんな場所でも、どんな相手であっても、臆せず向かっていき、その心を開いてしまいます。その姿に私は何度驚き、頼もしく感じ、感動したかわかりません。
　そして、学生たちはチームとして機能し始めました。メンバーは3年生

と2年生。だたし、ほとんどが2年生です。そのメンバーを纏めあげたのは、3年生の2人です。2人は、卓越した積極性と後輩への細やかな配慮を示し、後輩たちからの信頼は抜群でした。また福島県を調査で訪れるたびに、福島大学の奥本先生は、学生たちに親しく接してくださいます。奥本先生は、常に「学生は凄い」と言われます。もちろん、私も同意見です。5回目の福島調査活動は、また新たな出会いと学生の成長をもたらしました。

　最後に、今回の活動をまとめた学生たちの記録を記します。この記録には、大阪で伝えたいことが記されています。

◆関大生（2年生、女性）の記録[5]
　私たちが活動を通して感じたこと、伝えたいこと。
　それは福島の人たちの優しさ、強さ、愛、笑顔、前を向く大切さです。福島の人たちは私たちが想像もできない体験をしているのに、大阪という遠いところから来た私たちに本当に優しく接してくれ、そして「下ばかり見ていても何も始まらない、前を向くしかない」という強さを教えてくれました。福島の人たちは過去の非現実的な経験をしたからこそ、今を必死に生きているのです。正直福島に行き、気が沈み重い気持ちで帰ってくるのではないかと思っていましたが、福島の人たちは本当に明るく笑顔にあふれ、ひと時も不幸を感じさせることはなく、むしろ私たちがその明るさや強さ、優しさに元気をもらいました。また、今自分と関わっているすべてのことや人に対して感謝と思いやりの気持ちを伝えることが大切だということを教わりました。今回の東日本大震災をうけ、自分の気持ちを伝えることができず悔いが残る経験をした人もいました。今みなさんの傍にいる家族や友人、恋人といった大切な人を思いやる気持ちと、その気持ちを伝え、常に前向きに生きていくことを実行してください。
　最後に、私たちが伝えたいことは、「まず、なにかアクションを起こしてください」ということです。私たちは福島に行くことで福島のイメージがらりと変わる経験をしました。メディアでは伝えきれていない本当の

福島を見ることができ、現地の人たちのリアルな声を聞くことができました。今、私たちがすべきことは、福島で得たすべてのことをこのような場を通じて周りに発信することだと思います。福島の方たちは「震災があったこと、また震災から約2年経とうとしている今も、当時と変わらず復興に向け、地道に頑張っていることを忘れないでほしい」と願っています。震災は被災地だけの問題ではなく、日本全体の問題であり、一人一人が向き合い、考えることが復興へと繋がると思います。私たちは、被災された方たちが懸命に前を向いて1日1日を生きている力強い姿をみて、今こそ現地の方たちと手を取り合い復興に取り組んでいくべきではないでしょうか。

4　大阪で伝える

　今回の調査の内容は、2012年11月7日の「2012年度　関西大学おおさか文化セミナー」で、私が講演者として発信しました。テーマは、「福島県の『今』と『これから』を大阪から考える」でした。調査に参加した学生たちも、この講演会のなかで、約200人の大阪府民に、福島県の今を伝えました。

　私は、5回にわたる調査活動を基にして、福島県が直面するリアルを伝えることに力を注ぎました。仮設住宅の方々の苦悩、福島大生の悩み、果てしない除染活動への葛藤や不信感などです。また飯舘村では、荒廃した農地に帰村を諦めた方々もおられました。沿岸部の南相馬市では、甚大な津波被害と進まぬ復興が課題となっています。それに、小学校や幼稚園グラウンドで遊べない子どもたちの姿も忘れられません。

　限られた時間の中で、私は福島の今を伝えました。学生たちも同様です。幸い、講演に参加された方々は、熱心に耳を傾けてくださり、震災から学ぶべきことを考え、そして今後の日本を考えるうえでも問題意識を共有できました。また嬉しいことに、福島県の方々を激励するメッセージをいくつも寄せてくださいました。本当に貴重な機会でした。われわれの活動が、少しで

も大阪で発信され、震災を経た今後の日本を一緒に考えていければ嬉しく思います。

　最後に、本講演では、私と一緒に福島県で活動した学生たちも壇上で報告しました。緊張で声を震わせながらも、自力で調査した福島県を立派に伝えてくれました。そんな姿を頼もしく嬉しく感じました。　私は、この活動に参加した学生たちには、「福島で教えてもらったことを関西の方々に伝えること。これこそが、福島でお世話になった方々への恩返しになる」と説いています。学生たちは、自己満足でなく、使命感をもって報告に取り組んでくれました。私も負けていられません。新たな活動に向けて、自分にできることを考え、行動に移していきたいと思います。

注

1　「福島報告会第 5 回　原稿」2012 年 11 月 27 日（橋口研究室蔵）。
2　「福島報告会第 5 回　原稿」2012 年 11 月 27 日（橋口研究室蔵）。
3　「福島報告会第 5 回　原稿」2012 年 11 月 27 日（橋口研究室蔵）。
4　「福島報告会第 5 回　原稿」2012 年 11 月 27 日（橋口研究室蔵）。
5　「福島報告会第 5 回　原稿」2012 年 11 月 27 日（橋口研究室蔵）。

第4章　復興への第一歩

－ 2013 年の調査活動記 －

第1節　復興へ歩みだす

－第6回調査活動記　2013 年6月－

〔第6回活動概要〕

2013 年6月 20 日～6月 22 日

参加者：学生 16 名、教員2名

◎常円寺、大波地区町会連合会、福島市役所、福島北警察署、福島県立
小高工業高校、ラジオ福島、南相馬市立鹿島幼稚園、南相馬ソーラー・
アグリパーク、福島県青少年会館、福島民報社、自動車販売店、除染作
業を担当した企業でのインタビュー調査

◎南相馬市小高区（避難指示解除準備区域）の見学・調査

◎福島市笹谷東部・南矢野目仮設住宅での「足湯」活動

2013 年6月 20 日～ 22 日の3日間、福島県で東日本大震災の調査とボ
ランティア活動を実施しました。本活動は 2011 年6月から数えて6回
目となります。学生たちの参加者は常に 10 名を超えるようになりました。

「東日本大震災と福島県」をテーマに講演する筆者
(第9回三大学連携事業　公開講座「震災における支援活動
と防災・減災」 2013 年7月、関西大学千里山キャンパスにて)

1　風評被害との戦い

〈1日目：6月20日〉

　午後1時ごろ、福島駅で奥本英樹先生と合流しました。奥本先生には、本学の調査活動で、きめ細かくサポートしていただいています。福島県での活動には、こうした地元の専門家の力が欠かせません。奥本先生と若干の打ち合わせの後、福島市大波地区へ出発しました。

　午後1時30分、常円寺に到着しました。住職から、除染活動の実態を聴いたうえで、廃棄物の仮置き場を見せてもらいました。仮置き場といっても、福島市が設置したものではありません。除染した廃棄物の処理場がないため、住職自身が、自分の所有地に仮置き場を設置したのです。お寺の近くを案内してもらうと、放射線量が局地的に高まるいわゆる「ホットスポット」がいくつかありました。道路わきを測定すると、放射線量の高い数値に、われわれは驚きました。普段の生活に潜む問題。つまり、原発がもたらした放射性物質による汚染の深刻な実態が明確に浮かび上がってきたのです。

　常円寺を取材した学生の記録です。

◆**関大生（3年生、女性）の記録**[1]
　・**裏庭にある仮置き場**
　青いドラム缶が、850個、200tも並んでおり、200世帯以上の汚染土を引き受けている。ドラム缶の中は、毎時約40マイクロシーベルトもある。除染に関して、砂利は土を落としたとしても、細かい溝にはいりこんでいるため、なかなか取れないとのことであった。放射線量は距離の2乗に反比例するため、距離が2倍になれば4分の1に弱まる。
　「なぜ、この裏庭を仮置き場にしたのか」との問いに対して、「何カ所か仮置き場を掘ってみたがここが粘土質であり丈夫な山であることがわかった、そのためここにした」とのことであった。
　・**ビデオ「見えない雪に覆われて」を観て**

4−1　常円寺での取材。除染を一刻も早く進めることの大切さ
を教えていただいた。

　住職さんは、放射性物質が積もっている現状を「見えない雪」と表現し
ている。除染のための資材はすべて住職さんが自ら購入した。除染をし始
めたが、溝は何度除染をしても、雨や雪で流れてくる放射性物質によって
蓄積される。コンクリートであってもひび割れに放射性物質がはいりこん
でいたりと、簡単な作業ではない。ビデオには、住職さんと一緒に除染活
動を行う、かつて原子力発電所の建設を手がけていたＡさんという方が出
てきた。Ａさんは、「日本経済を支えるものだと思っていた原子力の建設が、
今や多くの人を苦しめている。申し訳なく思っている。これからの人生は
すべて除染に役立てたい」とおっしゃっていた。
　住職さんは、「お坊さんは人の苦悩によりそうもの、苦悩を取り除くもの」
と思い、だからこそ放射性物質に苦しむ人々を見て、自分の裏庭を仮置き
場にしよう、と考えた。
　除染においては町内会の人を巻き込んで、大人たちと一緒に活動を行っ
ている。「震災をバネにしたい」「人間が覚悟を持って後始末すべき」との
思いで必死だ。やがて県外の人はもちろん町内会の人もほとんど参加する

ようになった。

◆関大生（3年生、女性）の記録[2]
　「2011年　原子力防災カレンダー」というのがある。福島県のひとは
これをけっこう家に飾っていたが、持ち帰っている人はほとんどおらず、
在庫に関しては県がすべて処分した。これには、事故が起きた場合の対策
や、もしものときの集合場所などが書いてあり、それを見て忠実にそこに
避難したひとはみな、余計な被爆を受けた。連れていかれなくてもいいよ
うな所に連れていかれ、誰も迎えがこなかったりと、カレンダーはまった
く役にたたなかった。もし今もう一度原発を動かすのであれば、「覚悟を
きめる」必要がある。覚悟が決まらなければするものではない。文字でな
らべて、マニュアル化するだけでは意味がないのである。その前提のもと、
「今度こそ何をするか」を考えるべき。

　福島第一原発の被害は、生活や人生に計り知れない苦難をもたらしました。
住職は、その苦しみを受け止め、住民とともに解決への道を懸命に探ってい
るのです。
　午後4時、常円寺を出発し、福島市大波地区の公民館を訪れました。こ
の地域のリーダーＳ氏から、大波地区の除染活動の実態や作物の風評被害か
ら脱却したお話をうかがうためです。この地域は、コミュニティの醸成が比
較的早くから進んでいたので、廃棄物仮置き場の設置も住民一致で決定し、
今では市街地はほぼ全域で除染が完了したそうです。そして見事に作物の安
全基準もクリアしたとのことです。放射性物質の汚染から新たな一歩を踏み
出そうとする確かな動きがここにみられたのです。福島第一原発から遠く離
れた福島市。放射性物質の被害が確かにありました。しかし、住民は、自力
でその問題解決に取り組んでいたのです。

4-2　大波地区の小学校近辺。この地域は、住民合意を基にしていち早く除染を進めた。

2　除染に向けて

〈2日目：6月21日〉

　午前7時、われわれは、貸し切りバスを利用して南相馬市へ出発しました。別チームは福島市内に残って、福島市立大波小学校（現在、福島市立岡山小学校へ統合）、除染事業の企業への調査に赴きました。バスで沿岸部へ向かうと、必ず飯舘村を通過します。車窓から広がる荒れた田畑を見ると、復興への道筋が遠いことを実感せざるをえません。

　午前10時ごろ、南相馬市に到着しました。ここで学生たちは3チームに分かれ、それぞれのインタビュー先へ向かいました。目的地は、小高工業高校、小高商店街、南相馬ソーラー・アグリパークです。

1　小高工業高校

小高工業高校を取材した学生の記録です。

◆関大生（3年生、女性）の記録[3]
　○小高工業高校と東日本大震災
　本校舎は福島第一原発から約15kmの位置にあり、2011年度は、校舎に留まらず小高の区域内に避難勧告が出されたことから、郡山北工業高校に本部を置き、二本松工業高校、会津工業高校、平工業高校及び相馬高校仮設校舎（開校当初は相馬東高校）の5つのサテライト高校として、県内の工業高校や団体・組織から支援をもらい教育活動を行っていた。
　昨年、5つのサテライト高校が南相馬市スポーツセンター内に設置された仮設校舎に集約された。また、実習棟については、市内の日本通運㈱の倉庫を改築し、昨年6月〜8月にかけて、職員総出で本校舎から実習で使用する機材等をトラックで持ち出し、昨年9月から仮設実習棟でようやく生徒たちの実習授業ができる環境になった。現在、仮設校舎のある場所は、かつてスポーツセンターだったため、グラウンドもあり、体育をしている生徒の姿も見られた。しかし、まだ除染作業中の箇所もあった。
　2013年6月現在
　現在は、仮設校舎と仮設実習棟が2キロほど離れているため、実習があるクラスはその日はずっと実習棟で授業を受けることになっている。つまり、高校が2つある状態になっている。そのため、お昼ご飯は業者にお弁当を配達してもらっていたり、部活動は主に市内のスポーツセンターを利用するなど、不便ながらも工夫して対処している。
　○在籍生徒の推移
　2013年度は、生徒の募集定員120名（機械科40名、電気科40名、工業化学科40名）のところ、入学者数は93名に留まった（電子科は今年度から募集停止となっている）。女子生徒は、全体で16名（3年生4名、1・2年生6名ずつ）。
　震災前と比べて、現在の生徒数は全体で半数になった。現在3年生は5クラス、2年生4クラス、1年生3クラスとなり、年々規模も縮小してきている。今の3年生は震災当時1年生であり、震災の影響で入学式をしていない。

生徒の中には、双葉町や富岡町から通っていた生徒が津波で家を失い、今も仮設住宅で生活をしているケースや、親と離れて学校専用の宿泊施設で暮らしている生徒もいる。昨年は宿泊施設に30名ほどいたが、現在は男子5名のみとなっている。

○生徒の進路について

　技術者の創出のために資格取得を重視しているのが学校の特色であり、7〜8割が就職している。しかし、生徒の進路希望調査では県内で就職したいという希望が多いのにもかかわらず、県内での雇用が少ないために約半数が県外で就職している。

○機械科3年生の将来の夢について

　「将来は仙台で設計系の仕事がしたい。その理由は、就職して親元から離れて自立したいから」

　「将来の夢は、地元の消防士になること。今、公務員試験の勉強中。震災があってから、なりたいと思うようになった。野球部に所属しており、毎日楽しく練習している」

　「震災があってから、将来は県外で就職して、親の力を借りないで生活したいと思うようになった。野球部に所属している」

　「新潟の大学に進学希望。AO入試を間近に控えていて、毎日勉強中。サッカーをしている」

○小高区にある本校舎

　雑草が生い茂り、何も手つかずの状態だった。水道と電気は通っているが、除染作業はまったく進んでいない。グラウンドに残る数台の車が放置されたままの状態を見て、震災当時から時が止まったままなのだと痛感した。

○学生の感想

　震災・放射能の影響で被災した小高工業高校の現在にいたるまでの経緯は、テレビや新聞で知っている範囲をはるかに超えていた。現地で取材をすることの重要性を知った。取材中すれ違った高校生たちがみんな、元気よくあいさつをしてくれたことが印象に残る。

放射能を気にして生活することに気を配っていられないくらい、先生方は生徒たちのために環境を整え、全力で震災から立ち直ろうとしていた。震災などの不測の事態に備えた、地域や組織との連携づくりが必要であると考える。教頭先生に、伝えたいことをうかがうと、「精一杯、頑張っています。ただその一言です」と、目に涙を溜めて切実な思いを伝えてくれた姿がまぶたに焼き付いている。そんな地元で頑張る人の努力をより多くの人に知ってもらいたい。

　震災後も、地元の高校生はふるさとで一生懸命学んでいます。その生徒を支えているのは、教育への情熱にあふれる先生方です。将来を見据える生徒たちの姿に、学生たちは多くのことを学びました。

2　南相馬市小高区の商店街
小高区の商店街を取材した学生の記録です。

◆関大生（3年生、女性）の記録[4]
　○町の雰囲気
　・去年に比べて車の通りは増えていた
　・人は相変わらず少ない
　・工事を行っていた
　・「頑張っぺ小高　必ず小高で復活します」という看板があった
　・「復活まっています」という置手紙が置かれていた
　○取材
　釣具店のおじさん・おばさん
　毎日仮設住宅から5〜6時間かけて掃除をしに通っている
　○今一番困っていることは？
　「ネズミの被害」
　ネズミの糞や粘着のある尿のせいで商品のほとんどが汚されており、棚も商品もかじられており、商品として扱えないものばかり。奥さんはひた

すら商品を雑巾で拭く作業を行っていた。店内全体にネズミの尿の異様な臭いがしていた。今年の4月15日にはじめて小高に戻ってきてから23匹ネズミを駆除したとのこと。

　○いま必要なものとは？

「何もない」

　モノではなく、今は膨大な量の商品をふき取り続けるなど、地道な作業をすることが大変。その手伝いをしてほしいとのこと。

　○たまたま通りかかった釣具店の知り合いの人

「あなたたちのようにこうやって足を運んでくれることが本当にうれしいね」「こうやって、現地の人と話すことによってその地に愛着がわくし、ボランティアに来てくれた子はいまだに連絡をくれるし、連絡は続いている」「だからぜひ福島にきて見てほしい。私たちの元気な姿を見てほしい」と熱く語ってくださった。しかし、息子は帰ってこない。息子には小さい子どもがおり、小さい子の健康と安全を考えたうえでの判断とのこと。

3　請戸漁港

　私は、浪江町の請戸漁港近辺へ調査に赴きました。まちは震災時そのままで、今にも人が出てきそうな雰囲気がありました。そして海岸部へ出ると、船や瓦礫はほとんど手つかずです。震災直後の光景がそのまま残っていました（4－3）。

4　鹿島幼稚園

　午後1時には、南相馬市の鹿島幼稚園を取材しました。特に、園児や保護者の生活環境について状況をうかがったのです。

　鹿島幼稚園を取材した学生の記録です。

◆関大生（3年生、女性）の記録[5]

　鹿島幼稚園は前回の第5回福島訪問の際も訪れており、今回2回目の訪問となった。

4−3　浪江町の請戸漁港近辺。津波の被害がそのまま残っていた。

　鹿島幼稚園を訪れる最初のきっかけは、新聞の記事で鹿島幼稚園のグラ
ウンドに人工芝が導入されたというものを見つけたこと。震災後、鹿島幼
稚園も放射能汚染の被害をうけており除染が行われたが、除染後、グラウ
ンドの土は砂浜のようなサラサラの砂に入れ替えられ、園児は満足に走り
回ることも出来ない状況になり、保護者からも心配の声があがった。そん
な中、ある公益財団法人からの援助でグラウンドに芝生が敷かれた。その
ことについて今回はお話をうかがった。

　○保護者の声
・芝生になり前より安心だが、不安は物凄くある。できることなら外に
　子どもを出したくないが、そんなわけにもいかない。常に不安でいっ
　ぱい。将来的にもすごく不安。
　「震災の時に福島にいた」ということで将来何かあるのではないか（言
　われるのでは）。
・線量計がグラウンドに設置されているが、本当に数値は合っている
　の？　信用出来ない。
・移住する人も周りにいる。1世帯ならしやすいだろうが、親と一緒に
　住んでいるような2世帯、3世帯ではここを離れることは難しい。（女
　の子の母親）
・芝生は良いと思う。裸足で遊べるし気持ちいい。
・子どもにとって今一番大切なことは、無邪気にのびのび遊ぶこと。で

も幼稚園のグラウンドの他に、外で遊べる所がない。（2人の孫のいる女性）

・放射能には敏感で、特に子どもの口にするものには気をつけている。

・震災で新しい環境になったりして、子どもに社交性がついたことは良かった変化。精神的に強くなったと感じる。

・母子だけでも県外に避難することは考えたが、自営業のため、他に行く場所が無い。なにより家族と一緒に暮らしたい。

・伝えたいことは、「福島というだけで先入観を持たないでほしい」、「仮設住宅で暮らしている人々の支援に集中していて、実家で暮らす人の補償が少ない」、「幅広い層の意見を聞いて欲しい」ということです。（2人の男の子の父母）

○先生の声

・震災後は外で遊べないなどの規制があったが、今は外で遊ばせてあげられている。

・園児の数は増えている。一度引っ越した子がまた戻ってきたりなど。逆に、いま引っ越す人は少ない。

・気をつけていることは、手洗いうがいを必ずさせること。

○学生の感想

　幼稚園が13時頃終わり、その後元気よくグラウンドで遊び回る園児はたくさんいたが、保護者は決して安心はしていない。放射能は目に見えないものだからこそ怖く、余計に敏感になってしまう。子どものことを考えると、できれば外では遊ばせたくないが、今の年齢の時期は思い切り遊ぶことが大切なので、そのジレンマがお話からすごく感じられた。また、県外に避難したいが様々な理由から無理なのでここに残っているという人がインタビューでは多く見受けられた。

　園長先生が、次回訪問の際に私たちが企画を持ち込むことを希望してくださったので、それに向けて行動していくことが課題。

　南相馬市の幼稚園では、保護者の切実な声も聴くことができました。不安

のなかでも、子育てへの想いはどこでも同じです。家庭と幼稚園が一体となって幼い命を育む姿を、学生たちは深く心に刻んだのです。

3　仮設住宅での再会

〈3日目：6月22日〉

　最終日は、福島市の南矢野目仮設住宅を訪問しました。

　この日は私にとって思い出に残る日となりました。2年ぶりに再会したおばあちゃんが、私のことをしっかりと覚えていてくれたからです。仮設住宅の集会所に入ったとき、とある高齢の女性に会いました。私は、すぐに気がつきました。「この女性、見覚えがある」と思ったのです。そうです、2年ぶりの再会だったのです。思えば2年前、初めてこの集会所を訪問したときのことです。「せっかくだから」と私たちを受け入れてくれて、集会所でカラオケ大会に飛び入り参加させていただきました。私たちが歌い終わったとき、この女性は、「来てくれてありがとう。私たち頑張るからね」と涙ながらに話してくれたのです。そのとき以来の再会でした。

　私は思い切って、「2年前にお会いしましたよね」と話しかけました。すると女性は、「あなたのこと、覚えていますよ。もう来てくれないかと思った」と、にっこり笑いました。これまで、たくさんのボランティアの方々と会われてきたのに、私たちのことをしっかり覚えていてくれたのです。このとき初めて、いや、改めて、この活動を継続することの大切さを知った気がします。

　ただ、お話をうかがうと、彼女の表情はさっと曇りました。浪江のふるさとに帰っても、自宅は荒れ果てていて、屋内には牛や豚が入り込んで悲惨な状態だったそうです。そんな状況を見ると悲しくなると言います。私は、1日前に、その浪江の街並みをこの目で見ていました。ですから、その悲しみはいっそう深く刻み付けられたのです。

　今回は、震災から3年目を迎えた福島県の現状を多方面にわたって取材しました。学生たちは、自分たちの目的意識で取材先を決定し、交渉へと進

4−4　仮設住宅での交流。学生たちにも気さくに話しかけてくれ、和やかな雰囲気に包まれた。

めました。取材先では、まだまだ震災復興の課題の困難さを知ると同時に、新たな一歩へと踏みだしている方々の姿勢も見ました。今後は、これらの情報を取りまとめ、大阪での講演会、特別授業へと繋げていくことになります。

4　福島の今を発信

　2013年7月6日、関西大学で、東日本大震災を取り上げた三大学連携シンポジウムが開催されました。大阪市立大学、大阪府立大学、そして関西大学の教員が市民向けに東日本大震災をテーマに講演を行うというものです。参加者は吹田市近郊住民の方々を中心に200人を超えていました。

　そのなかで、私は、最終講演を担当しました。テーマは「東日本大震災と福島県」です。

　その前月、福島県で活動するなかで目の当たりにした「被災地の現実」。特に、放射性物質の問題、復旧の進まない街、そして避難した方々の想いを、できるだけリアルに伝えるように心がけました。震災から3年目を迎えても、被災地の課題は数多くありました。そうはいっても、前向きに生きておられる方々も福島にはたくさんおられました。そんな想いをもって講演するというのは、相当な緊張感でした。久しぶりに手に汗を握りましたし、心臓の高鳴りも抑えきれませんでした。私は災害関係の研究者ではありませんし、政

策学を研究してきたわけでもありません。むしろ、人前で専門外のことを話すなんて、「研究者としての倫理を疑う」とまで思っていたくらいです。しかし、今回の福島県での活動を通じて、私の考えは大きく変わりました。

　出会った人々、見てきた現実、そして社会のニーズ。さらに、教育者としての立場、「大学人」としての立場。こんなことを考えるうちに、「自分の考えを社会に広く伝えること」の必要性を強く感じるようになったのです。被災地では、とにかく自分ができることを一生懸命やり続ける方々に何度も出会いました。そのたびに、自分の専門にとらわれることなく、自分のできることをやるべきだという想いが強まったのです。

　気がつけば、定刻ぴったりの40分間、自分の想いを懸命に伝え、講演は終わりました。講演後、何人もの方々から「橋口先生の活動にぜひ協力したい！」というありがたい言葉をいただきました。「福島の今を伝えてほしい」という被災地の方々の声を少しでも伝えられたでしょうか。

　それだけでなく、シンポジウム会場では、各大学の震災復興活動を伝えるポスターセッションを開催しました。そこで福島での調査活動に参加した関大生が被災地調査に基づいて学んだ「福島の今」を伝えたのです。たくさんの参加者が学生たちを取り囲み、被災地のパネルに見入ってくれました。福島を関西へ伝える活動、これからも続けていきます。

第2節　復興への道

－第7回調査活動記　2013年9月－

〔第7回活動概要〕
2013年9月19日〜9月21日
参加者：学生17名、教員2名
◎福島県庁、こどもの国ムシムシランド、りょうぜん里山がっこう、南相馬市役所、大波地区町会連合会、みんな共和国、ふくしま再生の会、いいたて協働社へのインタビュー調査
◎南相馬市立鹿島幼稚園での交流企画を実施

今回で7回目の福島への調査活動となります。鹿島幼稚園での交流活動と除染の進捗状況の調査が主たる目的でした。調査先の選定、交流企画の実施には、学生たちの熱意と主体性が発揮されるようになってきました。

福島県物産展で福島産品のピーアールを行う大学生
（2013年10月、天満音楽祭にて）

1 学生の熱意は変わらない

〈1日目：9月19日〉

1日目は、新大阪駅に集合し、新幹線で福島へ向かいました。電車内では、学生たちと活動についての直前打ち合わせを行います。これまでの期間で入念に準備をしていても、いざ福島へ行くとなると、「取材はうまくできるだろうか」と、学生たちは悩みを伝えてきます。

前回うまく取材できたからといって、今回しっかりと取材できるとはかぎりません。これは、福島へ何度行っても感じることです。電車の中でも、学生たちの表情から、活動への悩みや想いに触れることはできるのです。

福島駅へ到着すると、すぐさま各チームに分かれて、取材に赴きました。私たちのチームは福島県立図書館を訪れて、福島民放や福島民友などの新聞、震災関連の文献資料を探しました。調べてみると、思いのほか震災関連記事の多いことに驚きます。ある図書館職員の方は、福島は安全ではないことを強く訴えておられました。特に、福島の「安全」については、慎重な調査が必要だと強く訴えておられたことが印象的でした。福島県では、あらゆる地域・機関の方々が、「先生」として教えてくれるのです。

その後、福島駅に戻って除染情報プラザへ赴きました。この施設では、福島県各地の除染状況を数値データで表示し、除染方法を模型で展示しています。つまり、福島県の復興状況を、放射性物質の被害の観点から情報発信する施設なのです。施設では、福島県除染対策課の方のお話をうかがうことができました。特に、県内除染の課題と進捗状況を詳しく聴きました。施設の方は、除染を進めるためには、住民理解が必要と強く主張されます。情報発信を通じて、住民理解を促す。地道ですが、一歩一歩進めていくしかないのです。

調査を終えて、宿泊先へ戻ってみると、驚くことがありました。時間は、午後10時過ぎです。しかし、学生たちは一室に集まって自発的にミーティングを実施していたのです。学生に促されて部屋に入ってみると、小さな部

屋には、びっしりと学生たちがひしめいて、自分たちの活動を報告しあっています。学生は競うように、今日の活動報告を私にぶつけてきます。その熱意あふれる報告を聴いていると、私もぐっと力が入ります。福島の「先生」方の言葉は、学生たちにしっかりと伝わっているのです。

2　国と地方と

〈2日目：9月20日〉

　翌朝は8時に福島駅前に集合し、貸し切りバスで南相馬市に向かいました。福島市内から飯舘村を通過し、沿岸部を目指す道のりです。

　午前10時に南相馬市の鹿島幼稚園に到着しました。今回は、取材だけでなく、園児たちとの交流会を行うことが目的でした。前回の調査時に、園長先生から「次回は子どもたちとの交流をしてほしい」との話をいただいていたからです。取材を重ねるうちに、このような依頼をいただけるのも、われわれにとっては嬉しいことです。鹿島幼稚園では、5歳児43人と交流会を

　4−5　鹿島幼稚園。人工芝の運動場を子どもたちが元気に踊ったり走ったりしている姿が印象的だった。

4－6　鹿島幼稚園にて5歳児43人と交流会。
園児たちに、両親に向けたメッセージを記入して
もらい、親子間の交流を深めるきっかけづくりに。
最後のあいさつでは、園児たちが鹿島幼稚園の歌
を合唱してくれた。

116　　第Ⅱ部　復興への模索

実施しました。学生たちは、園児たちに両親に向けたメッセージを記入して
もらいました。震災以降、子どもたちの生活を守るために一生懸命日々を過
ごしておられるご両親に、お礼の言葉や自分の夢を伝えてもらいたいという
願いからでした。このメッセージが親子間の交流を深めるきっかけづくりに
なればと願います。メッセージを書いた後は、あの人工芝の運動場を、子ど
もたちと学生が元気に踊ったり走ったりして交流しました。そしてお別れの
あいさつ。園児たちが鹿島幼稚園の歌を元気に合唱し、お礼の言葉を一生懸
命伝えてくれました。17名の学生は、園児たちに向かい合うようにキリっ
と立っていました。子どもたちとの思い出を分かち合えた喜びに震えていた
のです。

　午後は、津波の被害状況の調査のため沿岸部へと向かいました。渋佐海岸
では、その津波被害を改めて思い知らされることになりました。津波のあと
はそのまま放置され、緑の草が繁茂していたのです。

　４−７　渋佐海岸にて津波被害を再確認。津波のあとはそのまま
で、緑の草の繁りが広がっていた。

◆関大生（2年生、女性）の記録 [1]

　南相馬に行くことが決まり2回生が優先的に行かせてもらうことになったとき、正直な気持ちを言うと「行くのが怖くて行きたくないかも…」という気持ちが大きかったです。わたしは今回、なんの予備知識もなく、福島県外の何も知らない人と同じような知識量と福島へのイメージで訪問しました。だから、**勘違いをしている県外の方と同じように、被害地域はすべて放射性物質が充満し、線量が高いと思い込んでいたからです。しかし、実際行くと線量は低く、こういった思い込みが県外でもあるのだと実感しました。**津波での被害と原発での被害は別物であるということを身をもって知りました。今まで以上に正しい福島の今を伝える必要性を感じました。今では南相馬に行ってよかったと思っています。

　沿岸部の視察の後、南相馬市役所を訪問しました。除染対策課の担当者からは、現在の除染の進捗状況と課題をうかがいました。前回に引き続き2度目の取材となりましたが、除染をするにも国と地方との境界線が足かせとなっているように感じました。同じ南相馬市でも、福島第一原発から20kmを境界線に、市と国で除染担当区域が分かれています。だとすれば、除染の事業者の決定や進行計画にも両者のすり合わせが必要になりそうです。震災復興に関しても、その主導権や連携をめぐって、国と地方との問題が生じていたことが印象的でした。

　それからもうひとつ、地方行政職員の方々の変化も感じました。前回に訪問したときは、どの担当者の顔を見ても、「どうしたらいいかわからない」という困惑の表情で、先が見えないという印象でした。この未曾有の大災害に直面すれば、無理もないことです。しかし、今回、同じ方に取材してみると、表情はまったく別物でした。きりっとした表情で復興への使命感に燃え、除染の実行、仮置き場の設置から次の課題へと、明確な目的意識と行動に裏付けられた言葉の強さを感じました。震災と復興への困難のなかで、行政の方々も確実に変わっていくのです。

4－8　仮設住宅での交流会。6月に会ったおばあちゃんとの再会。震災3年目を迎えて
もまだまだ課題は多い。

3　復興をみつめて

〈3日目：9月21日〉

　最終日は、福島市の南矢野目仮設住宅に赴きました。6月の前回調査時に
会ったおばあちゃんとも再会を果たせました。3カ月ほど空いていても、お
ばあちゃんは私たちを覚えてくれていました。これは、われわれにとっても
嬉しいことです。学生たちは、さっそく、おばあちゃんやおじいちゃんたち
に足湯マッサージをして歓談しています。

　私も、1人のおばあちゃんからじっくりと話を聞いてみました。おばあちゃ
んによると、震災前は、田畑で毎年いろいろな種類の作物を作っていたそう
です。しかし、今はやることのない日々が続いています。住む環境も大きく
変わったと言います。確かに、仮設住宅では、浪江町の方々が200人近く
生活していますが、同じ集落の人は数人に過ぎず、仲のよかった人たちはほ
とんどいないそうです。「畑で作った大根やコンニャク芋を持ち寄って、仲
よしの友達と食べて話した日々が懐かしい。そんな日々がなくなった今は、
毎日がつまらない」と力ない言葉でした。

　街のみんなと一緒に避難しているから、人のつながりは維持されているだ
ろう。私たちは、外にいるためか、そう解釈してしまいがちです。しかし、

街にもそれぞれ人間関係があり、その濃淡も様々です。仮設住宅への避難生活は、そうした人間関係を、そのままのかたちで持ち込むことはできないのです。見た目や文字だけではわからない仮設住宅暮らしの課題。それを、おばあちゃんは私たちに教えてくれたのです。

　午後は、福島市大波地区へと向かいました。この地域のリーダーのS氏に取材するためです。

　大波地区は県内でもいち早く除染を進めた先駆的地域です。前回の6月と比べた変化をうかがうと、子ども連れの若い夫婦が2世帯も帰ってきたそうです。それだけでなく、毎年恒例の夏祭りには、今年は500人が参加して賑わいを増したそうです（昨年は300人の参加）。私は、この地域の復興の要因を詳しくうかがいたくなりました。S氏は、「以前から、お互いに顔と顔を突き合わせて話し合える関係があった」と、地域内コミュニティの醸成に胸を張っておられました。そして地域と県・市との信頼関係が復興に繋がったとも言います。S氏によれば、行政の方を夏祭りやイベントに招待し説明することで地道に信頼関係を築いてこられたそうです。正直なところ、信じられないほどの先駆的事例だと感じました。震災復興の道筋では、住民や自治体、そして国との関係が改めて問い直されたように見えました。今回の活動では、震災3年目を迎えての新たな課題がいくつも見つかったのです。

　取材を経ての学生の感想を記します。

◆関大生（3年生、女性）の記録[2]
　他の事例と比べると大波の事例は平和で、今までの事例との差が激しく信じられなかった。福島県内で一番復興が進んでいるのではないかと感じた。一番安心する点は行政と市民の結びつき、築かれた信頼関係。他の地区も行政と市民の信頼関係を理解、改善していくべきだと感じた。

　大波の現状を前回と比較すると2戸の住民が帰ってきたこと、農作物の売り上げが増加したことが一番の変化だが、たった3カ月でこのようなことが実現できることには感銘を受けた。このスピードが大波地区がモ

デル地区になった理由のひとつだと思う。なぜ、こんなにもスピードがはやいのか考えた時に、やはり行政と市民のコミュニケーションの充実、信頼関係だと思う。

4　福島を伝える

私たちは、東日本大震災復興に向けた活動を、現地だけでなく大阪でも行ってきました。その活動は、歌を通じた発信活動と、大阪での避難者支援活動です。

1　福島を歌で伝える——天満音楽祭への参加

2013年10月6日、われわれは、天満音楽祭に参加しました。これは、福島復興支援団体と共同した震災復興企画です。天満音楽祭は、大阪市の天神橋筋商店街を中心に市内の各地にブースを設けて、多数のバンドが音楽を披露する地域興しイベントです。この天満音楽祭実行委員会から、参加の打診をいただいて、橋口勝利ゼミとして参加したのです。天満音楽祭は、阪神・淡路大震災の復興支援を目的としてスタートしたこともあり、東日本大震災からの復興への想いも強かったのです。

われわれは、天神橋筋商店街2丁目の一角にブースを設け、被災地の写真展示に加えて、東北物産の販売、募金活動、被災地の現状説明などを行いました。そして商店街に設置された特設ステージで、学生たちがライブを実施したのです。このライブには、福島大学の学生もかけつけてくれ、3曲の演奏の合間には、被災地の仮設住宅の現状や津波・原発被害の状況を大阪の方々に伝えました。

午前11時に学生たちのライブがスタートしました。福島大生たちは想像以上の美声で歌い、ピアノを奏でました。その音は、道ゆく人を呼び止め、みるみるうちに人だかりができました。福島大生は、復興に向けて歩む福島の姿を「上を向いて歩こう」に表現しました。そして最後は、関大生をコーラスに交えて「栄光の架け橋」を歌ったのです。マイクの前に並んだ10名

近くの学生たちが声を合わせて大きく歌い上げます。その声を聴いていると、これまでの道のりが記憶の中に湧き出してきて胸が熱くなりました。気がつけば会場全体に涙があふれていたのです。

コンサート会場でも福島の物販ブースを設置しました。これは、天満音楽祭事務局のご好意によるものです。すると、道行く人がみるみるうちに福島の物産品を買っていきます。それだけではありません。物産品を買いながらも、たくさんの方々が震災の復興状況に関心を示してくれたのです。学生たちや私は、福島県での調査活動で得た情報を懸命に伝えました。

午後4時、2度目のコンサートを実施しました。最後のステージということもあり、道行く人が集まって大盛況になりました。大阪の人たちに、福島大生たちのメッセージは、確かに伝わったと思います。気がつけば、福島の産品はすべて売り尽くされていました。

2　被災地を大阪で支える——避難者支援活動

2013年12月15日、大阪府堺市の市民会館で、学生たちは、震災復興支援企画を実施しました。われわれはこれまで福島県を拠点に震災復興支援活動を行ってきました。しかし、「この大阪でもできることをしよう」と考えたのです。大阪には、東日本大震災によって避難して来られた方々がたくさんおられます。その避難生活を送る子どもたちに、学生が学習支援や交流会を実施しようという取り組みでした。

ただし、話はそう簡単ではありません。この企画の趣旨や内容は大切なのですが、実行となると難しい課題があります。それは、避難している方々に参加してもらうことです。確かに、大阪府には、東日本大震災で避難されている方がたくさんおられます。しかし、すべての方がこうした企画に参加されるわけではないのです。

まず難しいのが、避難者の実態の把握です。避難指示を受けて大阪府に避難されている方もおられますが、自主的に避難されている方もたくさんおられます。ですから、行政側としても、震災の影響で何人の方が避難されているのかはつかみかねているのが実情です。加えて、避難者のニーズも様々で

す。夫婦で別居せざるを得ない状況になった方もおられますし、大阪での転職がうまく進まなかった方もおられます。子どもたちの小中学校への転校がスムーズに進まなかったという事例もあります。これが、「避難者の顔が見えない」という大きな課題を生んでいるのです。

　事実、10月に予定していた第1回目の学習支援企画は、参加者0人のため中止となってしまいました。ですから、避難者への企画を実施する場合、「何をすれば本当に支援になるのか」、「どう伝えれば企画の内容を理解してもらえるのか」が大きな課題となるのです。これは、私たちが一番悩んだ問題でした。

　それでも、学生たちは、12月15日の学習支援企画の実施に向けて、大阪府下の自治体や小中学校を中心に900枚近くの企画案内を発送して事前の広報に努めました。それだけでなく、避難者の方々の交流会に学生たちが直接足を運んで企画の内容を伝えました。

　それでも、12月になっても参加希望者は0人でした。予定していた福島大生の参加も、やむをえない事情のため急きょキャンセルとなってしまいました。ですから、学生たちは正直不安だらけだったと思います。

　そして12月15日の当日。嬉しいことに2組のご家族、子どもたちも6人が参加してくれました。学生たちは、子どもたちと元気に交流し、一緒に笑い合っていました。子どもたちは、ほとんどが3歳から5歳くらいの年齢でした。これから、幼稚園や小学校へと進んでいく年代です。保護者の方に聞いてみると、大阪と福島とでは、学習の進度やクラスの雰囲気もずいぶん違うと言います。これからも、年々変化する子どもたちの気持ちに寄り添っていかなければならないのです。そんな子どもたち一人一人に笑顔で話しかける学生たちに、子どもたちは素直に応えてくれました。せめてこの1日だけでも、大阪との繋がりを感じてもらえればと思います。

　学生たちは、この企画を通じて、避難者の方々に少しでも触れ合うことができたのではないでしょうか。あえて言えば、学生たちがこの期間を通じて「自分たちにもできることがある」と感じることができたと思います。企画への不安、メンバー間での気持ちのすれ違い、準備のトラブルなど、困難な

課題が次から次に襲ってきました。しかし、何よりも自分たちで結果を出すことが一番の特効薬だったのです。

　東日本大震災から３年目。復興への課題はまだまだ多いです。ですが、われわれは、大阪で自分たちができることを着実に進めていきたいと思います。

注
1　第７回福島訪問レポート（橋口研究室蔵）。
2　第７回福島訪問レポート（橋口研究室蔵）。

第5章　地域振興への模索
―南相馬市の歩み―

　本章では、関西大学政策創造学部専門演習（橋口勝利担当）で実施してきた復興支援・調査活動（2011 年 6 月～ 2014 年 2 月）を通じて得られた地域振興の課題を考えます[1]。

　福島県は、津波被害・地震被害に加えて放射性物質による被害も深刻化しており、今なおその問題が根深く残っています。本章で取り上げる南相馬市も、震災復興への課題を数多く有するだけでなく、地域振興という課題にも直面しています。

　つまり、現在、震災被災地が直面している問題は、震災被害からの回復だけでなく、これまでに深刻化した地域衰退の要因を解決して新たな地域振興像を見出さなければならないことにあるのです。

浪江町から見える東京電力福島第一原子力発電所

第1節　福島県の除染状況

1　福島県全域の除染状況

　福島県では、震災以降、福島第一原発の事故からの復興を目指すため除染活動が実施されています。その進捗状況を**表1**（128-129頁）で確認します。**表1**は、2013年9月時点の福島県全域の除染状況を除染対象の地域および市町村ごとに示したものです。

1　除染状況：公共施設・農地（水田）・農地（樹園地）

　まず除染は、住民利用頻度の高い公共施設への実施が優先されたため、公共施設等の進捗率が68.6％と比較的高くなっています。なかでも相双地域（相馬地方、双葉地方の総称）は約92％、いわき地域は約97％と高い比率で進んでいます。公共施設の除染については、特に子どもへの影響が重視されたために、2011年5月から学校施設の除染が優先して進められました。この取り組みは特に郡山市で積極的に進められました[2]。

　次に福島県全体の農地除染の進捗状況をみると、樹園地が99.8％、水田が79.1％と高い数値を示しています。ただし、県中地域、会津地域、相双地域、県南地域では広範囲に除染計画中の表記が多いことから、県全域の除染進捗状況の評価には一定の留保が必要と考えられます。

　住宅の除染状況は、計画件数が総計25万戸を超えているにもかかわらず、発注数が約16万戸、実施数は約5万戸で実施率もわずか20.3％に留まっています。実施率も地域ごとでまちまちで、計画中の町村も散見されます。それでは、地域ごとの違いはどのようになっているのでしょうか。特に住宅の除染状況を中心に検討していくことにします。

2　除染状況：住宅

福島県

凡例:
国が除染を実施する地域（除染特別地域）
■ 除染実施計画に基づく除染終了
■ 本格除染着手済み又は作業準備中
□ 計画策定済

市町村が中心となって除染を実施する地域
（除染実施区域）
□ 計画策定済み
　（放射性物質汚染対処特別措置法
　に基づき除染計画を策定した地域）
□ その他の汚染状況重点調査地域

5－1　福島県除染対象地域
環境省除染情報サイトより転載（2014 年 2 月 10 日閲覧）　http://josen.env.go.jp/#map_on

　○県北地域

　福島県の政治都市・福島市を含む県北地域は、人口約 48 万人、世帯数約
18 万世帯に達します。そのため、住宅関係で 97,790 件と除染計画件数が
多く、実施率は 32.7％と県全体の平均値より高い状況です。特に、福島市
と伊達市は、計画件数がそれぞれ約 4 万戸、約 2 万戸あり、そのすべてが
発注されています。そしてその実施率は、福島市は 36.4％、伊達市は
30.9％です。その他、公共施設、道路、水田、樹園地などでも除染作業へ

表1　福島県における除染進捗状況（2013年9月時点）

地域区分	市町村名	除染計画策定（年・月・日）	人口（人）	世帯数（世帯）	放射線量（μSv/h）	住居（戸）			
						計画	発注	実施	実施率
県北	福島市	2012・5・21	283,360	114,263	福島市(0.322)	39,285	39,285	14,294	36.4
	二本松市	2012・10・1	56,957	18,298		20,000	10,581	7,250	36.3
	伊達市	2012・8・10	62,820	20,953		22,241	22,241	6,867	30.9
	本宮市	2012・11・2	30,688	9,713		2,800	2,402	640	22.9
	桑折町	2012・5・29	12,226	4,069		3,800	2,592	399	10.5
	国見町	2012・10・19	9,626	3,188		1,042	1,042	計画中	0.0
	川俣町	2012・9・20	14,597	5,096		6,305	6,305	1,840	29.2
	大玉村	2012・9・27	8,427	2,355		2,317	1,791	698	30.1
	小計		478,701	177,935		97,790	86,239	31,988	32.7
県中	郡山市	2013・1・7	327,990	133,190	郡山市(0.166)	49,141	28,112	12,435	25.3
	須賀川市	2012・8・10	77,227	26,237		4,567	3,973	616	13.5
	田村市	2012・7・3	38,405	11,739		18,438	18,438	69	0.4
	鏡石町	2012・7・3	12,586	4,169		273	67	3	1.1
	天栄村	2012・5・21	5,942	1,680		653	98	59	9.0
	石川町	2012・11・22	17,068	5,423		5	5	5	100.0
	玉川村	2012・7・13	7,028	1,991		314	114	計画中	0.0
	平田村	2012・5・24	6,597	2,018		計画中	計画中	計画中	計画中
	浅川町	2012・7・13	6,689	2,066		計画中	計画中	計画中	計画中
	古殿町	2012・7・17	5,649	1,678		29	29	9	31.0
	三春町	2012・12・12	17,485	5,522		1,235	352	28	2.3
	小野町	2012・10・1	10,561	3,479		544	544	計画中	0.0
	小計		533,227	199,192		75,199	51,732	13,224	17.6
県南	白河市	2012・11・28	62,904	22,982	白河市(0.116)	2,432	1,227	516	21.2
	西郷村	2012・7・13	19,838	7,031		4,160	2,776	4	0.1
	泉崎村	2012・5・21	6,580	2,013		1,817	556	441	24.3
	中島村	2012・7・13	5,021	1,427		1,474	1,474	4	0.3
	矢吹町	2012・7・13	18,001	6,014		350	141	105	30.0
	棚倉町	2012・7・3	14,542	4,708		55	19	19	34.5
	矢祭町		6,067	1,923					
	塙町		9,419	3,054					
	鮫川村	2012・8・3	3,740	1,095		88	88	3	3.4
	小計		146,112	50,247		10,376	6,281	1,092	10.5
会津	会津坂下町	2012・10・5	16,718	5,418	会津若松市(0.069)	1,727	1,667	計画中	0.0
	湯川村	2012・7・13	3,214	933		481	481	481	100.0
	柳津町		3,710	1,237		計画中	計画中	計画中	
	三島町		1,761	737		計画中	計画中	計画中	
	会津美里町	2012・6・11	21,628	6,697		480	465	340	70.8
	小計		47,031	15,022		2,688	2,613	821	30.5
相双	新地町	2012・6・11	7,742	2,410	南相馬市(0.149)	計画中	計画中	計画中	
	相馬市	2012・9・21	35,706	13,320		1,023	565	370	36.2
	南相馬市	2013・1・29	64,171	22,593		14,728	1,875	647	4.4
	広野町	2012・6・12	5,033	1,748		1,908	1,908	1,854	97.2
	川内村	2012・10・10	2,613	958		1,064	1,061	1,061	100.0
	小計		115,265	41,029		18,723	5,409	3,932	21.0
いわき	いわき市	2013・3・26	328,053	128,399	0.130	49,011	9,492	576	1.2
合計			1,648,389	611,824		253,787	161,766	51,633	20.3

注1）取り上げた市町村は、汚染状況重点調査地域。
注2）本調査は除染の進捗を実数で捉えている。一施設を複数回に分けて発注した場合も「1」として計上している。
注3）「計画」、「発注」、「実施」はいずれも2011年度からの数字。2013年9月19日に、除染情報プラザにて著者が確認・記録した数値に基づく。単位は件。
注4）人口および世帯数は、2013年9月1日の数字。

公共施設等：施設				農地：水田				農地：樹園地			
計画	発注	実施	実施率	計画	発注	実施	実施率	計画	発注	実施	実施率
959	956	894	93.2	2,361	2,361	2,038	86.3	2,038	2,038	2,030	99.6
143	131	105	73.4	2,328	2,328	2,328	100.0	69	69	69	100.0
598	598	392	65.6	1,300	1,300	1,300	100.0	1,630	1,630	1,630	100.0
219	130	129	58.9	18	18	18	100.0	12	12	12	100.0
342	252	66	19.3	552	552	552	100.0	380	380	380	100.0
47	47	42	89.4	456	456	456	100.0	408	405	405	99.3
34	34	19	55.9	299	299	290	97.0	5	5	5	100.0
66	59	59	89.4	99	99	99	100.0	9	9	9	100.0
2,408	2,207	1,706	70.8	7,413	7,413	7,081	95.5	4,551	4,548	4,540	99.8
980	909	895	91.3	1,126	1,126	566	50.3	102	102	65	63.7
253	222	145	57.3	713	513	513	71.9	176	175	175	99.4
453	453	58	12.8	827	827	434	52.5	計画中	計画中	計画中	0.0
32	11	11	34.4	83	13	13	15.7	49	49	4	8.2
15	9	5	33.3	計画中	計画中	計画中	0.0				
15	15	15	100.0	計画中	計画中	計画中	0.0	35	35	35	100.0
9	9	9	100.0	計画中	計画中	計画中	0.0	計画中	計画中	計画中	0.0
5	計画中		0.0	計画中	計画中	計画中	0.0	計画中	計画中	計画中	0.0
6	6	6	100.0	計画中	計画中	計画中	0.0	計画中	計画中	計画中	0.0
5	5	5	100.0	計画中	計画中	計画中	0.0	計画中	計画中	計画中	0.0
67	67	67	100.0	計画中	計画中	計画中	0.0	16	16	15	93.8
30	9	9	30.0	2	計画中	計画中	0.0	計画中	計画中	計画中	0.0
1,870	1,720	1,225	65.5	2,751	2,479	1,526	55.5	378	377	294	77.8
367	231	205	55.9	9	5	5	55.6	42	32	32	76.2
128	32	26	20.3	23	23	23	100.0	計画中	計画中	計画中	0.0
7	7	7	100.0	計画中	計画中	計画中	0.0	計画中	計画中	計画中	0.0
21	4	3	14.3	計画中	計画中	計画中	0.0	計画中	計画中	計画中	0.0
26	10	8	30.8	132	132	132	100.0	計画中	計画中	計画中	0.0
19	12	11	57.9	計画中	計画中	計画中	0.0	計画中	計画中	計画中	0.0
5	5	5	100.0	計画中	計画中	計画中	0.0	計画中	計画中	計画中	0.0
573	301	265	46.2	164	160	160	97.6	42	32	32	76.2
83	83	14	16.9	計画中	計画中	計画中	0.0	計画中	計画中	計画中	0.0
41	41	41	100.0	計画中	計画中	計画中	0.0	計画中	計画中	計画中	0.0
計画中	計画中	計画中		計画中	計画中	計画中	0.0	計画中	計画中	計画中	0.0
6	6	6	100.0	計画中	計画中	計画中	0.0	計画中	計画中	計画中	0.0
20	20	8	40.0	計画中	計画中	計画中	0.0	計画中	計画中	計画中	0.0
150	150	69	46.0	0	0	0	0.0	0	0	0	0.0
22	9	9	40.9	計画中	計画中	計画中	0.0	計画中	35	35	
45	45	43	95.6	計画中	73	32		計画中	44	44	
135	133	133	98.5	計画中	13	13		計画中	18	18	
56	56	54	96.4	330	330	229	69.4	計画中	計画中	計画中	0.0
16	14	14	87.5	501	454	452	90.2	計画中	計画中	計画中	0.0
274	257	253	92.3	831	870	726	87.4	0	97	97	
357	357	347	97.2	845	206	計画中	0.0	水田に含む			
5,632	4,992	3,865	68.6	12,004	11,198	9,493	79.1	4,971	5,054	4,963	99.8

注5）実施率は、（実施数÷計画数）×100 で算出。単位は％。
注6）放射線量は、福島市は県北保険福祉事務所、他はすべて各市町の合同庁舎での数値（2013 年 9 月 20 日測定）。原子
力規制委員会　放射線モニタリング情報（http://radioactivity.nsr.go.jp/map/ja/）2014 年 2 月 20 日閲覧。
出所）2013 年 9 月除染対策課調べ、福島県現住人口調査（福島県庁ホームページ）。

の取り組みが見られます。福島市（県北保健福祉事務所）の線量が毎時 0.322
マイクロシーベルト（2013 年 9 月）を示し、他の地域に比べて高い数値を
示していることからも、除染への関心の高さをうかがわせます[3]。

　○県中地域

　経済都市・郡山市を拠点とする県中地域は、人口約 53 万人、世帯数約
20 万世帯と県内随一の規模であり、その除染計画件数も 75,088 件と県北
地域に続いて多くなっています。とりわけ計画数が多いのが、郡山市
49,141 件と田村市の 18,438 件です。しかしその実施率は低く、郡山市は
実施率 25.3%、田村市に至っては 0.4% に留まっています。県中地域の実
施率合計が 17.6% に留まっていることも、県北地域と対照的といえるでしょ
う。

　○県南地域

　県南地域は、除染対象の市町村が人口約 15 万人、世帯数約 5 万世帯です。
この地域の住宅の除染実施率は 10.5% と低位に留まっているだけでなく、
公共施設等の除染実施率も 46.2% です。農地関係の除染実施率もその多く
が計画中であることから除染への取り組みは比較的遅れていると言わざるを
得ません。

　○会津地域

　東京電力福島第一原子力発電所から比較的遠距離に位置する会津地域で
も、5 町村が除染対象地域となっています。人口は約 4.7 万人で、約 1.5 万
世帯のうち住宅の除染実施率は約 30% ですが、柳津町や三島町はいまだ除
染計画中の段階に留まっています。加えて、公共施設等の除染実施率も
46.0%、農地関係の除染も計画中の段階に留まっており、県南地域と同じく
除染への取り組みは比較的遅れている状況です。

　○相双地域

　福島第一原発が位置する相双地域は、人口約 6.4 万人の南相馬市をはじめ
合計約 12 万人、約 4 万世帯を有しています。除染実施率を確認すると、広
野町は 97.2%、川内村は 99.7% と高い実施率を示しています。その一方で
線量が毎時 0.149 マイクロシーベルト（2013 年 9 月）の南相馬は、1 万

戸を超える住宅除染計画があるものの、その実施率はわずか4.4%にすぎません。その結果、地域全体の除染実施率は21.0%に留まっているのです。

○いわき地域

いわき地域は、福島県南東部に位置しており、いわき市がその対象地域となります。いわき市は、人口は約33万人、約13万世帯で県内有数の規模を誇ります。その除染実施状況をみると、公共施設の除染率が97.2%と進んでいるものの、住宅除染の実施率はわずか1.2%に留まります。住宅除染の計画件数が約4.9万戸と県内トップクラスであることを考えれば、この実施率の低さは際立っていると言えます。

以上のように、福島県全域にわたって除染計画が進められているものの、その進捗状況は各地域、各市町村で違いが生じています。それではこの除染実施率の違いはどのような理由から生じるのでしょうか。その要因を、福島市と南相馬市を事例に考えていきます。

2　福島市の除染状況——福島市大波地区を事例に

1　福島市内の除染実施率

福島市は、表1で指摘したように住宅除染の実施率が36.4%に達しており、相双地域の広野町と川内村を除けば県内でも高い数字です。この福島市内の住宅除染の実施率を詳しく検討します。

表2は、福島市各地区の除染発注件数や除染実施率を示しています。除染実施率は、2013年6月1日現在の数値であるため、表1の数値に比べれば若干低く26.9%です。その中で、実施率の高いのが100%を誇る大波地区となります。大波地区は2011年度から第1次除染計画を418件発注してすべて完了させ、翌年の第2次除染計画の52件もすべて完了させました。その一方で中央地区、蓬莱地区、清水地区、杉妻地区などは進捗率が20%に満たないことから、福島市内で除染実施率の二極化がみられたこともわかります。

表2 福島市の除染進捗状況

地区名		年度	発注件数 (A)	除染実施中	除染完了 (B)	実施率（%）(B／A) ×100
大波	第1次	2011	418	0	418	100.0
	第2次	2012	52	0	52	100.0
渡利	第1次	2011	717	0	717	100.0
	第2次	2012	2,831	14	2,773	98.0
	第3次	2012	2,471	432	920	37.2
東部	第1次（山口）	2012	1,027	68	761	74.1
	第2次	2013	2,277	0	0	0.0
立小山	全域	2012	557	58	230	41.3
中央	第1次	2012	5,349	846	920	17.2
	第2次	2013	2,863	0	0	0.0
飯野	全域	2012	2,430	164	663	27.3
松川	第1次	2012	900	199	350	38.9
	第2次	2013	3,047	2	0	0.0
蓬莱	第1次	2012	2,161	524	117	5.4
	第2次	2013	441	0	0	0.0
清水	第1次（御山）	2012	1,893	270	202	10.7
杉妻	第1次	2013	734	0	0	0.0
小計	2011・2012年度		20,806	2,575	8,123	39.0
	2013年度		9,362	2	0	0.0
合計			30,168	2,577	8,123	26.9

注1）単位は戸。
注2）数値は、2013年6月1日段階のもの。
出所）福島市ホームページ（http://www.city.fukushima.fukushima.jp/life/9/）2014年2月20日閲覧。
一部加工して筆者作成。

2 福島市大波地区の除染実施過程

　福島市大波地区は、福島県全域をみても除染作業を完了させた先駆的事例になりました[4]。その要因を大波地区町会連合会のS氏にうかがいました[5]。

○震災当時

　S氏によれば、震災発生当時、地震による被害はほとんどなかったものの、放射性物質の汚染は大波地区にも及んだそうです。大波地区は、地域産米のブランド性が高く主力産業となっていましたが、2011年11月、この汚染で大きな被害を被ったのです[6]。2011年産の大波地区産米は、放射能基準値を16戸で超えてしまったため出荷制限を受けることになってしまったそうです[7]。

○地域内の合意形成

　大波地区では、除染作業を進めるためにまず除染協議会が立ち上がり、除染実施への合意形成が図られました。その結果、住民の約97％が除染を要

望し、汚染土壌の仮置き場を地域内に設置することが合意されました。このため、除染作業は2011年から実施されることとなり、2011年12月で毎時1.2マイクロシーベルト（屋内）を示していた放射線量が、2013年6月で毎時0.21マイクロシーベルト（屋内）へと低減し、地区全域でほぼ放射能基準値以下を達成するに至ったのです[8]。

○地域コミュニティの醸成

今回の除染作業にともなう汚染土壌の仮置き場設置の合意形成には、この地域内を強固に結んだコミュニティが重要な役割を果たしました。

ただし、S氏によれば、大波地区は、1955年に伊達郡小国村が福島市に編入されて形成された地域であったため、コミュニティが確固たるものとして存在していたわけではなかったそうです。それゆえ、新たな地域のコミュニティを形成するために、20代の住民を対象として、次代の地域リーダー育成を進めてきました。そのため、大波地区では世代ごとに重層的に指導者が生まれ、それが有機的に繋がるようになったのです。これが地域コミュニティを繋ぐ結節点となりました[9]。その基盤には地域の催事に積極的に参加する地域住民の姿勢が存在していたことも大きかったそうです。

このコミュニティについてS氏は、「コミュニティが強固に存在していたことが重要で、そのコミュニティが上から崩されなかった」ことを強調されました[10]。つまり、地域内に醸成されてきたコミュニティは、震災および放射性物質による汚染という難題に対して、当初は「誰もが〔除染実施に〕賛成というわけではなかった」が、「みんなが危機感を共有し除染すべきだ」と考えるに至ったのです[11]。それが復興への原動力となりました。

除染作業に一定の目途がついた大波地区は、避難住民の帰還が次第に進むことになりました。そして2013年夏の祭りには大波地区民約500人が参加し、ほぼ震災前の水準に回復したそうです[12]。加えてS氏は、今後の大波地区では農業再生が課題となるとおっしゃっていました。特に、農産物生産量は回復傾向にあるものの、出荷価格の上昇へと繋げることが不可欠だというのです[13]。

第2節　震災被害と復興への道

1　被害状況

　先述したように、南相馬市は住宅除染の計画数が 14,728 戸と県内 6 位で
あるにもかかわらず、その除染実施率はわずか 4.4％と極めて低い状況にあ
りました。その要因として南相馬市は、小高区の大部分が避難指示解除準備
区域（2012 年 4 月 16 日以降。2011 年 4 月 22 日から 2012 年 4 月 15 日までは
警戒区域）に指定されており、市内西部が帰還困難区域（2012 年 4 月 16 日
以降）と居住制限区域（2012 年 4 月 16 日以降。2011 年 4 月 22 日から 2012
年 4 月 15 日までは計画的避難区域・警戒区域）であったことから、除染活動
は困難を極めたからだと考えられます（5－2）。

　それではまず、南相馬市の震災被害の状況を確認したうえで、除染を含む
復興への道を探っていきます。

1　居住人口
①　住民の帰還

　震災後の南相馬市の居住者数を**表3**で確認します。**表3**は、南相馬市内
を小高区、鹿島区、原町区の 3 区に分けて市内居住者の現状を示したもの

表3　南相馬市の居住者数

区名	住民基本台帳人口 (A)	市内居住者 (B)	帰還率 B/A×100	市外避難者 (C)	帰還率 C/A×100	転出者 (D)	帰還率 D/A×100	死亡・所在不明者 (E)	帰還率 E/A×100
小高区	12,842	5,993	46.7	5,407	42.1	930	7.2	512	4.0
鹿島区	11,603	9,462	81.5	891	7.7	694	6.0	556	4.8
原町区	47,116	31,125	66.1	9,238	19.6	5,192	11.0	1,561	3.3
合計	71,561	46,580	65.1	15,536	21.7	6,816	9.5	2,629	3.7

注）単位は人、帰還率のみ％。
出所）南相馬市役所『東日本大震災とその後　南相馬市の現況と経済復興に向けた課題』（2013 年 8 月 30 日）を
元に作成（出所は、総合企画部情報政策課　2013 年 7 月 25 日）。

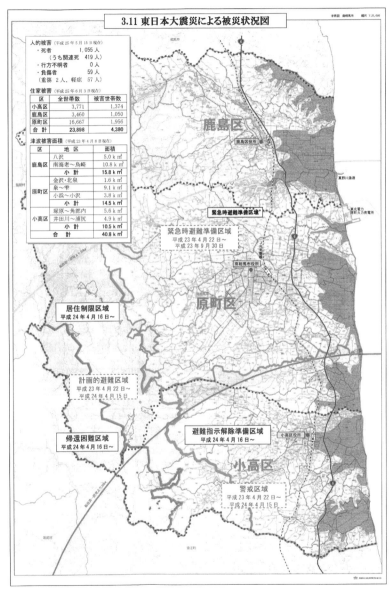

3.11 東日本大震災による被災状況図

地界図 南相馬市　縮尺 1:25,000

人的被害（平成25年5月15日現在）
- 死者　　　　　1,055 人
- （うち関連死 419 人）
- 行方不明者　　　0 人
- 負傷者　　　　 59 人
- （重傷 2 人、軽傷 57 人）

住家被害（平成25年6月3日現在）

区	全世帯数	被害世帯数
小高区	3,771	1,374
鹿島区	3,460	1,050
原町区	16,667	1,956
合　計	23,898	4,380

津波被害面積（平成23年4月8日現在）

区	地区	面積
鹿島区	八沢	5.0 k ㎡
	南海老〜烏崎	10.8 k ㎡
	小　計	15.8 k ㎡
原町区	金沢・北泉	1.6 k ㎡
	泉〜雫	9.1 k ㎡
	小浜〜小沢	3.8 k ㎡
	小　計	14.5 k ㎡
小高区	塚原〜角部内	5.6 k ㎡
	井田川〜浦尻	4.9 k ㎡
	小　計	10.5 k ㎡
合　計		40.8 k ㎡

鹿島区

鹿島区役所

真野川漁港

緊急時避難準備区域

東北電力
（原町火力発電所）

緊急時避難準備区域
平成23年4月22日〜
平成23年9月30日

南相馬市役所

原町区

居住制限区域
平成24年4月16日〜

計画的避難区域
平成23年4月22日〜
平成24年4月15日

帰還困難区域
平成24年4月16日〜

避難指示解除準備区域
平成24年4月16日〜

小高区役所

小高区

警戒区域
平成23年4月22日〜
平成24年4月15日

5 − 2　東日本大震災による区域再編（南相馬市）

出所）『東日本大震災福島県南相馬市の状況』南相馬市復興企画部、2013年6月6日現在。

です。まず、人口71,561人のうち、市内居住者は46,580人で帰還率は65.1％です。この1年前の2012年4月での市内居住者44,225人、帰還率61.8％と比べれば、住民の帰還が進んでいることがわかります。特に、鹿島区で住民帰還が進んでおり81.5％に達しました。これに対して小高区は、引き続き避難指示が出されているため住民帰還は進んでいません。そのため、42.1％の住民が市外避難を余儀なくされている状況です。

　南相馬市の調べによれば、震災後1年間は住民帰還が進んでいたものの、震災2年目を迎えた2012年4月以降は住民帰還の伸びはゆるやかになってきたそうです。その一方で、転出者は6,800人を超えています。この転出者は2012年4月以降も増加傾向を示している[14] ことから、中長期的な人口減少をもたらす可能性を有しています。それゆえ、南相馬市の重要な課題といわざるを得ません[15]。

2　小学校・中学校

　それでは、南相馬市の小中学校の児童・生徒の帰還状況を確認します。
　①小学校の在籍者数（**表4-1**）
　まず3区を比べてみると、原町区の小学校数が8校と最も多くなります。続いて震災直後からの生徒在籍者数の推移をみると、震災直後の2011年度在籍率は30.3％に激減したものの、翌2012年度には49.8％、2013年度には56.7％までの回復を遂げました。特に鹿島区の回復がめざましく、2012年度には早くも83.3％、そして2013年度は87.5％に達したのです。これは、**表3**で指摘した鹿島地区の帰還率の高さと相関しています。その一方で、避難指示解除準備区域を含む小高区では生徒の帰還が進まず、2013年度に至っても在籍者数は26.9％に留まっています。小学校の児童帰還の問題はまだまだ残っているといわねばならない状況です。
　②中学校の在籍者数（**表4-2**）
　続いて中学校の在籍者数の推移を検討します。原町区は4校、鹿島区および小高区はともにそれぞれ1校です。在籍者数をみると、全期間を通じて小学校に比べて在籍率は高くなっています。まず2011年度に43.0％へ

表 4 - 1　小学校児童の在籍者数の推移（南相馬市）

区名	校数	2011 年度			2012 年度			2013 年度			区域外就学	
		予定人数(A)	1学期開始時(B)	B/A×100(%)	予定人数(C)	1学期開始時(D)	D/C×100(%)	予定人数(E)	1学期開始時(F)	F/E×100(%)	県内	県外
原町区	8	2,716	786	28.9	2,554	1,227	48.0	2,350	1,354	57.6	300	705
鹿島区	4	625	402	64.3	611	509	83.3	577	505	87.5	13	59
小高区	4	717	43	6.0	681	178	26.1	668	180	26.9	168	321
合計	16	4,058	1,231	30.3	3,846	1,914	49.8	3,595	2,039	56.7	481	1,085

注）区域外就学は、2013 年 5 月 1 日時点の数字。
出所）南相馬市役所『東日本大震災とその後　南相馬市の現況と経済復興に向けた課題』（2013 年 8 月 30 日）をもとに作成（出所は教育委員会、2013 年 8 月 27 日作成）。

表 4 - 2　中学校生徒の在籍者数の推移（南相馬市）

区名	校数	2011 年度			2012 年度			2013 年度			区域外就学	
		予定人数(A)	1学期開始時(B)	B/A×100(%)	予定人数(C)	1学期開始時(D)	D/C×100(%)	予定人数(E)	1学期開始時(F)	F/E×100(%)	県内	県外
原町区	4	1,295	555	42.9	1,235	790	64.0	1,265	866	68.5	114	284
鹿島区	1	324	238	73.5	323	297	92.0	331	303	91.5	6	22
小高区	1	344	52	15.1	305	101	33.1	299	91	30.4	80	128
合計	6	1,963	845	43.0	1,863	1,188	63.8	1,895	1,260	66.5	200	434

注）区域外就学は、2013 年 5 月 1 日時点の数字。
出所）南相馬市役所『東日本大震災とその後　南相馬市の現況と経済復興に向けた課題』（2013 年 8 月 30 日）をもとに作成（出所は教育委員会、2013 年 8 月 27 日作成）。

と激減した在籍率は、翌 2012 年度には 63.8％、さらに翌々年の 2013 年度には 66.5％に回復しました。

　各地区の比較でいえば、小学校の傾向と同じく鹿島区の在籍率が高い数値を示しています。特に 2012 年度は 92.0％の在籍率であったことからも、鹿島区は小中学校ともに児童・生徒の移動が少なかった地域といえます。それに対して、小高区では 2013 年度を迎えても在籍率は 30.4％に留まりました。

③低年齢層の帰還問題

　南相馬市内の小中学校の在籍率をみれば、特に低年齢層で市外避難が進んでいることがわかります。ここで問題となるのは、低年齢層の市外避難が長期化することで市外転出へと繋がってしまうことです。低年齢層とその保護者世代の市外転出は、南相馬市の労働者人口の減少を促すだけでなく、中長期的には高齢化をいっそう招来してしまうでしょう。

3 経済活動

　南相馬市の各事業所は、従業員確保の問題と商圏喪失、インフラ設備の喪失のために、営業再開が難しい状況にあります。南相馬市のデータによれば、南相馬市の商工会議所会員数 1,967 人のうち、2013 年 8 月 28 日現在で事業再開した会員数は約 1,373 人で約 70% に留まっています[16]。

　事業所の従業員確保が難しいのは、震災による人口減少と、除染作業員との賃金格差が存在することが一因です。加えて、市外への母子避難によるパートタイム労働者やアルバイトの不足がみられます。また、就業を求める世代は 50 〜 60 代の年齢層に多いものの、求人の年齢層とは一致していないという労働需給のミスマッチも生じています[17]。さらにインフラ整備(高速道路、鉄道)の遅れなども大きな課題です[18]。旧警戒区域(福島第一原発から 20km 内)では、製造業の一部で事業再開の動きがみられるものの、商店等の販売業は休業状態が続いているなど、復旧への途はまだ半ばにあるのです[19]。

4 財政状況

　南相馬市では震災による税収の減少と復興対策による支出の増大が重なって、2013 年度の一般会計当初予算規模は約 1,055.4 億円で過去最高の水準に達しました (2011 年度の約 277.1 億円に比べると約 3.8 倍)。しかし、市税収入は 2013 年度が約 57.7 億円で、2011 年度の約 90.7 億円に比べると約 64% にまで減少し、南相馬市の財政は厳しい状況です。そのため、国からの復興交付金に依存せざるを得ません。しかし、交付金の執行にあたっては、国によるガイドラインの制約があるため市の裁量が少なく、国との調整のために執行にも時間がかかってしまいます。このため、迅速な事業の実施は難しくなってしまうのです[20]。

2　除染対策と地域コミュニティ

　南相馬市のインフラ復旧には、なによりも除染が必要とされます。しかし表1で示したように、南相馬市は除染作業の計画数が比較的多いものの、除

5－3　小高商店街。街の姿はそのままに住民は避難を余儀なくされた。そのため沈黙の街となっていた。

染作業は進んでいません。その要因について検討していきます。

1　南相馬市の除染計画

　南相馬市は、震災発生から4カ月後の2011年7月に「南相馬市放射性汚染物質除染方針」を策定し、公共施設の除染を中心に実施してきました。そして、2011年9月に南相馬市の除染対策が本格的にスタートし、学校、通学路、公園などの除染が進められたのです[21]。南相馬市の公共施設の除染進捗状況は、2011年10月末で、スポーツ施設の対象施設18カ所のうち14カ所で除染が完了しています（実施中2カ所、未実施2カ所）。次に学校教育施設は対象施設（小中学校、保育園、幼稚園等）33カ所すべてが除染完了となりました[22]。

　その後、除染計画は、2012年1月1日に「平成二十三年三月十一日に発生した東北地方太平洋沖地震に伴う原子力発電所の事故により放出された放射性物質による環境の汚染への対処に関する特別措置法（以下、放射性物質汚染対処特措法）」が全面施行されたことに伴い第2版が策定されました。

これと連動して除染計画期間は2年間（2012年度、2013年度）から3年間（2012年度〜2014年度）へと延長されました。加えて、南相馬市民の年間追加被ばく線量の低減率を半減から60%減へと改め、除染計画スケジュールも見直されたのです[23]。

2　除染スケジュール

南相馬市の計画では、空間線量率の高い区域から、行政区などを単位として除染を実施することになりました[24]。具体的には、線量が高く人口が比較的少ない西側(山手)から除染する計画です[25]。3年間の生活圏除染スケジュールは以下のとおりです（カッコ内は、各地区内の大字の数）。

○ 2012年度

・7月開始予定

　　原町区太田地区（1）　原町区石神地区（5）　鹿島区上真野地区（2）

○ 2013年度

・4月開始予定

　　鹿島区上真野地区（3）　原町区石神地区（7）

・7月開始予定

　　原町区太田地区（2）　原町区原町地区（7）

・10月開始予定

　　原町区原町地区（11）

・1月開始予定

　　原町区原町地区（3）　鹿島区上真野地区（7）　鹿島区八沢地区（2）

　　鹿島区鹿島地区（3）

○ 2014年度

・4月開始予定

　　鹿島区真野地区（5）　原町区高平地区（5）　原町区石神地区（1）

　　原町区太田地区（1）

・7月開始予定

　　原町区大甕地区（5）　原町区太田地区（4）　原町区原町地区（1）

・10 月開始予定

　　　原町区原町地区 (1)　原町区高平地区 (2)　鹿島区真野地区 (2)

　　　鹿島区鹿島地区 (2)　鹿島区八沢地区 (5)

3　除染実施プロセス

　除染作業は、南相馬市復興企画部除染対策課（以下、除染対策課）が担当します。除染対策課によれば、除染作業は除染作業と仮置き場の交渉・設置・管理という 2 本立てで進めることが必要とされるそうです[26]。この仮置き場設置期間は 3 〜 5 年間とされ、国の中間貯蔵施設の設置を待って速やかに除去土壌の搬出が行われることとなるのです[27]。

　つまり、除染スケジュール期間として予定されている少なくとも 3 年間は南相馬市で除去土壌を集積し管理しなければなりません。この中でまず重要な過程は、仮置き場の設置場所の交渉となります。

　○仮置き場交渉プロセス

　除染対策課の説明によれば、その交渉は、除染対策課が、当該の土地所有者への個別交渉（原則的に 3 年契約）を実施します。それを経て、地区の区長への交渉を行います。そして、自治会総会での承認というプロセスを経て仮置き場が決定されるのです。つまり、除染実施には、地元の合意が決定的な要素となります。しかし、この仮置き場設定で問題となるのが地元の合意形成なのです[28]。

4　除染進捗状況

　それでは、南相馬市の仮置き場の確保と除染進捗の状況はどのようになっているのでしょうか。2013 年 6 月と 9 月との 2 度にわたって除染対策課に実施したインタビューをもとに検討していきます。

　○ 2013 年 6 月調査

　2013 年 6 月では、除染計画は南相馬市西側に位置する 3 地区、つまり原町区太田地区（片倉）、原町区石神地区（馬場、押釜、高倉、大谷、大原）、鹿島区上真野地区（樗原、上栃窪）で除染が終了し、新たに鹿島区上真野地区（栃

窪、小山田、小池)、原町区石神地区(深野、
信田沢、北長野、長野、石神、牛越、大木戸)
の2地区で除染作業が実施されることに
なっていました。

その進捗状況を**表5**でみると、6月時
点では予定どおり西側から仮置き場の確保
が実施されています。その結果、片倉、馬
場、押釜、高倉、大谷、大原、櫓原、上栃

表5 除染進捗状況

	2013年	
	6月	9月
仮置場確保数	8	10
除染着手地区	7	8

注)単位は、「カ所」。
出所)「南相馬市仮置場確保等の状
況」(南相馬市除染対策課へのイン
タビュー、2013年9月19日)を
もとに作成。

窪の大字ごとに8カ所で仮置き場が確保され、そのうち7カ所で除染作業
がスタートしました[29]。

○2013年9月調査

9月には、西側(山手側)の除染作業はほぼ終了し、南相馬市中央部の除
染作業が本格化することになりました(具体的には、2013年4月から除染作
業開始予定)。

まず仮置き場は新たに2地区で設置されました。この2地区は、長野、
北長野、北新田、石神の4つの大字で1つの仮置き場に集約され、大木戸、
牛越の2つの大字も1つの仮置き場に集約されました。加えて、深野、信
田沢、上太田、下太田の各大字で仮置き場の設置交渉、鹿島区上真野地区(栃
窪、小山田、小池)でも仮置き場候補地の選定が進められています。

5 除染と地域コミュニティの形成

先述したように、除染作業を進めていくうえでは、住民の合意形成が非常
に重要です。しかし南相馬市では、この合意形成にいくつかの課題が浮上し
てきました。今回のインタビューをもとにして主な課題を3点にまとめて
おきます。

①地域コミュニティの形成

まず課題として浮上したのは、住民の中で除染することへの合意を得るこ
とが難しい点です。除染すべきかどうかの判断は住民個人で異なるため、住
民の総意として除染への方向性を一致させることは困難を極めるからです。

5−4　警戒区域への境界線。原発20kmの境界線が人々の生活を分断
している。

　次に仮置き場の設置場所への合意です。仮置き場の設置場所をめぐっては、
その近隣に居住する住民からの理解が何よりも重視されます。しかし、この
点への合意形成も大きな課題となりました。

　この合意形成をめぐっては、地域住民内でのコミュニティの希薄化が大き
な問題となりました。地域によっては住民間の繋がりが弱まり、地域リーダー
の影響力の低下などが顕在化することになったのです。加えて、福島第一原
発の事故の被害に対する補償金額が住民間で異なる場合に、住民間での亀裂
が生じる事例もあり、コミュニティの問題は複雑化していました[30]。

②南相馬市と地域との信頼関係

　仮置き場の設置をめぐっては、地元住民と市役所の担当職員との直接交渉
が避けられません。汚染土壌の管理という難題を議論するにあたって重視さ
れるのは、双方の信頼関係でした。しかし、従来から市役所職員と住民とを
直接繋ぐ態勢の構築が不十分であったため、今回の交渉は困難を極めたそう
です。2013年6月時点では、原町区と鹿島区とで130件の地域自治組織と
交渉したものの、10件程度しかまとまりませんでした[31]。

③南相馬市役所の人員確保問題

　住民との交渉を進めていくうえでは、担当課の人員態勢の充実が重要です。とはいえ、南相馬市の除染対策課が発足した 2011 年 9 月当時、構成員はわずか 2 名であったそうです。続く 2012 年 4 月以降は 7 名に増員されたそうですが、地域での地道な交渉を進めていくうえで人員態勢のさらなる充実が必要となるでしょう[32]。

④除染作業の進展に向けて

　9 月のインタビューでは、「仮置き場の設置交渉については、地域のリーダーを主たる対象として事前交渉を丁寧に進めることで、合意形成が円滑に進むようになった」とうかがいました[33]。これは仮置き場の設置に向けた歩みに一定の目途が立ったことを示しています。除染作業を少しでも早く進めるためにも今後の交渉の推移には注目する必要があります。

6　地方自治体と国

　以上のように、南相馬市は市内除染を主導してきました。ただし、小高区全域と原町区の一部については、放射性物質汚染対処特別措置法に基づく除染特別地域に指定されているため、国が直轄して除染作業を実施することになっています[34]。南相馬市の除染の全体像を知るために、国直轄の除染地域の進捗状況も検討しておきます。

　表 6 は、2013 年 9 月時点での国直轄地域の除染進捗状況を示しています。これによれば、2012 年 4 月 13 日に田村市、楢葉町、川内村の 3 市町村を皮切りに除染計画が公表されました。南相馬市は 5 日後の 4 月 18 日に除染計画が公表されています。除染方法は、まず公共施設を拠点として除染し、主として役場、集会所、小中学校などがその対象となります。南相馬市でも小高庁舎、消防署、上下水施設等の拠点除染が完了しました。

　そして本格除染の実施に向けて、仮置き場の確保に向けた住民への同意取得が実施されました。除染計画の公表が早かった田村市（仮置き場 5 カ所）と川内村（仮置き場 3 カ所）はすでに同意取得は終了しており、楢葉町（15 カ所）についても 2012 年 8 月 1 日から交渉が始まっています。南相馬市は、

表6　国直轄地域の除染進捗状況

市町村名	除染計画公表 （年・月・日）	拠点除染 （終了地域）	仮置場		本格除染 開始時期
			確保状況	同意取得 開始時期	
田村市	2012・4・13	集会所等	5 カ所	終了	2012・7・24
楢葉町	2012・4・13	役場周辺・集会所等、大坂・乙次郎地区・焼却施設等	15 カ所	2012・8・1	2012・9・6
川内村	2012・4・13	医療施設	3 カ所	終了	2012・9・4
南相馬市	2012・4・18	小高庁舎、消防署、上下水道施設等	一部調整済	2013・4・12	2013・8・26
飯舘村	2012・5・24	草野地区等	1 カ所	2012・7・10	2012・9・25
川俣町	2012・8・10	小中学校、幼稚園、公民館	一部調整済	2012・10・9	2013・4・25
葛尾村	2012・9・28	宿泊施設、中学校等	1 カ所	2012・10・26	2013・4・25
浪江町	2012・11・21	警察署、消防署等、介護老人保健施設、（モデル除染事業者決定）	一部調整済	2013・4・12	2013・8・6
大熊町	2012・12・28	ダム管理棟等、大河原地区南平	一部調整済	2013・4・12	2013・6・24
富岡町	2013・6・26	汚泥再生処理センター、消防署・警察署等、第一中学校周辺	選定中	2013・6・3	2013・8・21
双葉町		（モデル除染事業者決定）			

出所）2013 年 9 月 19 日に、除染情報プラザにて著者が確認・記録した数値に基づいて作成。

仮置き場の確保がいまだ一部調整段階にあり、2013 年 4 月 12 日から同意取得に向けた交渉が実施されるに至りました。

　以上のプロセスを経て、仮置き場の設置を進め、田村市の 2012 年 7 月 24 日の本格除染の実施を皮切りに各地域で本格除染が始まりつつあります。それに対して、南相馬市は、2013 年 8 月 26 日に本格除染が始まったばかりの状況にあったのです。

　つまり、2013 年 9 月時点での南相馬市の除染作業は、国直轄での除染事業と南相馬市担当の除染事業とが並列するかたちで進めねばならない状況にありました。そのため、国直轄地域内外の除染作業員を確保することが課題となりました。その当時、国と地域との除染作業員の賃金を比較すると国直轄地域の方が高かった[35]そうです。そうだとすれば、南相馬市主導の除染作業員の確保は厳しくなる可能性があります。つまり、国と地方との賃金格差が、除染作業の進捗にとって大きな足かせとなる可能性を有しているのです。

第3節　地域振興のために

　これまでの震災復興の調査活動から浮かび上がってきたものは、地域に内在する「溝」でした。これは福島県に限らず地域振興を考えるうえで重要な論点を提示しています。これらを3点にまとめて結びとします。

1　復興と地域コミュニティ

　復興を進めるうえで、地域コミュニティの強弱が非常に大きな影響力を発揮しました。福島市大波地区では、震災前から醸成されてきたコミュニティが仮置き場の設置を迅速化し円滑な除染作業の実施へと繋がりました。対して南相馬市では、地域コミュニティの希薄化が仮置き場の設置を阻み、除染作業の足かせとなりました。このコミュニティ内で生まれた「溝」は、新しく形成された街だけでなく、旧来から存在する街でも顕在化しつつありました。つまり、地域コミュニティは、地域経済を支える基盤となることはいうまでもありませんが、震災復興において極めて重要な意味があったのです。

2　復興と地域主権

　南相馬市の復興推進をめぐっては、国と地域との「溝」が顕在化しました。本章の事例では、南相馬市の除染や財政執行を巡って、国によるガイドラインの制約が足かせとなり地域の自主性を発揮しにくい状況に置かれていました。復興から地域振興へと繋げていくうえでは、地域の主体性の発揮が何よりも重要です。そのためにも復興基金の運用に南相馬市の裁量が大きく生かされることが必要となると考えられます。

　次に、国直轄地域の内外で国と南相馬市との作業員確保の問題が存在していることも明らかとなりました。南相馬市の復興を国が阻んでしまいかねない現状は大きな課題と言わねばなりません。今後は、東京オリンピック開催による国家主導の公共事業の活性化が予想されます。そのため、除染作業に従事する事業所や労働者の確保は、よりいっそう困難を極めることが考えら

れるのです。

3　地域の衰退と震災

　南相馬市役所除染対策課の方は、「このまま子供や若い人が南相馬市を出て行ってしまうと、南相馬市が倒産してしまう」と危惧しておられました[36]。この要因は、もちろん、放射性物質の汚染による生活環境の悪化、インフラの未整備などの問題にあります。しかし、重要なのは、南相馬市は震災前から人口減少という課題を抱えていたことにあります。このために、地元の中小企業の保護と育成、有力企業の誘致など地域経済の振興は従来からの課題でした。つまり、地域に内在していた問題点がこの震災によって露呈したに過ぎないのです。東日本大震災が被災地に与えた問題点は、そのまま将来に向けて地域経済が向き合うべき課題を示しています。その意味で南相馬市は、新たな解決策、地域振興モデルを求めて歩んでいるのです。

〔追記〕

　本章を書き上げた後、2014年2月13日〜15日に、福島県での第8回調査活動を実施しました。その際、2月14日に南相馬市役所除染対策課へのインタビュー調査を行いました。その概要は、以下のとおりです。

　南相馬市は、除染方法と除染スケジュールの見直しを行う。このため、除染スケジュールは、計画期間満了が2015年3月末から2017年3月末へと延長された。

　次に、南相馬市役所の除染対策人員の増員が図られた。2013年9月に2名増員され、2014年2月現在で10名となった。2015年度は15名態勢を目指し、除染対策を進めていく態勢作りを進めている。

　除染従業員の確保については、国直轄地域と南相馬市との間で大きな問題は、現在のところ発生していない。除染委託業者は従業員を順調に確保できている。

　仮置き場の設置については、次第に住民の理解が得られるようになったこ

とから着実に進んでいる。現在は、南相馬市中央部の除染へと移行していく予定[37]。

1　本活動は 2013 年 2 月より関西大学教育研究支援経費の助成のもと実施されている。また、本章は 2014 年 3 月発行の『政策創造研究』に掲載した論文「東日本大震災と地域振興への課題——福島県南相馬市を事例に」を再録（一部修正）したものである。文体の変更以外は掲載時の内容をほぼそのまま転載したため、内容は当時のものを反映していることを付記しておく。

2　「福島県における除染とその進捗について」福島県生活環境部除染対策課、2013 年 8 月 18 日、6 頁。福島県生活環境部除染対策課への聴き取り、2013 年 9 月 19 日。

3　福島県の北部地域は比較的除染への関心が強く、南部は弱い傾向があるという。福島県生活環境部除染対策課への聴き取り、2013 年 9 月 19 日。

4　福島市大波地区は、福島県の面的除染モデル事業に選定された。これに伴い、2011 年 11 月から 2012 年 2 月にかけて地区内約 10ha の面的除染が実施された。「福島県の除染対策について」福島県生活環境部除染対策課、2013 年 7 月 4 日、12 頁。

5　S 氏（大波地区町会連合会の役員）への聴き取り、2013 年 6 月 20 日。

6　「福島市のコメ基準超す」『朝日新聞』東京版、2011 年 11 月 17 日。

7　注 5 に同じ。

8　同上。

9　同上。

10　同上。

11　S 氏への聴き取り、2013 年 9 月 21 日。

12　同上。

13　注 7 に同じ。

14　「東日本大震災とその後　南相馬市の現況と経済復興に向けた課題」南相馬市役所、2013 年 8 月 30 日、8 頁。

15　南相馬市の小学校では、教育環境の問題も生じている。たとえば、南相馬市立高平小学校では運動場の除染作業を行ったことで、グラウンドコンディションが悪化したという（南相馬市立高平小学校での聴き取り、2012 年 2 月 16 日）。同じく調査に訪れた南相馬市立鹿島幼稚園では、グラウンド除染の後、人工芝を張りつめることで児童の運動環境を確保した。「南相馬の幼稚園に人工芝グラウンド」『朝日新聞』福島版、2012 年 10 月 12 日。

16　「東日本大震災とその後　南相馬市の現況と経済復興に向けた課題」南相馬市役所、2013 年 8 月 30 日、19 頁。

17　南相馬市復興企画部除染対策課への聴き取り、2013 年 9 月 20 日。

18　前掲、「東日本大震災とその後　南相馬市の現況と経済復興に向けた課題」、21、22 頁。

19　前掲、「東日本大震災とその後　南相馬市の現況と経済復興に向けた課題」、18 頁。

20　前掲、「東日本大震災とその後　南相馬市の現況と経済復興に向けた課題」、25、29 頁。

21 「南相馬市除染実施計画（第二版）」南相馬市復興企画部除染対策課、2013 年 1 月、1 頁。

22 「公共施設除染進捗状況一覧」（「南相馬市除染実施計画（第二版）」南相馬市、2013 年 1 月）。

23 「南相馬市除染実施計画　第 2 版」南相馬市復興企画部除染対策課（パンフレット版）2013 年 1 月。

24 ただし、①農地については空間線量率に加えて土壌中の放射性セシウム濃度の高い区域から実施すること、②仮置き場や一時集積所が確保された地域を優先すること（農業の早期再開のため）となった。「南相馬市除染実施計画　第 2 版」南相馬市復興企画部除染対策課（パンフレット版）2013 年 1 月。

25 「南相馬市除染実施計画　第 2 版」南相馬市復興企画部除染対策課（パンフレット版）2013 年 1 月。

26 南相馬市復興企画部除染対策課への聴き取り、2013 年 6 月 21 日。

27 注 25 に同じ。

28 南相馬市復興企画部除染対策課への聴き取り、2013 年 6 月 21 日。「南相馬市除染実施計画　第 2 版」南相馬市復興企画部除染対策課（パンフレット版）2013 年 1 月。

29 南相馬市復興企画部除染対策課への聴き取り、2013 年 9 月 20 日。

30 注 26 に同じ。

31 同上。

32 同上。

33 同上。

34 「南相馬市除染実施計画（第 2 版）」南相馬市、2013 年 1 月、18 頁。

35 注 29 に同じ。

36 注 30 に同じ。

37 南相馬市復興企画部除染対策課への聴き取り、2014 年 2 月 14 日。

第6章　混迷と希望と

－2014年の調査活動記－

第1節　復興への希望

－第8回調査活動記　2014年2月－

〔第8回活動概要〕

2014年2月13日～2月15日

参加者：学生21名、教員2名

◎川内村役場、川内村立川内小学校、川内村商工会、南相馬市役所、大波地区町会連合会、ＪＡ新ふくしま女性部、かーちゃんの力・プロジェクト協議会、うつくしまＮＰＯネットワーク、東日本大震災中央子ども支援センター、福島県庁、除染情報プラザ、ＣＨＡＮＮＥＬ　ＳＱＵＡＲＥへのインタビュー調査

◎南相馬市立鹿島幼稚園・南相馬市立高平小学校での交流企画実施

福島県では、放射性物質が及ぼした被害は続き、除染は長期化し、仮設住宅での生活が常態化しつつあります。はてしない「震災後」の日々に、福島の人々はどう立ち向かっておられるのでしょうか。

福島調査活動に向けた企画会議

1 「震災後」の福島市・郡山市・川内村

〈1日目:2月13日〉

　福島市へ入った学生たちは、班に分かれて各地で取材活動を行いました。取材場所は、川内村、福島市松川町（あぶくま茶屋）、東日本大震災中央子ども支援センター、福島市大波地区などです。

1　風評と風化──福島市大波地区の取材記

　福島市大波地区は、県内でもいち早く除染が進んだ地域でした。今回はその後の様子について、大波地区町会連合会のS氏に取材させていただきました。除染を進めながらも、「風評と風化」の課題に直面していました。S氏への取材内容を、学生たちが記録しています。

◆関大生（3年生、男性）の記録[1]
　　○風評被害
　　現在福島の農作物はすべて放射能検査を受けなければならないため農家の方にストレス、不安が生じている。放射能数値が安全な農作物であっても検査結果自体が信頼されていないために、福島県産の農作物が敬遠されている。他県の農作物を調べてみると、安全な数値を超えてしまっているものもあるが世間の意識はそこには向いてはおらず、福島県産ということだけで避けられがちなのである。福島県外の人だけでなく、福島県内の人にも風評被害はある。農家は数値を基準に出荷することしかできないが、消費者はこの数値を簡単に信頼することは難しい。風評被害の問題を改善するためには、消費者に正しい情報や知識を知ってもらうことが一番重要であり、そのうえで消費者はどの農作物を購入するかを自由に選択するべきである。
　　○風化
　　原発の事故について他県の人の意識が薄くなってきている。原発の問題

は昔の公害のように今後何十年も続いていく。人はつらいことを忘れるものであるが100%忘れられるのは駄目である。この問題を記憶にとどめる、また、風化を遅らせるためには現状を多く発信する必要がある。

現状を発信するための手段はマスメディアの活用である。メディアを活用する時、こちら側が意図している内容と違って受け手側に認識される場合があるため細心の注意を払う必要がある。

○大波地区の問題

大波地区が復興するためには風評被害を克服し、農作物の出荷の安定を図り、農業が復活しない限り難しい。すべての根底にあるのが除染である。大波地区が他地区よりも早く仮置き場を決定したことにより除染が進んでいるがまだまだである。

Ｓさん自ら様々な地域に出向き農作物の安全性をアピールしたり、バイヤーの人たちに来てもらい、農作物が安全かどうかをバイヤー自身の目で確かめてもらうことで風評被害を失くそうとしている。

ＪＡ新ふくしま女性部を取材した学生も、風評被害が強く印象に残ったようでした。このＪＡ新ふくしま女性部も福島市大波地区に位置しています。

◆関大生（３年生、女性）の記録[2]

○感じたこと

やはり一番衝撃だったのは福島市内で風評被害が発生していることである。福島の物はすべて検査をし、国が定めた基準をクリアしているにもかかわらず、市民は敬遠しがちであるのが現状である。学校給食でさえも福島の物を使っていない。つまり、定められている基準値というものをみんなが信用していないから、基準をクリアしていても食べないわけで、その信用を得るためにはどうしたらよいかということを国が考えていかなければならないと思った。

2 ふるさとへ戻ったお母さん──郡山市の取材記

郡山市に取材に赴いた学生たちは、東日本大震災中央子ども支援センターを取材しました。この機関は、福島県で子育てされるお母さん方の支援活動をされているそうで、震災後では、コミュニティづくりや生活支援にもその範囲は及んでいます。その一環として開催されたのが「ままカフェ」だそうです。この「ままカフェ」の取材から、震災からこの日までのお母さんたちの歩みが伝わってきます。その内容を学生の取材記録から示します。

◆関大生（3年生、男性）の記録[3]
　○ままカフェ開催のきっかけ
　昨年6月から毎月行われている「ままカフェ」。そのきっかけは、福島の中通り地域も震災による被害は大きく、自主避難される方もいたことにあった。そこで久しぶりに福島に戻られたお母さん方がお子さんの食べ物や遊び場に関して、何が正しい情報なのかわからないという状況になった。話し合いを他のお母さんとしたいがコミュニティの場が不足の状態であった。なので深く話せる場があればということで開催されるようになった。
　○参加されていたお母さんのお話
　震災直後に当時6カ月だった子どもを連れて実家の青森に避難した。そのときお父さんはその場に残っていた。避難された理由は、放射能と充分な生活ができないというインフラの問題のためである。除染され始めてから、3週間、郡山市に戻っては、また青森に戻るという生活をしていた。子どもを放射能から守るためにしていた生活であったが、この話をしてくださったお母さんは「本当の子どものための生活というのは、家族全員で一緒に暮らすことなのではないか」と考えた。そこでいま現在はお父さんのいる郡山市に住んでいる。放射線量が下がったとはいえ、公園などに子どもと一緒に遊びに行く時には「長時間いると危ないかも」と口には出さないながらも心配している。また、スーパーなどで買い物をする時も心のどこかで放射線のことを気にしてしまう。放射線のことを考えながらも、子どもが元気で安全にいられる環境で暮らすことを考えているのだとこの話を聞くことで感じた。

他には「どのくらい放射線に関して気を配ればいいか分からない」という声があった。食べ物に関しては大阪に避難されている方は「外国産しか食べない」など徹底させている方が多いが、ままカフェで話をしてくださった方は「福島の安全な食べ物しか食べない」という方がいた。

　ままカフェに参加されるきっかけとしては、ホームページなどインターネットで知るのではなく、スーパーの張り紙やお母さん友達からの口コミで知ったという。そのような人との繋がりによるものが多かった。また他のお母さん方やお子さんが参加されているので、幼稚園に行く練習としてのプレ授業として通う人もいる。

　〇感想、展望

　やはりお母さん方は、お子さんのことを一番に考え日々過ごしているのだと感じました。

　食品に関しても、遊び場に関しても、もう気にせずにいようと思っていても、やはり心の奥底では放射能のことを気にしてしまうということを聞き、食品に関する情報共有の場の提供や屋内遊び場の増加がさらに出来れば、より安心した生活ができるようになると感じました。関西に避難されている方と福島に実際に住んでいる方とでやはり感じていることに違いがあり、そのような風評被害を少しでも減らすことが大切だと感じました。

　放射線のことを心配しながらも、家族の絆を大切にし、一緒に福島で暮らすことを決断した家族が、より安心に、幸せに暮らせるように何か出来ることはないかと感じた。明るい雰囲気でお話をされるお母さん方を実際に目の当たりにし、メディアが伝える暗く、悲しい報道とは違った生の雰囲気を感じることができ、非常に感じることが多いものであった。

福島で暮らすことを決断したお母さんたちが、「何を食べるか」、「子どもたちに何を食べさせるか」は、大切な問題です。取材記からは、「安全な食べ物」を知るための情報が欲しいということでした。大波地区で課題となった風評被害の問題の1つは、生産者と消費者とで「食の安全への情報が繋がっていないこと」にあるのではないでしょうか。

3　帰村への希望──川内村の取材記

　福島県双葉郡川内村は、震災発生の翌年の 2012 年に「帰村宣言」を発して先駆的に住民帰還を進めてきた地域です。この川内村では、川内村役場復興対策課の職員に学生たちが取材してきました。この取材からは、川内村の震災後の歩みと課題が伝わってきます。

◆関大生（3 年生、男性）の記録[4]

　1　初めに

　川内村役場では、川内村の復興活動や新たな問題について、おうかがいしてきました。

　2　川内村の概要

　川内村は、福島県の浜通り地方、阿武隈高地の中部に位置している。総面積の 8 割以上は山林に占められている。昔から震災前までは農林業を中心としていた。東日本大震災では、死亡者はいなかった。標高が高いことから、震度 6 弱を観測しながらも地震や津波での影響はほとんどなく、原発災害のみ影響があった。東京電力福島第一原子力発電所事故により避難を余儀なくされた福島県双葉地方の 8 町村の中で、最初に「帰村宣言」を行い、今年 1 月 31 日で帰村宣言後 2 年が経つ。

　3　川内村の現状

　川内村の現状は、「帰村宣言」から 2 年が経ち、順調に人口が戻りつつある。2013 年 10 月 1 日現在では、村内居住者 535 人、週 4 日以上滞在者 920 人、合計 1,455 人で現在の人口の約 5 割を示している。しかし、50 歳以上の帰村率は 64.2% である中、50 歳未満の帰村率は 31.6% という低い割合となっている。若年層の帰村を促すことが重要である。帰村しない方の理由としては、2012 年 2 月調査のアンケートより「放射線の被害が怖い」「医療環境に不安がある」「生活環境に不安がある」「家に戻っても仕事が無い」などといったことが挙げられている。これらにより、除染の実施と雇用の場の確保が大きな課題とされている。この他にも課題は山積みで、村に高校が無いということから教育環境の充実や再生可能なエ

ネルギーの導入、新たな住宅地の確保、商業施設整備や葬祭センター整備などの利便性の向上などがある。これらを村復興の課題に置きながら、新たな村づくりとして考えている。そして、これらの課題を整備しながら震災前の人口3,000人を超す5,000人を目標としている。

「川内村にとって現在必要なものやアピールしたいことは何か」と職員の方にお聞きしたところ、「必要なものは、ボランティアやお金・ものなどではなく村に直接来て元気を与えることで、アピールしたいことは、川内村の125年の歴史が東日本大震災により一瞬で吹っ飛んでしまったので、新たな地域づくりを模索していかなければいけないこと」とおっしゃっていた。

4　除染活動について

川内村では、除染活動が比較的にスムーズに進んでいる。その理由は仮置き場の確保がすぐにできたからである。村内には仮置き場が5カ所設置されている。川内村では、国が行う除染と村が行う除染が場所によって分けられている。国が行う除染は20km圏内の地域で、村が行う除染は20kmから30kmの地域である。除染の方法はできるだけ国と同じ方法で行うように村は委託した。除染活動をするにあたって一番難しかったことは、やはり住民の同意を得ることであった。説明会や懇談会、1軒1軒直接住民に頭を下げて同意を求めた。

川内村では他の地域と違って、住宅地や施設だけでなく全体的に森林除染も並行して行ったという点がある。

除染完了後の課題は、1次除染で取りきれなかった箇所をガンマカメラで可視化し、ホットスポットを見つけ出し2次除染を行うことや森林除染の実施、中間貯蔵施設の早期完成などである。

5　帰村問題について

「帰村宣言」が一番早くに出せた理由は、行政が早くに戻り身近な場所でのインフラの整備と除染作業を行ったからである。若年層の帰村率が低いと言われている理由は、アパートなど避難先住居が2015年3月までは無料ということや放射線量が毎時0.23マイクロシーベルトを上回って

いる地域があるということ、川内村に高校がないということが大きく影響を与えているのではないかと考えられている。

　村では、帰村者のために着実にインフラの整備が行われている。帰村後1年目にサポートセンターやアパート、ビジネスホテル、コンビニが整備された。他にも介護施設や商業施設、葬祭センターの整備が予定され、内科・歯科・眼科・整形外科・心療内科の医師が派遣で診療するといったことも行っている。

　帰村者数はまだまだ少ないと言われている中、少しずつ増加している。増加している要因としては、インフラの整備だけでなくイベントを行うことによって村を元気にし、帰村を促していることも考えられる。川内村には、実際に総理大臣や天皇皇后両陛下やマラソンランナーの川内選手などが来村している。

　川内村の帰還の問題については、川内村商工会の方にも取材しています。その取材内容を以下に記します。

◆関大生（3年生、女性）の記録[5]
　帰村について
　今後、震災前に暮らしていた住民がほぼ全員帰村することはないであろうとIさんはおっしゃっていた。アンケートの結果、避難している人々の3分の1が川内村には帰らないと答えている。しかし活性化のためには人口を増やすことが必要不可欠であり、そのためにも現在避難している人々がいつでも帰ってくることができる村作りをすべきである。また、若者が川内村に住んでよかったと思えるような村作りをし、そして川内村の住民が現地で生産活動を行っていくことが必要である。その一歩として、交通を整備することや教育に力を入れることが重要である。保育園や小学校という幼児教育の時期というのは、後から取り返しのつかない教育内容である。そのため、幼児教育についてもっと力を入れるべきであり、川内村の事情を教え、川内村の住民としてのアイデンティティを植え付け、自らの

地元を誇りに思ってもらうことが帰村につながると考えられている。

　企業誘致に関しても、給料が良くても川内村でしかだめだというという理由がない限り人は働きに来ないので、活性化につながりにくいと考えている。そのため、企業誘致でも川内ブランドを構築するべきである。そこで、工場などの企業だけではなく、農業や林業を再構築することが大切だと考えられている。農業や林業というのは、簡単には撤退できない分野であるため、一度企業誘致すれば村に残り続けてくれるので村の人口増加につながるからである。また、農業や林業で生産したものがブランドとなるような、川内ブランドを構築することが人々のやる気にもつながる。

　学生たちは、教育環境の今を知るために、川内村立川内小学校にも取材にうかがいました。子どもたちの帰還と今の生活について、校長先生と教頭先生からのお話を記録しています。

◆関大生（3年生、女性）の記録[6]
　1　はじめに
　川内村はすでに除染完了を発表しているが、いまだ帰村率は低い。子どもたちについてもいまだ村に帰ってきている人数は少ない。その中で、子どもたちの現在の様子はどのようなものなのか、また子どもたちが生活するうえで何か問題はあるのかについて、おうかがいしてきた。
　2　取材先概要
　川内村内にある川内第一小学校、第二小学校、第三小学校の3つの小学校が統合され、2004年4月1日に川内村立川内小学校として開校。
　しかし、2011年3月11日に東日本大震災が発生し、避難指示が出されたことによって、2011年4月13日に郡山市立河内小学校にて郡山校として移転し、開校した。
　2012年1月31日の帰村宣言を受け、同年4月1日に川内村にて川内小学校を開校した。震災当時は118名の児童がいたが、震災後急激に児童数が減り、2013年度現在は24名が通っている。

3 取材内容

①川内村の状況について

川内村は電気や水道などのライフラインが無事で、生活できる状況だったが、原発事故により子どもたちを含め、川内村の人々は郡山市やいわき市、田村市などに避難し、小学校は郡山市で開校した。

川内小学校ではだいたい毎時 0.08 ～ 0.1 マイクロシーベルトの放射線量を観測しており、この値は学校の敷地内においては震災前の 2 倍弱であるが、これについてあまり問題はなく子どもたちも外で元気に遊んでいる。住宅については 100% 除染が完了しているということなので、学校の敷地外についても問題はないと考えられている。

<u>放射線の健康被害については、保護者の中にもあまり影響はないという意見と心配という意見の 2 つがある。</u>放射線については、心配しすぎても、無関心でも駄目で、学校としては子どもたちにも放射線についての授業を行うなど震災についての教育にも力を入れ、正しい知識をきちんと理解し、自分で判断し行動できる能力を養おうとしている。外部から講師を招き講演会を開いたりもしている。"正しく知って、正しく恐れることが大事"であるとおっしゃっていた。

また、川内村に最も必要なものは、故郷に 1 日でも早く帰れるように環境を整備していくこと、またそれを実現する人手であり、役場の方の頑張りを後押しできる環境が整えばよいとおっしゃっていた。

②子どもたちの状況について

震災当時は、子どもたちもみんな郡山市などに避難し、苦労したとは思うが、落ち込んでいる子や精神的にやられている子どもはいなかった。しかし、環境の変化に対応できない子どもはもちろん存在し、たとえば緊急地震速報のサイレンに似た音が聞こえると怯えてしまう子どももいた。

<u>震災を経験して、今まで当たり前のことだった家族と一緒に暮らすことや友達と遊ぶこと、学校に行くことなどが、実は当たり前でなかったということに気付く子どもが多くみられる。</u>またそれを取り戻すために自分に何ができるのかを絶えず自問自答している。<u>自分が住む川内村についても</u>

震災前には気づかなかったことに気づき、それを守るために何ができるかについて未来を見てポジティブに考えている。

　川内村では地震によってあまり大きな被害はなかったが、目に見えない放射線と戦ったことにより、漠然とした不安を持つ子もいた。しかし、カウンセリングや心のケアが必要なことはなかった。学校としては、正しい情報を与え自分たちで判断できるようにすることや、戻ってきた子どもたちや保護者、また働く先生が、川内小学校に戻ってよかったと思える学校を作ることに気を遣っている。また、近年福島県内で増加傾向にある児童虐待についてもまったく心配はない。

　さらに、子どもたち同士の関係については、基本的に全学年が少人数であるが、少人数であることのデメリットをいかに解消するかを考えている。工夫して授業を行ったり、昼食や清掃は全児童で行うなど、意図的に異年齢集団での活動の場をつくるように意識し、全員でコミュニケーションをとりあえる環境作りをしている。

　今の川内小学校に通う生徒の中には、帰りたくなかったが連れてこられた、という子は一人もおらず、全員が自分の意思で帰ってきている。

　また、村からほかの地域に避難している子どもたちにも、運動会や同窓会に参加してもらい、今もつながりを保っている。ともに避難生活をした河内小学校とも交流会を開いている。

　村全体としても、将来を担う世代である子どもたちへの期待は高く、村主催で学習塾やピアノ教室をひらいたりするなど、教育に力を入れている。村の人々も学校行事などをとても協力的にサポートしている。村の人々のあたたかさが、子どもたちが快適に学校生活を送ることができる理由のひとつである。

　さらに、子どもたちには将来、震災前と震災後の社会の変化によって今までの知識や経験が通用しないことが多くなったことをきっかけに、震災後の社会の変化について状況をとらえて課題を見つけ出し、自分で考えて判断して行動できる人になってほしいと考えておられた。そのために学校では問題解決型の授業を行っている。また小学生のうちにいいものを見て、

自分が見たものを元に判断して行動できる人間になってほしいとも考えておられた。

　子どもたちには今後どこに行っても、川内村を福島県を、また日本を支え、生き抜く力をつけてほしい、また“元に戻す”というより“未来をつくる”ことを考えてほしいとおっしゃっていた。

　③子どもたちのために必要なこと

　子どもたちに今一番必要なことは、やはりものではなく生き抜く力。お金では買えない、知識・判断力・行動力・正しい知識をつけることである。当時より進んではいるが、復興・震災・原発事故はまだ終わっておらず、問題は解決していない。ただ生活に困窮していることはなく、この状況を正しく知ってもらうことが今必要なことである。これは川内村の中だけでなく、全国の人々にわかってほしいとおっしゃっていた。メディアは子どもたちの困っている姿を映してマイナス面を取り上げたがるが、実際、子どもたちは前を向いている。このような子どもたちのパワーを感じてほしいとおっしゃっていた。

　子どもたちのために県や行政に対して訴えたいことは特にないが、道路がもっと便利になればよいと考えており、子どもたちからもそのような意見がある。

　4　最後に

　今回の取材を通し、印象的だったのは、子どもたちがしっかり前を向いて、自分、そして村の将来について意欲的に考えているということだった。

　川内小学校に通う子どもたちは村の人々に支えられ、設備も非常に整った校舎で学んでいる。川内村の帰村率を高めるためには川内小学校の良い環境を村外に情報発信して、川内村について知ってもらうことが必要であると思った。また、川内小学校に通いたいと思っても、住宅が足りないのが原因であきらめるという人もいるため、住宅の建設も必要になってくると考える。他の地域から来た人々が、川内村に住めるような環境がまだ整っていないことが今後の課題である。

　また、川内村には高校がなく、中学を卒業した子どもの大半が村外に出

ていかなければならないため、いずれは高校の設立が必要であり、子ども
たちもそれを望んでいる。

2 「震災後」の南相馬市

〈2日目：2月14日〉

1 地域の子どもたち

　2月14日、午前7時30分。われわれは、貸し切りバスで福島市から南
相馬市へ向かいました。午前9時半、南相馬市立高平小学校に到着。教頭
先生のもとへあいさつと取材にうかがいました。高平小学校は、これまでジャ
ンボカルタ大会や運動会などで交流を重ねた小学校です。私たちは、6年生
担任の先生に促していただいて教室へと向かい、子どもたちにあいさつしま
した。何人かの子どもたちは、ジャンボカルタ大会のことを覚えてくれてい
ました。その後、校長先生や教頭先生から小学校の現状についてお話をうか
がったのです。小学校でうかがったお話を学生は以下のように記録していま
す。

◆関大生（3年生、女性）の記録[7]
　○校長先生および教頭先生のお話
　子どもたちの外遊びに関しては、グラウンドに線量測定器を設置するこ
とで子どもたちの安全を守っている。またグラウンドは土を総入れ替えし、
徐々に新たな土を入れていくことでグラウンドの状況を改善している。
プールの授業に関しては再開しているが、入念な検査と保護者の同意によ
り行っている。
　高平小学校の生徒は出席率が非常に高く元気で活発的な子どもたちが多
いが生徒数が減り、友達が少なくて寂しい面もある。震災で家族や友達を
無くし、心に傷を負った生徒もいる。そのような生徒には先生やカウンセ
ラーが対応している。また、南相馬市に帰還する家族が少ない理由は、住
む場所が少ないことがあげられることもうかがった。

6－1　高平小学校。教頭先生へあいさつの後、6年生の子ども
たちと交流した。

　学生たちは、南相馬市立鹿島幼稚園で交流活動を行いました。ありがたい
ことに、幼稚園から交流会のお話をいただいたのです。学生たちは、子ども
たちとじゃんけん列車やゲームを通じて交流を深めました。交流のなかから、
子どもたちの今の生活を感じ取ったようです。

◆関大生（2年生、女性）の記録[8]
　子どもたちを笑顔に、そして元気にするためにする目的で持ち込んだ企
画でしたが、思っていた何倍も子どもたちは元気で、本当にこちらが元気
をもらうくらいでした。素直に嬉しかったです。何十回もリハーサルをし
たおかげで、なにも問題が起きることなく終わることができてホッとしま
した。中には、お別れが悲しくて泣いてしまう園児もいて、来てよかった
と思いました。
　また、ニーズに応えることの大切さを学びました。一緒に何かをするこ
とによって得る物、感じる物、それが「支援」には大切なんだと改めて感
じました。園児と一緒に遊ばないとできない体験をしました。これからの

子どもたちのために、「給食はすべて県外産のもので福島県産の食べ物を一切使わない」といった食への気遣い、「気にさせないために情報を与えない」ということに何か心に残るものがありました。

　幼稚園児は親の発言をそのまま鵜呑みにしてしまい、震災が起きても親が「大丈夫、大丈夫」と言えば、園児は「大丈夫なんだ」と信じます。つまり、幼稚園での教育の前提として大切なのは家庭での教育だということです。これに対して、親を対象にした取り組みや、食や接し方の講演会など出来ないかなと感じました。

　園児を支える先生方、そしてお母さんとお父さん。みなさん、幼い命を育むために、日々の食や生活環境、そして学習環境に悩み、懸命に愛情を注いでおられるのです。

2　地域の復興に向けて

　午前11時15分、私たちは、南相馬市役所へ向かいました。現在の除染の状況をうかがうためです。除染対策課の方々の話を聴いていると、思いもかけず、除染した後の地域づくりに話が広がっていきました。この話の展開は、私にとっては、大きな驚きでした。私は、前回も今回も、同じ方に取材しています。この方は、わずか2年前、莫大な放射性物質を前にして、「どう除染するか、仮置き場をどう決めればいいのか」と途方に暮れ、当惑していた様子だったからです。しかし、今は違います。これからの南相馬市の新しい地域づくりへと話が広がっています。もちろん、これからの道は言葉で言うほど簡単な課題ではないでしょう。しかし、確実に、南相馬市は、行政の方々の意識も前に進んでいっていることを教えていただきました。南相馬市での学生の取材内容を記します。

◆関大生（3年生、女性）の記録 [9]
　1　初めに
　南相馬市役所では、前回の訪問（13年9月）から今現在までの除染の進

行具合や新たな問題などについて、おうかがいして来ました。

　2　南相馬市の現状

　南相馬市の今の課題はやはり復旧復興で、復旧復興の基本となる主要事業が大幅に遅れている。前回の訪問の際には、がれきの処理が問題になっていたが、この問題は順調に解消されていっている。復興住宅や災害公営住宅などが用地と被災者の意見と一致しないために、確保出来ないというのが現状である。そして、居住住宅、生活圏の除染が未完了である。また、子どもの放射線に対する不安をどのように取り除くのかという問題で、これは生産年齢である若者が戻って来ないという問題にも繋がる。子どもが避難すると、必然的に親も避難する。最悪なケースは、三世代で避難をしてしまうということである。このような子どものいる家庭は、生活利便性が高いところ、教育が充実しているところ、つまり選択肢がたくさんあるところに行ってしまって、今の南相馬市にはそのような魅力がないために、戻って来ない。さらに放射線の問題で、低線量被曝の不安を抱えてまで戻って来ない。また、インフラの整備で設計会社など働き口はあって臨時的に就職が出来るのだが、生涯の仕事ではなく、復旧復興は5年くらいでめどがつくので仕事が無くなるため、なかなか定職を得られない状況になっている。そのため、人手不足の問題も出てくる。

　3　コミュニティについて

　市民からの要望は今でも多い。しかし、要望の内容は前回の訪問のときとは違っていて、前回の訪問の際には、「除染はいつやるのか、本当にやるのか」というような内容であったが、現在は「除染が丁寧にできていない」というような除染の具体的な内容に変化している。

　昨年の10月に市がアンケートを実施した結果、18～40歳の若年層は、県外・海外で暮らしたいというのが、36％と3人に1人はもう出たいといった割合である。それに比べて、60、70代の方は6割が戻ってきたいと答えている。

　市内に転入してきて、市内の企業で働く方には支度金を支給するという制度を来年度から実施し、若年層に戻ってきてもらうという政策を立てて

いる。金額は決まっていないが思い切った政策をしなければ簡単には戻って来ない。

４　除染について

除染は、新しく改訂されたスケジュール通りに進んでいて、2014年度の除染を実施する地域の仮置き場は確保出来ている。2015年度以降は、市街地に入ってくると仮置き場を作るスペースがないので、大きい場所を作るために、地元の方に説明をして交渉している段階である。現在、市民の考えが変わってきて、だんだんと仮置き場への不安は無くなってきて以前よりも嫌がる人が少なくなってきている。その理由は、仮置き場は放射線量が低くて安全だと認識され始めたからである。その一方で、もう何でもいいというような諦めの意見もある。仮置き場が決まるまで、毎日周辺住民に話をしに行って、そこでコミュニティを作っている。実際に、前回の訪問に比べ現在の段階では、仮置き場が４カ所増えて合計14カ所になっている。また、除染の着手地域は、現在の段階では２カ所増えて合計10カ所になっている。

５　終わりに

南相馬市は、規模が大きいだけに、すべてにおいて難航しているようだった。

除染は今のところスムーズに進んでいるが、「教育関係の充実と雇用の問題の二本柱で、この２つを良い環境にすると、自然に戻ってくる」というＳさんの言葉のように、その次の段階の将来の新たなまちづくり（利便性が良く教育関係も充実している）というところまではあまり目を向けられていないという印象であった。ただ、除染完了目標の２年延長を発表したため、まったく進んでいないのかと思っていたが、除染は順調に進んでおり、しっかりと協議をした結果２年という期間を設定しているということに驚いた。

また、オリンピックの影響により除染の人員不足が加速化し、さらに除染が遅れていくと考えていたが、それがむしろ除染の効率を上げる結果になるということに感心した。

6−2　南相馬市沿岸部を調査。村上海岸を見学、瓦礫撤去が進むものの荒廃したままの
状況。

　　南相馬市の今後の課題として、除染状況や市の情報の外部・内部への発
信（アウトプット）が必要となってくると考える。

3　時間が止まった地域

　午後1時、取材を終えたわれわれは、南相馬市沿岸部を調査しました。
村上海岸でバスを降りてみると、明らかに瓦礫撤去が進んでいました。しか
し、人気はなく荒廃したままの状況でした。

　その後、小高の町も訪れました。この町の調査は数度に及びますが、やは
り、人通りはありませんでした。復興に向かう南相馬市ですが、いまだに爪
痕は深く残されていることも忘れてはならないのです。

注

1　「取材報告書」2014年2月19日（橋口研究室所蔵）。
2　「仮設住宅班　JA新ふくしま女性部　取材報告書」（橋口研究室所蔵）。
3　「ままカフェ　取材報告書」（橋口研究室所蔵）。
4　「川内村役場　取材内容」（橋口研究室所蔵）。
5　「川内村商工会　取材内容」（橋口研究室所蔵）。
6　「双葉郡川内村立川内小学校　取材内容」（橋口研究室所蔵）。
7　「福島班報告書　福島県南相馬市立高平小学校」（橋口研究室所蔵）。
8　鹿島幼稚園企画報告書（橋口研究室所蔵）。
9　「南相馬市役所　取材内容」（橋口研究室所蔵）。

第2節　安全と安心

－第9回調査活動記　2014年11月－

〔第9回活動概要〕

2014年11月28日～11月30日

参加者：学生15名、教員2名

◎ＪＡ新ふくしま、古山果樹園へのインタビュー調査

◎南相馬市立高平小学校、南相馬市役所へのインタビュー調査

◎福島市役所、浜風商店街、NPO法人みんな共和国へのインタビュー調査

◎安達郡大玉村の仮設住宅での「足湯」活動

今回で9回目の調査を迎えました。複数回を数える取材先も増え、継続的にお話をうかがえるようになりました。時間を経て同じ方のお話を聴く。震災後の変化を学ぶうえで非常に重要だと感じます。

天満音楽祭で「福島の今」を歌で発信

1 「安全」と「安心」

〈1日目：11月28日〉

　午前11時に新幹線で福島駅に入りました。11時30分ごろさっそく福島駅から路線バスに乗車し、南相馬市へと向かいました。12時25分ごろ、飯舘村へ入ります。これまでの調査で何度も通過した道です。道路わきを見ると、除染作業中と書かれた旗が立てられ、びっしりと膨らんだ黒い袋がいくつも積まれています。除染作業が進む一方、まだまだ福島第一原発事故の被害は残っていることを感じさせられます。しかし、そんななかでもガソリンスタンドは営業していました。南相馬市と福島市とを結ぶ幹線道路ゆえ、このガソリンスタンドの営業は極めて重要な補給施設なのでしょう。

　午後1時30分、われわれは、南相馬市役所前でバスを降りました。そのままタクシーに乗り換えて、南相馬市立高平小学校へ向かいます。高平小学校では、これまでに子どもたちと学生との交流活動を行っています。今回の訪問はその後の様子を取材するためです。校長先生は、放射性物質による被害の実態や、風評被害を払拭するための見解を丁寧に教えてくださいました。続いて、小学生たちが、被災した日から今日までの歩みをプレゼンテーション形式で伝えてくれました。震災から今日までの歩みを、子どもたちもしっかりと受け止めて、自分の言葉で他者へ発信する。小さな体ですが、それゆえに訴えかけるものがありました。

　校長先生のお話を聴いていると、放射性物質による被害、そして今の福島の安全性を伝えることに強い使命感をもたれていることをつくづく感じました。ただ、その一方で、「安心」することの難しさを感じました。放射性物質の影響については、数値の変化や調査結果などから「安全」と伝えていただきます。この説明は論旨明快で説得力があります。しかし、そのまま「安心」という気持ちになれないのです。同席した学生も私と同じような受け止め方でした。「安全」と「安心」とは決定的に違う。おそらくこれが、福島県の復興を妨げる最大の壁なのです。

小学校での取材を終えて、われわれは南相馬市役所にも取材にうかがいました。この南相馬市役所では、いく度も南相馬市の復興について学んできました。今回も除染の課題、特に仮置き場の設置の問題についてうかがいました。除染廃棄物を処理するうえでは、仮置き場の設置が欠かせません。しかし、この仮置き場の設置には、その地域の住民の理解が必要なことは、これまで述べたとおりです。しかし、それでもちろん終わりではありません。この仮置き場での保管期間は原則として３年間です。それが過ぎれば、中間貯蔵施設に運び出さねばなりません。しかし、この中間貯蔵施設の整備が遅れているために、除染の問題が長期化しているのです。では、この除染物の仮置き場は、具体的にどのように管理されているのでしょうか。そこで私は、市役所職員の方に、施設の見学をお願いしました。すると、ありがたいことに、翌日に仮置き場を視察させていただくことになったのです。

２　除染に向けて——仮置き場の見学

〈2日目：11月29日〉

　2日目の11月29日を迎えました。午前9時、マイクロバスで福島駅を出発し、南相馬市へ再び向かいました。南相馬市役所のご協力で、仮置き場を見学させていただけることになったからです。福島復興への最前線をこの目で見極めよう。私と学生たちの緊張感は高まりました。

　午前11時に、南相馬市役所へ到着しました。市役所の玄関前では、南相馬市役所の職員の方々が、作業着姿で待ってくれていました。この日は土曜日です。直前に案内をお願いしたにもかかわらず、休日にでもこのように時間と労力を割いてくださって、われわれは感謝してもしきれない想いでした。バスが南相馬市内を通過すると、田園地帯が広がり始めました。その一角に、灰色の柵で囲まれた施設が見えてきます。ここが除染廃棄物などを管理する仮置き場です。バスは、仮置き場の中へそのまま入っていきました。敷地内は、だいたい小学校の運動場ほどの広さです。周囲には、黒いシートで覆われた巨大な壁がいく峰も連なっていました。職員さんの説明によると、この

6−3　南相馬市の仮置き場を２カ所見学。施設内を歩いてみると、徹底した管理態勢に驚いた。

中に除染廃棄物が納められています。その除染廃棄物の周囲（上部も含む）を汚染されていない土で取り囲むことで遮蔽し、放射線の影響を低減させているそうです。その上を黒いシートで覆うことで雨水の侵入を防ぐのです。確かに、施設内を歩いてみると、線量計は毎時0.1マイクロシーベルト程度しかありません。見事に、放射性物質を抑え込んでいるのです。私も、学生たちも、この徹底した管理には本当に驚きました。

　私たちは、仮置き場を２カ所見学させていただきました。もちろん、仮置き場はこの２カ所だけでなく、南相馬市のいたるところに設置されています。この施設を作らねば街のインフラの復興は進まない、子どもたちは外に出て遊べないからです。そんな復興への足場を作るために、南相馬市役所

6−4　小高区の街。静寂の雰囲気は変わらない。震災で破壊された家がそのまま残る。

の方々の懸命な説得作業、土木事業者の方々の設置作業、そして何より、住民の方々の理解というプロセスが、南相馬市内の各地で繰り広げられていたのです。

　午後1時20分。われわれは、南相馬市役所をあとにしました。そして南相馬市を南下して小高区へ向かいました。震災以降、何度も訪れた街です。小高区では復興への動きはいくつか見えました。建物の再建が進み復興への動きは目に見えるようになりました。しかし、震災時に破壊された家もそのまま残されています。静かな空気の中で、スピーカーからサザンオールスターズの歌が大音量でずっと流れています。人の気配がほとんどないのに、大音量の音だけが流され続けている。不思議に感じた私は、地域の人にこの歌が流れ続けている理由をうかがってみました。街が静寂してしまうのを防ぐために、この音を流しているそうです。沈黙は、街の復興を妨げてしまう。音を流し続けることで、街の復興への意思を示し続けていたのです。

　午後2時40分。われわれは、沿岸部に向かい、浦尻海岸や井田川海岸を視察しました。そこで、ふと道路わきに親子のお地蔵様を見つけました。石

6−5　浦尻海岸、井田川海岸を見学。道すがら見つけた親子の
お地蔵様に衝撃をうけた。

の具合は新しく、明らかに、震災以降に安置されたお地蔵様だとわかります。近くには、一軒家の跡が残っていました。もしかすると、この地で犠牲になった方たちを供養するためなのかもしれません。帰阪後、学生たちにこの件で調べてもらいました。学生たちによれば、震災後、津波の被災地に、お地蔵様が安置されるようになったそうです。そうだとすれば、このようなお地蔵様は、被災地にいくつ安置されたのでしょうか。いま、改めて、震災の傷跡の深さが心に刺さりました。

3　長期化する「非日常」

〈3日目：11月30日〉

　調査最終日の11月30日、福島市を南下して大玉村の仮設住宅を訪れました。福島大学災害ボランティアセンターの学生たちが、仮設住宅の方々に足湯マッサージのボランティアを行うということで、その一行に同行させてもらったのです。

　仮設住宅に到着したのは、午前8時50分。建物は、これまでにわれわれが見た仮設住宅に比べて構造がしっかりしていました。福島大学の学生たちにうかがってみると、この仮設住宅では、今回が初めての足湯活動だそうです。そのため、住民の方々が集まってくれるかどうか不安があったようです。それで、仮設住宅の方々に呼び掛けを行うため、学生たちと仮設住宅の「まち」を歩きました。

　午前9時30分、足湯が始まりました。すると、少しずつ人が集まりだしました。驚いたのは、これまで私が活動した仮設住宅に比べて、男性の参加者が多かったことです。足湯に来られる方は、積極的に話してくれる方が多いのが特徴です。言葉の訛りがありますので、話す内容のすべてを汲むことは難しいですが、表情をみればたいていのことはわかります。しかし、お話をうかがう中で、突然話が途絶えてしまうときがあります。それは、これまでのお仕事の話や自宅の話になったときです。この仮設住宅の方々は富岡町から避難された方が大多数です。ですから、原発関係のお仕事や、原発の方々

6-6　仮設住宅で足湯を通じて交流を深めた。

を対象にしたお仕事をされていることがあります。たとえば、飲食店の場合、その顧客がほとんど原発関係者という場合もあるのです。そうすると、今回の原発事故に関して直接の被害者であったとしても、その心中は複雑なものとなってしまいます。そうした思いが、口を噤ませてしまったのではないでしょうか。取材中、とある男性が、「せっかくだから」と、仮設住宅に案内してくれました。私にとっては、初めて仮設住宅の中に入れてもらったことになります。入ってみると2DKの間取りで、一人暮らしなら十分な広さに見えました。しかし、正直に言えば、やはり「閉塞感」がこみ上げてきました。四角く区切られた間取りには、居住空間を彩る装飾はもちろんなく、家の温かみは感じられません。薄い壁をみるにつけて圧迫感を感じます。そこには、個人的な空間を感じることはできませんでした。特に子持ちのご家族は、生活音やスペースの問題もあり、生活は厳しいように感じます。

　そうした思いをもちながらも、体操や散歩、写真などの趣味を取り入れている方も多くいらっしゃいました。そんな人々を見ると、どんな境遇であろうと明日へと向かおうとする気概を感じます。われわれにできることはほとんどありません。せめて、そんな方の取り組みを聴かせていただくこと、そして、積極的に肯定して励ますこと。それが支援になると、学生たちと思いを改めて共有しました。

　震災から3年以上が過ぎました。私にとっては9回目を迎えた福島県の訪問でした。その福島を表現すると、「すっきりと明るくなれない」です。これが今の福島を象徴しているのではないでしょうか。

4 避難生活の分岐点——大阪府堺市での活動

12月13日、私たちは、大阪府堺市で東日本大震災の避難者支援活動を実施しました。内容は、大阪近郊で震災避難生活を送られている方々を対象に、子どもたちとの交流会を実施するというものでした。この避難者支援活動は、昨年から続けていますが、その際に難しかったのは、参加者を集めることでした。活動を知ってもらったうえで参加してもらうのは並大抵のことではありません。もちろん、避難されているお母さんやお父さんが求めていることを知ることも不可欠です。

そこで、学生たちは、堺市で実施されている避難者ママの定期集会に参加して、その要望をうかがい、子どもたちとの交流企画を実施するようになりました。企画は2、3カ月に1回、この集会の時間をいただいて、子どもたちとの交流会を実施してきたのです。学生たちは、公共施設のプレイルームでの交流だけでなく、みかん園への遠足などを通じて子どもたちの体を動かし、自然を感じてもらう企画も実施しました。交流会の当初は、子どもたちが学生になついてくれず、お母さんのもとへ走ってしまうことが何度もありました。しかし、交流会を進めるうちに、だんだんと子どもたちのほうから学生に抱き着いて離れなくなっていきました。そんな姿に学生たちも感激し、一生懸命に応えるのです。

お母さんにお話を聴いてみると、生活環境の変化に苦しんでいることがよくわかります。福島県から大阪府の小学校へ通うことになって、その街の雰囲気や人間関係に馴染んでいくのは、精神的にも体力的にも大変なことだそうです。ましてや、子どもたちにとっては、その精神的負担はいっそう大きくなります。だからこそ、この交流会で子どもたちやお母さんとの繋がりを大切にされているのだと思います。

こうした課題は、決して「目に見えないもの」です。ですから、知ろうとしなければ、「ないもの」として無視されてしまいます。学生たちは、そんな目に見えない課題に対しても、自分たちでやるべきこと、解決策を模索し

6−7　クリスマス会に向け準備をする学生たち。

てきました。しかし、活動を企画しても参加者を集めることができず、学生たちは毎日のように悩み続けていました。そんななか、学生たちは避難者との繋がりを地道につくり、子どもたちとの交流を深めてきたのです。

　そして12月13日に交流会を実施しました。この日の内容は、避難者の子どもたちを集めてリース作りやプレゼント交換などを盛り込んだクリスマス企画でした。子どもたちや保護者の方々も10名近く参加してくれ、にぎやかで温かいひとときを過ごすことができました。日頃の子育てから解放されたお母さんたちにも、リラックスした時間を過ごしていただけたようでした。

　企画を終えて最後のあいさつ。避難されているママさんたちから学生へのお礼の言葉がいくつも寄せられました。学生たちとの別れを惜しむように抱きつく子どもたち。そんな姿を見ていると、この活動は少しでも役に立ったのかもしれません。私たちは、ただ、子どもたちがお母さんの愛情を感じながら健やかに成長してくれることを祈るばかりです。

　そして学生たち。私はほとんど指導らしい指導もできませんでした。それでも、学生が自分たちで見事に課題に向き合い、行動につなげてくれたのは

嬉しいことです。故郷から離れて一生懸命に子育てに力を尽くされるお母さんたちに、学生たちはたくさんのことを学んだのです。

　翌2015年12月、私たちは、今回と同様のクリスマス会を実施しました。その際の1つのエピソードを紹介します。
　お別れのあいさつの後、1人のお母さんが私にこう言いました。「先生、私たちは来年、ふるさとへ帰ります」。このお母さんは、息子さんと2人で、北関東から自主避難されていました。震災以来、ご主人と離れて大阪での生活を続けられていたのです。そして、息子さんの小学校進学を機に、ご主人の待つふるさとに戻ることを決断されたのです。ふるさとへ戻る決断、このまま大阪に留まるという決断。1年1年、そして1日1日、お母さんたちは、子どもたちの将来を想い、日々の生活を決断されているのです。

第7章　復興の分岐点
－ 2015 年の調査活動記 －

第1節　関西・ふくしまの交流を

－ 第 10 回調査活動記　2015 年 2 月 －

〔第 10 回活動概要〕
2015 年 2 月 17 日～ 2 月 19 日
参加者：学生 12 名（ただし本学の学生は 4 名）、教員 1 名
◎須賀川市庁舎建設現場での説明、除染情報プラザの視察
◎伊達市での除染実態の調査
◎相馬市の沿岸部での見学・調査
◎富岡町内被災地の視察、楢葉町仮設住宅の視察

2 月 17 日～ 19 日の 3 日間、「2014 年度関西ふくしま大学生交流事業」
に参加しました。京都産業大学や同志社大学の学生と混成チームを結成
し、福島県の学生との交流活動を行ったのです。この企画は、福島県の
風評被害の払拭と、福島県と関西地域の交流促進を目的に、福島県観光
交流局空港交流課と株式会社 ANA 総合研究所のご尽力で実現しました。

松川浦の高台上にある神社。すぐ近くまで津波が
押し寄せた。

1　福島を肌で感じる

〈1日目：2月17日〉

　2月17日、福島調査プロジェクトが始まりました。行程は、タイトなスケジュールですが、1日目から重要な見学先が続いています。私自身としても、新たな出会いから有用な情報を得て、課題や解決策を考えたいと思います。そして同志社大学や京都産業大学の学生たちとの活動も楽しみです。学生たちの活発な提案を期待したいと思います。

　午前7時30分、大阪（伊丹）空港で、学生たちと合流しました。事前の顔合わせを経ていたせいか、学生たちは、所属大学の枠を超えて、すっかりお互い馴染んでおり、笑顔で話している姿が印象的でした。学生の意欲は高く、今回の企画への手応えを感じました。

　午前8時に伊丹空港を出発し、午前9時過ぎには、福島空港に到着しました。私にとって、福島空港に降り立つのは、2011年5月30日以来です。あのときは、東日本大震災の発生からすぐの状況でした。ですから、得体の知れない地に降り立つ不安がこみ上げてきて抑えられなかったことを思い出します。あれから4年。今では、私は当たり前のように空港へ降りたっています。福島での活動を続けることで、私の心も大きく変わったことを実感した瞬間でした。空港到着口では、ANA職員の方々、そして福島県の学生たちが大勢で横断幕をはって迎えてくれました。空港では、結団式の後、福島県空港交流課の職員から、震災時の空港での対応や、震災後に空港の利用者数が減少したことなどの話をうかがい、調査への問題意識を高めました。

　午前10時40分には、専用バスに乗り込んで須賀川市へ向かいました。午前11時ごろには、須賀川市役所での取材が始まりました。須賀川市職員の方からは、須賀川市の復興への取り組みを説明いただきました。そのなかで印象的だったのは、須賀川市仁井田地区の住民が、震災時に自分たちの提案でトラックを出したり、市職員向けに食事を出したりしたことです。地域の自主性が極めて高度に発揮されたことに驚きました。このきっかけは、こ

の地域（当時は岩瀬郡仁井田村）が1955年に須賀川市へと合併されたことだそうです。合併にともなって市職員が削減されることに住民は危機感を持ったそうです。それ以降、地域のコミュニティを維持するために、住民が自主的に行動するようになったのです。その強固なコミュニティが、震災時の対応に大きく寄与したというお話は、非常に興味深いものでした。

　午前11時50分には、須賀川市を出発して福島市へ向かい、除染情報プラザを視察しました。私は、この施設には何度か来たことがありますが、除染進捗の状況を知るにはやはりここが一番です。職員の方のお話を聞いたのち、早速資料を集めました。

　続いて福島市から北上し、伊達市に入りました。午後3時30分ごろ、われわれは、伊達市の仮置き場を見学しました。伊達市は、福島県内でも除染がいち早く進んだ地域だそうです。伊達市職員の案内でさっそく仮置き場へ向かいました。施設を見学してみると、非常に完成度の高い施設で遮蔽もかなり進んでいました。そして、仮置き場がだだっぴろい田畑の真ん中に位置している点は、南相馬市とよく似ていました。

　午後4時15分には、伊達市役所へ移動し、除染状況や風評被害のお話をうかがいました。説明を担当された伊達市職員はバイタリティーあふれる方で、地方自治体と職員・住民が、自力で頑張ることの必要性を強く説かれました。たとえば、仮置き場は3年保管が原則であるものの、その移設先で

7-1　伊達市の仮置き場。放射性物質や汚染土壌の徹底した管理態勢を見学した。

ある中間貯蔵施設の建設は国が主導します。その建設作業の遅延に備えて、放射性物質を 10 年間貯蔵できる施設を作ったそうです。その当時、国からはオーバースペックと批判を受けたそうです。ただし今では感謝されるようになったと話しておられました。除染作業についても、必要なところに狙いを定めて効率よく進めていくことを強調されます。限られた時間と資金、そして人員をどのように配分して住民生活を守っていくのか。この方のお話からは、地方自治の今後のあり方について進むべき道が示されているように感じました。復興に向けての国への提案、復興への道筋がはっきり見えておられた印象でした。

　午後 5 時 30 分には、伊達市を出発しました。暗い山道を通って中通りから浜通りへと抜け、沿岸部の相馬市の宿舎に入りました。宿舎では、学生同士が、これまでの学びをふまえて意見交換を行いました。その後、私が「福島県と東日本大震災」をテーマに講義を行ったのです。私は、震災への問題点をしっかりと把握すること、そしてこれからわれわれが生かしていくべき教訓について、学生たちに一生懸命伝えました。震災を自分の頭で考えること、その大切さを知ってほしかったからです。学生たちは、朝からの過密スケジュールで疲れていたはずですが、真剣な眼差しで聴き入ってくれました。

2　境界線を越えて

〈2日目：2月18日〉

　2 日目は、福島県の沿岸部が主な調査地となりました。午前 8 時 30 分、相馬市の松川浦で港湾工事を見学しました。港湾の復旧状況を見ながら、担当者の説明を受けました。今回の津波は、やはり想定以上の規模だったそうです。その反省から堤防の強化はもちろん、津波を防ぐだけでなく、その威力を衰えさせることも必要だと教えていただきました。たとえば、防波堤を越えて津波が内陸部へ進出した場合、その途中の道路や樹木で遮って居住地への到達を遅れさせて、被害を弱めようとするものです。つまり、「防災から減災のまちづくり」に向かうということです。

7 - 2　神社からみた松川浦。すぐ近くまで津波が押し寄せた。

7 - 3　松川浦の工事風景。「減災のまちづくり」を目指す。

　近くの高台に登ってみると、手すりが津波で破壊されており、被害の甚大
さが伝わってきます。その頂きには神社が残っていました。実は、前日の私
の講義で神社が津波の被害を免れた事例が多く見られたことを伝えていまし
た。学生たちは、まさにそのとおりの現実を目の前で確認したのです。

7－4 富岡町の仮置き場。バスの車窓から撮影。おびただしい
量の除染廃棄物に圧倒された。

　午前11時過ぎ、一行は国道6号線を南下し、浪江町の請戸近辺に差し掛
かりました。実は、われわれのこれまでの活動で、この地から南に位置する
富岡町や楢葉町へは進んだことはありませんでした。つまり、この地がわれ
われの活動の「境界線」でした。この線を越えて、私は、バスの車窓からは
るか遠くに、初めて福島第一原発の一部を見ました。道路から太平洋側の方
角には、山間や緑の木々の間から、白い鉄塔がいく本も見えました。この付
近に近づくと、学生たちは車窓から写真を次々に撮影していましたが、独特
の緊張感もバス内を包んでいました。放射性物質という目に見えない恐怖を
もたらした福島第一原発は、震災被害の深刻さをはっきりと伝えているので
す。

　午前11時50分ごろ、富岡町に到着しました。地元の方の案内で、まず
は沿岸部へと向かいました。車窓からは、一面に高く積み上げられた黒い袋
（フレコンバック：土のうや廃棄物などを保管・輸送するための袋状の包材）の大
群が巨大な壁をなして、われわれの目に迫ってきます。ここは、除染廃棄物
の仮置き場のようです。とはいっても、海岸べりに雑然と積み上げられてい

7−5　震災直後の災害対策本部。散乱した椅子やコップ、おにぎりが、当時の様子をそのまま残す。

るだけです。昨日見学した伊達市の仮置き場とはまったく異なった管理方法に言葉を呑み込まざるを得ませんでした。

　続いて、富岡町の文化交流センターを見学しました。この施設は、震災時には災害対策本部が急遽設置された場所です。ただし、すぐに全町民避難となったため、1日のみで全員退避してしまったそうです。ですから、本部の部屋の中は、ペットボトルや銀紙で包まれたおにぎり、書類、地図などが雑然とそのまま残されていました。走り書きの被災情報、役割分担の書き込みをみると、当時の切迫感が伝わってきます。実は、この部屋では、当日は東電の方が講演する予定だったそうです。確かに演壇には東電講師の札がそのまま残っており、横には枯れ果てた大きな花が残されていました。

　われわれは、バスで富岡町を移動しました。バスが林の中を通ると、線量計の数値が上がっていきます。道路や住宅地を除染しても、やはりまだまだ放射線量の高い箇所があることも事実なのです。地域の方のご好意で、震災後、雨漏りとネズミ被害で荒れ果てた住宅と事務所をみせてもらいました。臭気と散乱した日用品が室内を埋め尽くしています。富岡町では4年前の震災当時の姿が、まさにそのまま残っていたのです。福島県内においても、富岡町の復興への道筋はまだまだ遠いと感じました。

　最後に、富岡町の海岸の景勝地、ロウソク岩を訪れました。この言葉の通り、海岸近くにそびえ立った1本の岩がロウソクに見えることからついた名

7-6　景勝地ロウソク岩の近辺。津波でロウソク岩は破壊された。

7-7　富岡町の海岸部。向こうには福島第二原発が見える。

称です。景勝地の看板には、ロウソク岩の写真も掲示されていました。しか
し、海岸を見渡すと、ロウソク岩の姿はありませんでした。この岩は津波で
破壊されて、今は存在しないのです。その向かいには海岸へ押し出すように
そびえる福島第二原発がはっきりと見えました。よく考えてみれば、第一原

発が津波でメルトダウンしたのに、なぜ第二原発はメルトダウンしなかったのでしょうか。現場に来るとその疑問が強くなるばかりです。想像を絶する津波災害は、一歩間違えれば福島第二原発の事故をも引き起こしていたのかもしれません。われわれは、ただ戦慄に震えるしかありませんでした。

　午後3時20分、楢葉町の仮設住宅を訪問しました。私たちは、被災された方から、楢葉町での震災体験をうかがいました。私にとって強く印象に残ったのは、孫娘のいじめ問題です。千葉での避難先で、孫娘は放射線の被害を受けていると決めつけられて、差別やいじめにあったそうです。しかし、この方は、「人を恨んでも幸せになれない」とおっしゃいます。そして、子どもや孫への責任を果たすためにも、楢葉に帰って故郷を取り戻すと強い決意を示されたのです。

　このお話を聴いた学生の記録を紹介します。

◆関大生（3年生、女性）の記録[1]
　現地の方のお話
　特にいわき市高久第九応急仮設住宅にて、Tさんのお話の中で、「津波が来たとき辺りはとても静かだった」というお話は、実際に体験しなければわからない津波の恐ろしさをよく表わしているものであると感じた。また、和布細工を作る避難者の方々の作品が、徐々に明るいものになっているというお話を聞いて復興の兆しを感じた。

　さらに、「人に頼り、人を攻撃しても前に出ることはできないし成長しないし何も解決しない」というお言葉をいただき、今後被災者が自立していかなければならないということを認識した。私たち支援する側は"自立"を助ける心の復興支援やコミュニティ形成の仕方を考えることが必要である。具体的な例として、タブレットを支給されるが情報などの一方通行でしかなく、相互関係がないという問題が挙げられた。このような問題は特に大学生である私たちが使い方の提案もすることができると感じた。

　午後4時45分、ホテルハワイアンズに入り、そのホテルで宿泊しました。

この施設で、学生たちは、フラダンスを鑑賞しました。これには率直に感動しました。やさしさと激しさを巧みに組み込んだ演出に、生きる力をじんじんと感じたからです。このホテルハワイアンズも、東日本大震災で被災し、閉館の危機にあったようです。しかし、各地で地道にフラダンスを披露する活動を続けて、このように再開へと繋げたそうです。

　そして、午後9時45分。学生たちは、これまでの学びを確かめるべく、討論に入りました。この活動は、「学生の自主性」を尊重することになっています。そのため、このディスカッションにわれわれ教師が介入したり、指導したりはしません。すべて「見守る」だけです。しかし、議論は白熱し0時まで続きました。学生たちの熱い議論を聞いていると、この2日間の成果を確実に感じました。正直、2日目の行程は、富岡町など震災の傷跡がリアルに残る場所や人物に触れて、学生たちや私も言葉を失いました。しかし、議論してみると、学生それぞれが事件や言葉の背景を考え、自分なりの意見を伝えて相手の考えにも聴き入っています。この学生たちの急速な成長を見るにつけ、学生たちに委ねるという教育方法の成果をみたような気がします。

　今回の福島調査では、これまで行ったことのない地域にたくさん入ることができました。須賀川市、伊達市、相馬市、富岡町、楢葉町です。これらの地では、これまでの調査でも知ることのできなかった放射性物質や津波による被害の実態を見ました。そして、復興へと向かう営みもたくさん知りました。

　各地を視察して最も感じたのは、「復興の分岐点」です。復興へ「進む地域」と「止まる地域」、その違いはあまりにも大きいと感じました。須賀川市や伊達市と比べると、富岡町の現状はとても厳しいものでした。

　地域の再生には、リーダーシップをとる方がおられました。復興へ向かう地域は、住民や自治体に積極的な方がおられます。須賀川市の住民の自立性やコミュニティの強さがやはり印象に残りました。そして、伊達市の職員のバイタリティーもその最たる事例でした。地域住民に粘り強く向き合い、国にも全力で交渉して除染へと引っ張っていく。公務員にもリーダーシップが求められているのです。

復興とまちづくりへの処方箋も学びました。これからは、減災のまちづく
りへと向かっていきます。津波の被害を防ぐだけでなく、その被害をどう減
らすのか。住民の命を守るまちづくりへ。これからのまちづくりの答えにな
るかもしれません。そしてなによりも、東日本大震災の復興に必要なものは、
「心の復興」だと感じました。これこそが、震災復興への道すじを決定付け
るように思うのです。

3　大学連携事業を経て

2015 年 3 月 11 日、京都のキャンパスプラザで学生の成果発表会が実施
されました。学生たちは、福島で見てきたことを、自分たちの言葉で発信し
てくれました。その発表のなかでも、被災地の複雑な悩みと心の復興の必要
性を強く感じてくれたようです。その想いは、学生たちの報告書のなかに記
されています。この交流事業を終えた学生の記録です。

◆関大生（3 年生、女性）の記録[2]
　福島・関西交流を終えて
　今回、福島を訪問してから、私のイメージは覆された。まず、私が福島
に行く前のイメージは全体的にマイナスイメージしかなかった。しかし、
さまざまな場所でお話をうかがったとき福島の方はとても前向きで、先を
しっかり見ているように思った。
　放射線の影響に関しても、「東電の人を責めていてはなにも始まらない。
今の状況を受け入れるべき」とおっしゃっていたときは、エネルギーの転
換を感じた。責めることにエネルギーを使うのではなく、前向きに福島と
向き合っていくエネルギーを福島の方々から感じることができた。
　私たちにできること
　今回の訪問では、物質的な支援よりも心の復興がこれから求められるも
のだと感じた。私たち大学生ができることは、心の復興、心のよりどころ
の道をともに作っていくことだと思う。そのためには、福島の方とたくさ

ん交流し、ともにイベントを開催することが、福島をより多くの人に知ってもらう手段でもあり、福島の方の生きがいになってほしいと思う。

　また、福島を訪問してから、ニュースで福島のことが流れると今まではなんとなく見ていたものが、福島を身近に感じられるようになった。そして今ではしっかりニュースからでも情報収集をするようになった。さらに、今の段階では何も決まってはいないが、私のアルバイト先で半年に1回、地方のフェアを行っているので、福島フェアを提案しようと考えている。そこで、福島の食材を取り扱って少しでも福島のイメージを払拭していきたいと思う。

◆関大生（3年生、女性）の記録[3]
　今回の視察を通して、「今」の福島の状況や悩みなど関西にいるだけでは知ることができないことを、実際に自分の目で見て知ることができました。福島を訪問する前は「被災地のままの福島」というイメージが強く、まだまだ復興が進んでいない状態であると考えていました。また「福島県＝原発の被害」というイメージから放射線量は高く、街全体は暗く、あまり車や人などもいないイメージでしたが、福島で滞在した3日間で大きく変化しました。

　まず訪問してわかったことは、福島全体が原発の被害を受けているわけではないということでした。東日本大震災から4年経過した今、関西に住んでいると原発関連のニュースが多く、福島県全体が被害を受けているように感じていました。

　しかしそれは間違っていたと確信しました。また確信したことにより、現在の関西には原発で被害にあった「浜通り」付近の状況しか報道されていないことがわかりました。福島空港に到着した際、線量計で放射線量を測定したところ、出発する前の伊丹空港で測定した数値とあまり違いが見られず「なぜ」という疑問がありました。1日目の日程の中で訪れたいろいろな場所でも先生方に線量計を見せていただきましたが、大きな変化などがなく福島側の学生に疑問に思い尋ねると「あまり高くはない」と聞き、

また「風とかの影響もあるかもしれないけれどここらへん（郡山市や福島市）は原発の被害はない」と聞き、それまでの私の無知さにショックを受けました。

　放射線などの知識を知らずに怖いという印象や危険というように感じていました。しかしそれは偏見であり、してはいけないことであると福島を訪れて一番に感じたことでした。

　また一緒に交流させていただいた福島の学生の方々もすごく明るく、本当に前に向いているという姿勢を近くで感じることができました。学生からしか聞けない震災当時の状況や今の状態などを、福島に住んでいる視点から聞くことができました。そして自分が知らない現在の状況や関西視点からの情報などをお互いに知ることができ、これから情報発信のためになくてはならなかったことであったと感じることができました。

　そして同じ発表を行った班員の中でもたくさんの意見や考え方を共有したことによって、自分たちが感じることができない感じ方や今思っていることなどを共有しました。このことで新たな視点を持つことができ、いいきっかけとなりました。

　私はこれからこの事業で得た知識や現状を発信していくことが関西からできる福島への支援や復興の1つであると考え、今後、より多くの人に知ってもらえるような活動をしていきたいと思います。

　総勢24名の学生たちは、福島空港から須賀川市、福島市、相馬市、富岡町、いわき市と被災地を見学し、現場の声を生で聴き、被災地の復興の現場を見ました。私は、アドバイザーの立場で参加しました。学生は、個々の意識は高いものの、当初は活動目的の大きさに戸惑いがちでした。しかし、1日目の夜には、全員が被災地の「今を知ろう」とまとまっていました。福島県の学生との交流も新たな刺激を得るうえで有効だったと思います。この企画は、学生の自主性、行動力、コミュニケーション力を高めるうえで極めて有効な取り組みだったと実感しました。

　今回は、同志社大学と京都産業大学の学生と一緒に被災地を調査しました。

複数の大学の学生との調査は初めての経験でした。学生たちは、非常に個性があり好感が持てました。対人関係の構築も上手で、組織行動を乱すことなく課題を一つひとつクリアしていきました。私も学生たちに接する中で、関西大学の学生とは異なった指導法を得ることができました。「また会いたい」と思わせる好感度の高い学生たちだったのです。これを刺激に、これからの指導にも生かしたいと思います。

注
1 『平成26年度　関西・ふくしま大学生交流事業　報告書』、福島県観光交流局、2015年3月、53〜55頁。
2 前掲報告書、55〜57頁。
3 前掲報告書、75〜76頁。

第2節　心の復興へ

－第11回調査活動記　2015年6月－

〔第11回活動概要〕
2015年6月18日～6月20日
参加者：学生12名、教員1名
◎斎藤農園、NPO法人ふくしまりょうぜん里山がっこう、福島市大波地区連合会、ふくしま心のケアセンター、ふくしま連携復興支援センターへのインタビュー調査
◎南相馬市立高平小学校での歌の鑑賞授業実施
◎富岡町の視察、南相馬市ふるさと回帰センター、南相馬市道の駅観光交流館、小高浮舟ふれあい広場での調査
◎伊達市役所、環境ワーキンググループ伊達へのインタビュー調査

今回の活動には、中川誠十郎氏、中川幸子氏が参加してくれることになりました。シンガーの中川氏はボイストレーナーとしても活躍されています。小学生たちと音楽を通じて交流し、元気を交換したい。そんな願いから、大学生たちと一緒に、南相馬市の高平小学校で音楽の交流活動を実施することになりました。

高平小学校での歌の交流会

1　「心の復興」を探して

〈1日目：6月21日〉

　新幹線で福島入りし、さっそく福島市の大波地区へ向かいました。午後1時ごろ、大波地区の集会所で、地域のリーダーS氏に大波地区の現状をうかがいました。S氏は、農産物の販売量が復活したことを嬉しそうに話してくれました。S氏は、子どもたちが大波地区のこれからの鍵を握るので、世代のつながりを重視しなければいけないと力説されていました。本当にそのとおりです。住民が自立のまちづくりを進めておられる姿は、これからの地域活性化像を考えるために、極めて重要だと思います。学生たちは、S氏のお話を聴いて、大波地区の復興ビジョンを以下のようにまとめています。

◆関大生（3年生、男性）の記録 [1]
　S氏が考えておられる復興とは、新しい発想で元の大波地区に戻すということであった。新しい発想とは具体的に、結婚対策を行い、子どもたちが増えるような政策を行う。農作物をできるだけ理想の価格で販売すること。福祉関係すべてを大波地区でできるようにする。そしてムリをしない、ということをおっしゃられていた。

◆関大生（3年生、男性）の記録 [2]
　除染や、農業と様々な問題を抱えていた大波地区であるが、住民の地域力、コミュニティの力で、震災前に近いところまで出荷量は戻ってきており、生活する最低限の範囲は除染が完了していることが現状である。今後の目標・課題は生活圏と一部の農地の除染を進め、農作物の価格を震災前の価格に戻すことである。お話をうかがった限りでは非常に前向きに問題をとらえられていたので、地域力の強さを生かして、いち早い復興を成し遂げるのではないかと考える。

大波地区では、地域の復興への確かな歩みを知ることができたのです。大波地区での取材を終えたわれわれは、福島駅から電車に乗って二本松駅へ向かいました。浪江町社会福祉協議会で取材するためです。現在、浪江町が避難区域に設定されているため（2013年以降、浪江町は帰還困難区域・居住制限区域・避難指示解除準備区域に再編）、この二本松市に浪江町の役所が仮設置されているのです。社会福祉協議会では、仮設住宅で長く過ごされている浪江町の住民の現状についてうかがいました。

　お話をうかがっていると、浪江町の住民は、もはや地元への帰還に「諦めの気持ち」を抱いているようでした。そして、住民の心理的な負担も深刻化しています。避難生活が長引いてしまったために、自立に向かえない悩み、自立しても新生活に馴染めない悩みが複雑に入り組んでいるのです。この住民の方々の悩みに、一人ひとり向き合わねばならない職員の方々の苦労。これは想像を絶するものがありました。学生たちは、社会福祉協議会での取材内容を以下のように記録しています。

◆関大生（3年生、女性）の記録[3]
　「仮」の住まいである仮設住宅が移住先となってしまっている。4年という長い時間を仮設住宅で暮らしているため、子どもがいる家族は「同じ環境のまま学校に通えるこのままの場所がいい」、また高齢者の方は、「また新しいところに行って病院の先生との関係を作らないといけないならば、今の病院に通えるここがいい」という意見があがっている。原因として長い年月のほかに、浪江町に帰りたいけれどこのままの状態で帰還しても元の生活ができる保証が確立されていない、それ以前に壊れてしまった家を観たくないという意見が挙げられる。

医者との信頼関係など、居住環境が変わることへの不安が挙がっています。加えて、コミュニティの問題も浮かび上がってきました。同じく学生の記録です。

◆関大生（3 年生、女性）の記録 [4]
コミュニティの弱さ

　もともと浪江町のコミュニティの弱さがうかがえた。<u>現在仮設住宅での住民の交流は、それぞれの仮設住宅の会長さんによって違っている。それは震災が発生する前からの浪江町の問題であった。</u>そのため普段はよく話している間柄であったり仲良くしていても突然その関係が壊れてしまうことがある。しかし隣近所を気にかけてくれる方たちもいるとうかがった。さらに強化することが可能であれば前に向ける人が増えるのではないかと考える。

　住民間のコミュニティ形成は、仮設住宅の生活でも大切な課題なのです。別グループの学生たちは、ふくしま心のケアセンターを訪問し、震災後の被災者への支援の実情を取材してきました。学生たちは、被災者が有する課題を以下のように記録しています。

◆関大生（2 年生、男性）の記録 [5]
被災者が持っている共通の課題

　放射線による風評被害や偏見により、身体症状、イライラ、睡眠、不安症状、自殺などがある。そして深刻なことは、たとえばアルコール依存症などがある。先行きの不安や未来を奪われてしまったと感じることから、アルコール依存症になり、それが問題と思われてしまうことによって、またストレスを感じ、悪循環が生まれてしまう。

　震災がもたらした被害は、建物の損壊や放射性物質の汚染だけでなく、人の心理に深く及んでいたことがわかります。この方々の心を癒し続ける職員の方々の心理的・体力的な負担もまた想像を絶するものと思います。前回の調査に続いて、今回の調査でも、心の復興の問題が浮かび上がってきたのです。

2　自立への道筋

〈2日目：6月19日〉

　2日目は、南相馬市と富岡町に向かいます。この日は調査と交流活動が予定されています。われわれは、午前8時に貸し切りバスで福島市を出発しました。

　午前10時過ぎに南相馬市の高平小学校に到着し、全校生徒を対象に、音楽の鑑賞授業を実施しました。今回の鑑賞授業は、ゴスペルシンガーの中川誠十郎氏のオリジナルソング「天まで届け」を題材に、歌のワークショップを実施するというものでした。この「天まで届け」は、1995年の阪神・淡路大震災で被災された中川氏が、震災の復興を願って作詞・作曲した歌です。

　1時間足らずのわずかな時間で、全校児童に初めての歌を伝えるのは難しいことでした。しかし、中川氏の優しく語り掛けるレッスンに加え、学校側の事前練習が功を奏しました。子どもたちは歌詞をすでに覚えてくれていて、先生方も加わって一生懸命歌い上げてくれました。最後は校長先生も参加して、全校児童が全身を左右に揺らして、「天まで届け」「翼をください」の合唱に声を張り上げました。学生たちは、児童たちのあいだにわけ入って一緒に歌ったのです。学生たちは、当日の感想を以下のように記録しています。

◆関大生（3年生、女性）の記録[6]
　今まで自分たちが練習してきた歌を、実際に子どもたちと大合唱という形で歌った時の充実感や達成感は想像していた以上のものであった。子どもたちも一生懸命歌詞や動きを覚えてくれる姿はとても印象的であり、また、先生方も子どもたちを見守るだけでなく、ワークショップに参加していただいて、とても感激した。

　歌の交流会を経て、校長先生とお話しする機会をいただきました。校長先生は、中川氏や大学生たちの鑑賞授業への謝意を示してくださった後、「これからは自立への道を歩んでいきたい」とおっしゃっておられました。

7-8　高平小学校での交流会。先生方のご協力で全校生徒が体を動かして歌う。

7-9　シンガーの中川誠十郎氏とハイタッチする子どもたち。

　おそらく、震災からこの5年間、たくさんの団体や個人が福島県を訪問し、支援を受けられたのだと思います。われわれの活動もその一部に含まれるかもしれません。しかし、校長先生が考えておられるのは、福島の方々が

自分たちの力で、復興への道を歩むことだと思います。支援も大切ですが、自分たちでできることを見出して進めていく。特に、小学生たちには、将来を考えたときに、自立することが必要と考えておられたのではないでしょうか。

学生は、この校長先生のお話をこのように記録しています。

◆関大生（３年生、女性）の記録[7]
　震災から５年を迎えるこの時期に一つの区切りとして、支援されるのではなく、自立すべきであり、また、校長先生が来年で定年退職されるということもあり、その間に少しでも自立に向けた一歩を踏み出せるようにしたいと考えられている。そして、言い難いことだが、私たち学生が行う高平小学校への支援は一時的なものであるので、そこまで未来につながらないと話されていた。次回への福島訪問において、支援の取り組み方を考えざるを得ない話であった。

学生たちは、校長先生からとても大切なことを学んだと思います。確かに、子どもたちと学生との交流は、一時的なものです。それがいかに楽しく有意

7－10　南相馬市小高区の街。倒壊した家はほぼ撤去された様子。しかし、いまだ沈黙は続く。

7－11　国道６号線沿いの光景。放射性廃棄物などを仮置きする場所がいくつかみられた。

義であったとしても、その効果は限定的です。これからの人生を切り開いていくのは、子どもたち自身なのです。その自立を促すことこそ、大切なのです。学生も、そして私も、福島の方々に学びながら、自分たちにできることを探し、行動につなげていかなければならないのです。

　午後0時30分、高平小学校を出発したわれわれは、南相馬市を南下して富岡町を目指しました。そして午後2時に富岡町に入り、富岡町役場を見学しました。この見学では、前回の調査でお世話になった富岡町役場の職員の方が案内を担当してくれました。

　午後2時50分、富岡町の小さな公園を訪れました。この公園の一角にパトカーが安置されています。震災時、津波の発生を住民に伝えるために、この地の警察官の方はこのパトカーを運転していたのだそうです。そしてこのパトカーは、そのまま津波にのみこまれました。よく見ると、車のギアはドライブを示す「D」のままでした。震災時を伝える生々しい姿に、われわれはぐっと言葉を詰まらせるしかありませんでした。

　富岡駅前を訪れると、崩れた住宅がそのまま残っていました。壊れたガラスの中に散乱する家財道具を見ていると、当時の地震の激しさが伝わってきます。海岸べりにそびえたつ焼却施設も見学しました。もくもくと白い煙が上っています。各地で集められた廃棄物は、放射性物質を隣の分別工場で仕分けした後に、焼却処分されるそうです。富岡町には、あまりにも膨大な瓦礫がまだ残っているのです。その瓦礫を処理するという途方もない作業、そして遠い道のりが伝わってきます。

　富岡町復興推進課の職員の方からは、富岡町の現状についてもお話をうかがいました。そのお話からは、富岡町復興の困難さが容易に想像できます。除染、仕事作り、そして帰還希望者の減少など問題は山積しているからです。まず、除染は、住民の同意を得たエリアから実施するため、計画的に実施することは難しいようでした。加えて帰還困難区域の除染はまだ決まっていません。富岡町は2017年4月に帰還開始を予定していますが、帰還が進むかどうかは極めて不透明です。事実、町民約16,000人に帰還の意思についてアンケートしたところ、「帰ってきたい」と答えた町民は約12%に留まった

7－12　富岡の街。春には桜並木で有名な回廊。

7－13　震災時に破壊された家屋が残る。

7－14　富岡町の海岸近辺。かつてこの近辺は
漁港の建屋があった。

7 - 15　富岡町の海岸近辺。堤防の破壊された跡が残っている。

そうです。「わからない」と答えた町民は約30％、「帰らない」と答えた町
民は約50％です。回答者の内容をみると、「帰ってきたい」と答えた方々の
多くは高齢者で、「帰らない」と答えた方々の多くは若い人だったそうです。
そのため、富岡町は、「帰還住民をどれだけ迎えることができるか」という
問題に加えて、「まちの高齢化にどう対応するか」という問題に向き合わね
ばならないのです。

　富岡町復興推進課の方のお話では、まずは「帰ってきたい」と答えた町民
と、「わからない」と答えた町民の帰還を促そうと考えているそうです。そ
のため、居住地域には、ショッピングモールや公共施設を集中したコンパク
トシティーを整備して、魅力あるまちづくりを進めているのです。加えて、
復興関係の仕事で富岡町に在住する方々の生活環境を整えることも必要だと
おっしゃいました。「できることから取り組んでいく」という富岡町職員の
お話は、切迫した状況に向き合っていく姿勢を感じさせるものでした。この
お話を聴いた学生は、このように記録しています。

　　◆関大生（2年生、女性）の記録[8]

震災から5年経った今なお震災の爪あとが色濃く残っていて、地震や津波、原発の恐ろしさを改めて痛感した。関西の方々にも、いまだに原発避難が続いているという現実を再認識してもらいたいと思った。

3　いち早い除染を——伊達市

〈3日目：6月20日〉

最終日の3日目は、除染が先駆的に進んだ伊達市の仮置き場を見学させてもらうことになりました。

午前9時30分、われわれは伊達市を訪問しました。伊達市職員の方に車で仮置き場へと案内していただいたのです。山間の道を抜け、さらに道路わきから田園の間の細い道を縫って奥に進んだところに仮置き場がありました。人が通ることもほとんどない場所であるため、灰色の塀は簡易なものです。この場所は、土地の持ち主から無償で提供されたとのことです。

伊達市では、住民の協力で福島県内でもいち早く除染物の仮置き場が設置されました。しかし、その道筋は、決して平たんではなかったそうです。伊達市職員を取材した学生はこう記しています。

◆関大生（3年生、男性）の記録[9]
　伊達市がどんなに説得しても住民は除染に反対していた。これは行政側もびっくりな反応であった。これも住民の放射能に対する知識の薄さや除染という前例のないことに対する恐怖が原因であると言える。粘り強い説得により2011年10月から除染が本格的にスタートした。

除染までの住民との葛藤が存在したことがわかります。前例のないことでも、次の道を進むための処方箋を行政側が作成し、住民を粘り強く説得したことがうかがえます。そして仮置き場の設置が進められることになります。このプロセスでも、住民と地域コミュニティの形成が問われることになります。伊達市職員への学生の取材記です。

◆関大生（3年生、男性）の記録 [10]
　仮置き場ができるまで
　仮置き場は基本的にコミュニティ単位で集めて作る。だが、置く場所は誰か1人の土地であり、その土地は伊達市に貸すことになるので賃料が発生する。しかし、第1号の仮置き場は無償での提供であった。時間が経ち、人々の心に余裕ができたことも原因の1つであると言える。

　仮置き場は、住民の生活空間に隣接して設置されます。それゆえ、「誰かがその負担を引き受けねばならない」という議論が生じます。一方で、仮置き場を設置することで「賃料を通じて土地利用する」という考え方も生じます。そのなかで、伊達市の第1号の仮置き場は、無償での土地提供でした。「復興への一歩を願う住民の意思」と、「粘り強く説得にあたる伊達市職員の行動」が、地域の合意を生み出したのです。そして、伊達市職員は、今後の伊達市について以下のような考えを示してくださいました。これを記した学生の記録です。

◆関大生（3年生、男性）の記録 [11]
　今後の伊達市について
　30年後は人口が減っていると予想され、伊達市だけでの発展は難しいと考える。そこで、福島市との連携を行い、「仕事は福島市、居住は伊達市」というような、人が少ないからこそのメリットを生かした政策が理想である。

　この伊達市職員は、大震災という難題に直面し、現実の課題に向き合いながらも、しっかりとまちの将来像を見据えておられました。福島県での取材では、被災地の苦しみや課題をうかがうことが多いです。しかし、その話のなかに、地域活性化に向けた明確なビジョンを学ぶことも多くあります。それは、福島県に限らず、大阪や日本全国にも適用しうるものでもあります。伊達市での取材は、今後の地域活性化像を考えるうえで極めて意義深いもの

7－16　伊達市の仮置き場。県内でもいち早く
設置された。

7－17　生活空間と遮断する仮置き場のバリ
ケード。

7－18　道路わきに設置された仮置き場。住民
の理解で設置が進んだ。

でした。

　今回の取材では、もう1つ大切なことを学びました。地域の結節点としての「医師」の役割が大きいということです。1日目のNPO法人ふくしまりょうぜん里山がっこうを取材した学生たちが、地域の医師の必要性を感じ取ったのです。その学生の記録を紹介しておきます。

　◆関大生（3年生、女性）の記録[12]
　　今回の震災で一番怖いことは、放射能よりも心の病気やストレス、働かないことであった。高齢化が進む中、医者は心の支えだった。しかし、多くの医者が避難して、医師不足が深刻化している。高齢者にとって、医者は心の支えであり、病院はコミュニティの場であったはずだった。しかし、「地域を見る医者」がいなくなっては心のよりどころが失われてしまう。「心の復興」のためにも、医者は地域にとって重要な存在である。

　震災復興への大きな課題に「心の復興」がありました。地域の医療は、その大きな基盤となるのです。3日目、南相馬市ふるさと回帰センターでの取材でも、若者の帰還や移住を促進するためにも、学生たちは医者の必要性を知ることになったのです。

　◆関大生（3年生、女性）の記録[13]
　　現在、どこの地域にもあるように南相馬市でも医者不足が深刻化してきているため、常に医療系の求人が出ている。医者が南相馬市に来た場合の補助制度や、南相馬市に移住してくる若年層にも補助金のサポートがある。今後、南相馬市に若者を呼び込むためにも農業体験以外に若者が興味を持ってくれるようなイベントを考えたいとおっしゃっていた。

　6月18日から20日までの3日間。福島県で震災調査、復興支援活動を実施してきました。確かに、震災から5年、変化の兆しは感じました。そ

7 − 19　天満音楽祭。2015 年 10 月、大阪市の天神
橋筋商店街を拠点に実施された音楽イベント。関大
生は、歌を通じて福島を発信した。

れは自立へ向かう息吹を確かに感じたことです。

　交流活動を行った後、小学校の校長先生がおっしゃいました。「これから
は自立の道を歩んでいきたい」と。児童数の減少、帰還者の就業問題など難
題はまだまだあります。それでも、子どもたちとともに未来へ向かって歩ん
でいかねばならないとおっしゃいます。教育者の使命感あふれる言葉は非常
に重いものがありました。だからこそわれわれは、「失ったものを取り戻す
支援」だけでなく、「自立への支援」をしなければならないと思います。

　しかし、その一方で、立ちはだかる放射線被害の重さも心に突き刺さりま
した。富岡町では、膨大な放射性廃棄物の山を見ました。正直なところ、こ
れらをどうすればいいのか途方に暮れました。改めて、東日本大震災という
大惨事の重みを感じさせられるのです。

　福島では、たくさんの方々が除染活動に取り組んでおられます。それこそ
わき目もふらず懸命に、今の問題に向き合っておられます。生活への悩み、
募る不信感、積み上がる汚染土壌の壁、それでも模索する自立への道。われ
われは、福島で見て聴いたすべてを、大阪の地に発信することが必要だと思

います。

「どうすれば復興できるのか」

　この答えは、まだまだわかりません。だからこそ、これからも福島に向き合い、考えていきたいと思います。

注

1　取材報告書、2015 年 6 月（橋口研究室所蔵）。
2　取材報告書、2015 年 6 月（橋口研究室所蔵）。
3　取材報告書、2015 年 6 月（橋口研究室所蔵）。
4　取材報告書、2015 年 6 月（橋口研究室所蔵）。
5　取材報告書、2015 年 6 月（橋口研究室所蔵）。
6　取材報告書、2015 年 6 月（橋口研究室所蔵）。
7　取材報告書、2015 年 6 月（橋口研究室所蔵）。
8　取材報告書、2015 年 6 月（橋口研究室所蔵）。
9　取材報告書、2015 年 6 月（橋口研究室所蔵）。
10　取材報告書、2015 年 6 月（橋口研究室所蔵）。
11　取材報告書、2015 年 6 月（橋口研究室所蔵）。
12　取材報告書、2015 年 6 月（橋口研究室所蔵）。
13　取材報告書、2015 年 6 月（橋口研究室所蔵）。

第Ⅲ部　新たな課題

住民帰還へ向けて　2016年〜

第8章 帰還を目指して

―第12回調査活動記 2016年―

〔第12回活動概要〕
2016年6月16日～6月18日
参加者：学生11名、教員1名
◎福島市大波地区連合会、福島心のケアセンター、カリタス原町ベース、小高区ワーカーズベース・チャンネルスクエアへのインタビュー調査
◎南相馬市役所、富岡町役場、伊達市役所へのインタビュー調査
◎田村市都路地区の住民との交流活動

今回の活動のテーマは、「帰還」です。東日本大震災発生以来、避難生活を余儀なくされた方々は、地域によってはふるさとへの帰還を始めます。これは、地域がいま一度息を吹き返すうえで重要な道筋です。その帰還への動きを調査すべく、今回も、福島県内各地を訪れました。しかし、富岡町は、福島第一原発の影響で、放射性物質の除染作業がまだまだ続いていたのです。

大阪文化セミナーで「福島の今」を発信する大学生（関西大学千里山キャンパスにて）

1　帰還の始まった街

〈1日目：6月18日〉

　1日目は、福島県田村市での交流企画が主な目的でした。福島県田村市の都路地区は、警戒区域に指定されていた地域にあたります。この地は、2012年に警戒区域が解除され、さらに2014年に避難指示解除準備区域が解除されました。そこで帰還住民との交流会を企画したのです[1]。都路地区では、福島大学災害ボランティアセンターが、幾度も支援活動を実施してきた実績がありました。この災害ボランティアセンターの手厚いとりなしで、今回の企画が実現したのです。この企画には、前年と同じくゴスペルシンガーの中川誠十郎夫妻が参加してくれました。

　われわれは、大阪から新幹線で移動し、先行した学生たちと福島県の郡山駅で待ち合わせ、タクシーで田村市都路地区へ向かいました。山あいの道を進んでいき、田村市都路地区に到着します。街の公共施設をお借りして交流会の準備を行いました。やがて会場には、地域の方々が7人ほど集まってくれました。福島大学の学生によれば、この日は住民の普段の交流日ではなかったので、参加人数が不安だったそうです。福島大学の学生たちが、都路地区の方々との交流を大切にしてきたからこそ、これだけの方が集まってくれたのでしょう。住民のみなさんとの交流会が始まると、学生たちはまずは雑談ですごしました。和やかな雰囲気ができたところで、中川さんのコンサートへと繋がっていきます。中川さんのライブは、当初、乗り切れない方々もおられましたが、後半には手拍子などで入り込んでくれて熱気に包まれ始めました。休憩時間には、学生たちが、住民のみなさんにどんどん話しかけています。住民の方々も快く応じてくださり四方山話に夢中になって、気がつけばあちこちで笑い声がとびかいました。歌の上達も早く、中川氏のオリジナルソング「天まで届け」のワークショップも予定時間を大幅に短縮してマスターしてしまいました。みなさん、口を大きく開けて、体を動かして、歌いあげる姿をみると、そのエネルギーにわれわれのほうが驚かされます。挙

8-1　歌の交流会。中川誠十郎氏は、歌の発声にも熱心にアドバイスされた。

8-2　都路地区のみなさんは、きさくでお元気な方ばかりで、学生たちもすぐにうちとけた。

句の果てには、私のすぐ隣の女性から、「あなたがもっと声を出しなさい」とご指摘を受ける有様でした。それに学生たちも本当に楽しそうでした。

　さて、この都路地区は、福島県では住民帰還が比較的早く進んでいる地域

とされています。しかし、現地を訪れてみると、やはり過疎化と高齢化を痛切に感じました。おそらく、東日本大震災の前から問題となっていたと思います。だとすれば、今後の都路地区は、子育て層の流入を見越した住環境づくりが求められるのです。

2　帰還を目指す街

〈2日目：6月19日〉

　2日目は、南相馬市や富岡町など福島県沿岸部の調査を進めました。貸し切りバスで福島市を出発し、まずは南相馬市へ向かいました。そして南相馬市の南に位置する小高区を訪問しました。南相馬市小高区は、福島第一原発から20km圏内に位置していたため、震災直後には、住民すべてが街から避難しなければなりませんでした。そのため、この街は、震災時の姿そのままに「沈黙の空間」へと姿を変えたのです。4年前、この地を初めて訪れたときは、街の時間は震災当時のまま凍りついており、人は誰もいませんでした。沈黙の街に、大音量の音楽がスピーカーから流れ続けていたのです。そんな異様な雰囲気に私たちは、呆然と言葉を失うだけでした。

　この日も、その小高区を訪れました。小高区は、翌月の2016年7月の住民帰還を目前にしています[2]。そのためか、わずかですが活気が戻ってきていました。「カーンカーン」と建物の建築の音がこだまし、自動車の音が「ゴオー」と響く。そして人々の話し声も聞こえるようになっていました。小高区は、震災から5年目を迎えて、「沈黙の空間」からやっと復興への一歩を歩み始めたのです。

　私たちは、その小高区の復興への歩みを知るために、復興に向けてこの地で活動されているK氏にお話をうかがいました。彼は仕事をやめて故郷の小高へ戻って来たそうです。そして地域の方々を繋ぐべく、コミュニティサロンを主催されています。翌月に迫った帰還開始についてお話をうかがうと、戻ってくるのは住民の約1割で、それもほとんどが高齢者だそうです。ですから、まずはその高齢者を繋ぐコミュニティサロン作りが大切だと強調さ

8-3 国道6号線からの風景。遠くに福島第一原発の排気筒が
見える。

れました。しかし、それだけでは前には進めないと言います。若者夫婦が帰っ
てこないと10年たったら街は消滅してしまうからです。K氏は小高区の未
来に警鐘を鳴らしておられました。ですから、K氏は、小中学校の登下校ルー
トの放射線量を自分で計測して、その数値を記入したマップを南相馬市役所
へ届けているそうです。子どもたちが安心して生活できるように、そして少
しでも小高区の情報を発信したいからです。「子どもの帰還が街の復興の要」、
そう感じておられるからだと思います。街の復興を、行政や他人に委ねるの
ではなく、自分ができることに懸命に取り組む。言葉で言うことは簡単です
が、こうした地道な作業を毎日続ける住民の力は、小高区の復興には不可欠
なのです。帰還についてうかがうと、K氏は、「帰りたい人には帰らせてあ
げることが必要だ」とおっしゃっていました。住民がお互いに傷つけあうよ
り、それぞれの選択で前に進んでいけばいい。これからの歩みに必要な考え
方かもしれません。
　この日の午後、われわれは小高区を南下し、富岡町へ向かいました。富岡
町は、福島第一原発の影響で、放射性物質の除染作業がまだまだ続いていま

す。この富岡町へ向かうには、国道6号線を利用します。途中、福島第一原発の排気筒が、遠くかすかに見えます。この付近は、空間放射線量が一時的に高くなります。さらに大熊町付近にさしかかると、いまだ帰還困難区域であるため、道路わきの住居前がバリケードで封鎖されています。つまり、住民は自分の家に帰れないのです。道路わきにバリケードで閉じられた門が連なっている。その異様な光景に言葉が出ませんでした。

　富岡町役場では、富岡町職員から街の現況の説明を受けました。いただいた資料『富岡町の役割と復興への軌跡』には、富岡町民が震災直後から「3度の避難」を経験したことが記されています。まず1度目は、2011年3月11日に東北地方太平洋沖地震が発生した直後です。このとき、町民は町内の集会所や体育館に避難しました。そして翌3月12日、富岡町の西隣にあたる川内村へ避難しました。これが2度目の避難となります。そして3月16日に3度目の避難が行われます。川内村から郡山市のビッグパレットふくしまへと避難したのです[3]。この行程を改めて確認してみると、富岡町民は、震災後、ほとんど準備らしい準備もできないままに、避難を繰り返していたことが想像できます。そして思い出したのは、2011年6月の第1回福島訪問です。当時、私は、ビッグパレットふくしまを訪問し、富岡住民の女性と話しています。その女性は、疲れた表情で「富岡へ帰りたい」とおっしゃっていました。そのときの女性の姿と言葉を、この富岡の地で改めて思い出しました。

　職員の話によれば、富岡町は、2017年4月の住民帰還に向けて動き出しているそうです。富岡町の人口は、福島第二原発の運転が開始した1987年では16,172人、そして1994年には16,266人に達してピークを迎えます。それ以降、ほぼ16,000人台を維持してきました。しかし、2011年3月11日の震災のため、住民登録者数は減少し、2016年4月1日時点で、13,795人となりました[4]。現在は、帰還住民2,000人と、震災復興関連の業務で「移住」する住民2,000人をまず受け入れることを目指しています。そして、帰還を検討する住民への居住環境の整備を進めるという方策をとっているようです。そのために、岡内・曲田地区を復興中核拠点とするそうです。放射

8－4　富岡町の夜の森地区。帰還困難区域の看板が設置されていた。街の真ん中を貫く
バリケードが設置されているため、生活の営みが分断されている。

線量が比較的低く、上下水道などのライフラインが整備され、官公庁施設も
あり、交通の利便性が高いからです。この区域に、医療施設・ショッピング
センターなどを建設して、受け入れ態勢を整える計画[5]です。交流サロンは
2015年10月にすでに開設され、ショッピングセンターは2016年秋にオー
プンします。同じく2016年10月に公設医療所も開設されます。これで地
域に不可欠な医師の問題も解決へ向かいだします。そのうえで、2017年4
月の災害公営住宅の入居を開始するという計画でした[6]。つまり、復興拠点
に医療施設、ショッピングセンターなどを集約して、コンパクトシティを目
指し、帰還住民の受け入れ態勢を整えているのです。来年4月の帰還はど
のようになるのでしょうか。

　ただし、問題は、帰還困難区域の除染です。旧警戒区域の除染については、
国の管轄のため、富岡町は間接的に関わるしかないのです[7]。国が除染を進
めないとまちづくりを進めることができず、富岡町は前に進めません。富岡
町の名所、桜並木の真ん中をバリケードが貫いています。この境界線は、ど
んな意味があるのでしょうか。放射線量が大きく変わるわけでもありません。
この境界線を引いた、震災当時の決断が、これからの復興を遅らせています。
このバリケードは、いつなくなるのでしょうか。このバリケードこそ、富岡
町の復興への足かせに映ります。

　富岡町の駅前を訪れると、以前の風景とは一変していました。震災時に破

8−5　富岡町の海岸。驚いたことに、昨年に比べて除染廃棄物が激減していた。廃棄物の処理は着実に進んでいる。

壊された建物は一切なく、更地になっていたのです。駅周辺にひしめいていた飲食店や駅の建屋が完全に撤去されたため、視界を遮るものはほとんどありません。目の前には、太平洋の海が青く雄大に広がっているのです。あまりに極端な変化に驚くしかありません。もうひとつ目を奪われたのは、海岸沿いにあったはずの除染物質を集めた黒いフレコンバックの山が、驚くほど減っていたことです。もちろん、今でもおびただしい量のフレコンバックが残っています。それにしても、わずか1年で驚異的な処理のスピードでした。

　調査の最後に、役場の方々に富岡町のこれからについてお話をうかがいました。職員の方々は言います。

　「まずは、この秋のショッピングセンターのオープン、そして2017年4月の帰還開始です。再来年春には、小中学校が再開されて、子どもたちを呼び戻さなければならない」と。とにかく、1年1年の課題に向き合っていくしかありません。「目の前のことに集中するしかない」、これこそ、被災地最前線のまちづくりなのです。

今回の調査を通じてたくさんの現場を見ました。そのなかで、一番感じたことはひとつしかありませんでした。それは、「復興には、膨大なお金とヒトが投入されている」ということでした。しかし、それでも、これだけの爪痕や足かせが残ってしまうのです。そして、帰還する人があまりに少ない現状を見ていると、将来への見通しは必ずしも明るくありません。それだけ、5年という月日は長すぎたのです。この地域の復興に注ぎ込まれたエネルギーが、本当に役立ったと言える日は来るのでしょうか。

　沿岸部をみると、瓦礫はかなり撤去されていました。今回、南相馬市小高区や富岡町を実際に訪れてみて、帰還に向けて動き出していることを感じることができました。しかし、これから先、まちをどう作っていくのかという話になると、考える余裕がない状況です。まずは、目の前のことに取り組む、ということが先決なのです。「住民帰還への道筋をこの目で見たい」と考えていた学生たちにとっては、「戸惑い」と「悩み」が深まった調査でした。

注

1　福島県田村市は全域が国直轄の除染区域にあたります。面的除染は 2013 年 6 月に完了、避難指示解除は 2014 年 4 月 1 日に実施されました。『国直轄除染の進捗状況地図（2017 年 4 月 1 日時点）』環境省、2017 年 4 月 7 日。

2　南相馬市の小高区は、国直轄の除染区域にあたります。2017 年 4 月 1 日時点の状況では、面的除染は 2017 年 3 月に完了（除染への同意を得られた区域のみ）、避難指示解除は 2016 年 7 月 12 日に実施されました。ただし、南相馬市の一部地域は、いまだに帰還困難区域となっています。『国直轄除染の進捗状況地図（2017 年 4 月 1 日時点）』環境省、2017 年 4 月 7 日。

3　『富岡町の役割と復興への軌跡』福島県富岡町、2016 年 4 月、4 頁。

4　前掲書、2 頁、7 頁。

5　前掲書、2 頁、7 − 10 頁。

6　前掲書、13 − 14 頁。

7　富岡町は全域が国直轄の除染区域にあたります。面的除染は 2016 年 1 月に完了、避難指示解除は 2017 年 4 月 1 日に実施されました。ただし、富岡町の一部区域の面的除染はいまだ完了しておらず帰還困難区域となっています。『国直轄除染の進捗状況地図（2017 年 4 月 1 日時点）』環境省、2017 年 4 月 7 日。

第9章　福島第一原発の今

－第13回調査活動記　2017年－

〔第13回活動概要〕

2017年8月2日〜8月4日

参加者：学生18名、教員1名

◎ＮＰＯ法人子育て支援グループこころ、NPO法人つながっぺ南相馬、おだかぷらっとほーむ、双葉屋旅館、株式会社小高ワーカーズベース、さくらモールとみおかへのインタビュー調査

◎福島県農産物流通課、福島県農業総合センター、福島大学、富岡町役場へのインタビュー調査

◎北沢又復興公営住宅での交流活動

◎東京電力福島第一原子力発電所の視察

2017年、住民帰還が沿岸部の各自治体でも次第に始まりました。その帰還の実態を調査するために福島県を訪問しました。福島市の復興公営住宅での交流活動や南相馬市小高区での帰還状況の取材、福島第一原発の見学などを通じて、われわれの認識は大きく変わることとなりました。

東京電力福島第一原子力発電所

1　コミュニティは移設できない

〈1日目：8月2日〉

　震災復興にむけた調査活動も今回で6年目。正直に言えば、よく今まで続いたものだと思います。この3日間もぜひ、実り多くしたいものです。

　8月2日の早朝、われわれは神戸空港から飛行機で仙台空港へ向かいました。仙台空港からは電車を乗り継いで福島駅へ向かいます。実は、こうした飛行機の手配や宿泊地の確保、それに取材先の選定や交渉は、すべて学生自身が行います。被災地での活動を自主的に実施してもらうためには、学生たちがその準備過程から積極的に関与することが必要との判断からです。学生たちは、私のそうした意図を理解して、周到に準備を進めてくれました。

　午前11時15分、福島駅に到着すると、私は、さっそく駅近辺の除染情報プラザへ向かいました。驚いたのが、施設名称が「環境再生プラザ」に変更されていたことです。なるほど、「次の一歩」へ向けた施設へと姿を変えたのかと感じさせられます。施設内を見学すると、除染廃棄物の中間貯蔵施設への搬入がすでに始まっていると報告されています。このことにさらに驚きました。ただし、中間貯蔵施設は、まだ完成していません。ですから、施設の建設と同時並行で廃棄物を運び込んでいることになります。その成果でしょうか、いくつかの市町村は今年度の目標搬入量を達成したようです。しかし、これから5年間で搬入量はどんどん増えていくことを考えると、先行きに不安も感じます。道路渋滞や自治体間での搬入量の調整などを考えると、課題は山積みではないでしょうか。

　そして午後0時20分、学生と一緒に交流企画の会場へと向かいました。午後1時10分、福島市北沢又の復興公営住宅に到着しました。この団地には、仮設住宅から新たな生活を求めて居を移された方々がいらっしゃいます。入居は2017年2月からスタートですから、わずか半年前の話になります。施設の職員にうかがうと、もともとのお住まいは浪江町の方が多いそうです。とはいっても、この住宅に住んでみて初めて「お隣さん」になったケースも

多いということです。つまり、いくら住んでいた地域が同じであっても、旧知の仲とは限らないのです。ですから、この住宅環境のなかで、新しいコミュニティを作ることが大事になるのです。つまり、浪江町という「まちごと」で居住区を移設しても、コミュニティが維持されるとは限りません。「新たなコミュニティづくり」という目に見えない問題が、ここでも浮き彫りになっていたのです。そのためにも、今回予定している歌の交流会が、住民の方どうしの交流のきっかけになってほしいと願います。

　われわれは、関係者にあいさつして住民の交流スペースをお借りして、歌の交流会の準備に取り掛かりました。とはいっても、大阪からみれば遠隔地での音楽イベント実施の場合、その機材はレンタルとなるケースが多くなります。今回は、そのレンタルの音楽器具の具合が悪く、開始が遅れるという事態が発生しました。シンガーの中川誠十郎氏は、焦りはあったかもしれませんが、落ち着いた的確な対応で無事コンサートは実施されました。開始が遅れたこともあり緊張の雰囲気で始まったものの、時間を経るにつれて、冗談と笑顔が入り交じって、気が付けば打ち解けていきました。「天まで届け」、「上を向いて歩こう」など、3曲のワークショップは予定どおり実行できました。参加者の方々も大きな声で歌ってくれて、楽しい時間を過ごしてくれました。歌の交流会を企画・実施した学生は、以下のような感想を記しています。

◆関大生（3年生、女性）の記録 [1]
　○交流会を通しての感想
　交流会を通して感じたことは、やはり歌の持つ強いパワーである。これは、人から人へ伝わるもので、歌詞や曲のひとつひとつにその作者や歌い手の気持ちが込められており、それを理解したうえで幅広い年齢層の多くの人と一緒に歌うということに、人がつながるときにしか味わえない温かい絆を感じた。

　また、私個人としては正直なところ、歌の交流会は関西に住む私たちが一方的に、福島に住む人々に元気を与えることが目的のボランティア活動

であると思っていた。しかし、実際に歌の交流会を行ってみて、こちらが大学生として力強く歌うよりも多くの参加者の方々の福島への想い、住民同士これから共に前に進もうという気持ちが、それを伝える言葉が無くとも伝わってきた。これにより、地域の復興を目指し活動する方々への取材とはまた別な、日常生活を送るうえでの人と人との間に存在する温かさを確かに感じた。特に、あるご夫婦の旦那様は少し小さな声で歌う一方、奥様は軽い雰囲気で歌っていらした。しかし、終始お二人は互いに歌詞を確認し合っていた。その様子は二人が違うキャラクターでありながら、今までもそしてこれからも支え合い、綺麗ごとではなく愛するという感情が人と人を結びつけているのだと、素直に思った。

学生が、福島の方々のために行動を起こすことはもちろん大切なことです。しかし、それだけでなく、福島の方々が、居住環境が目まぐるしく変化するなかでも、助け合って生きていこうとする力強さを肌で感じることも大切なことだと思うのです。

2　95%は普通に歩けます――福島第一原発の見学

〈2日目：8月3日〉

1　帰還の足音――南相馬市小高区

2日目、われわれは貸し切りバスで、南相馬市へ向けて福島市を出発しました。

まずは南相馬市小高区を訪問しました。小高区では、住民帰還はすでに始まっています。そのためか、まちの雰囲気も明るく感じます。さっそくわれわれは、地域で復興に尽力されているK氏を取材しました。実は、K氏には昨年も取材しています。去年に比べると、気のせいか表情が穏やかになったように感じました。それが、帰還が始まっての「安堵感」なのか、それとも「疲れ」なのかはわかりません。K氏のお話では、いま2,000人が小高区に帰ってきたが、その多くが高齢者で占められているそうです。それでも、

高校生が 500 人近く帰ってきたというお話は明るいニュースでした。子どもの帰還者の少なさは深刻ですが、小高区の未来は、まだまだ注目しなければなりません。小高区を取材した学生は、以下のような記録を残しています。

◆関大生（3年生、女性）の記録[2]
　○小高での「日常」への問題と「日常」を感じる幸せについて
　原発事故の影響はもとより、震災以前から小高で問題となっていたことが少子高齢化である。地域の活性化のために最も必要とされる力が若年層であり、特に子育てや働き手という点において、小高に不可欠であるといえる。しかし、幼い子どもをもつ親の本音としては、安全が確立されていない圏内での生活には、わが子の健康を思うことによる隠せない不安が生じている。また、それは専門家やプロでさえも放射線量の基準やその安全の定義において、各自が異なる見解を示していることも一要因である。さらに、震災発生時は数日程度の避難ののち、また小高での生活を送れるだろう、と思っていたにもかかわらず、その何倍もの期間である約7年にもわたる、福島県外や南相馬市外といった避難先での日々が、小高への帰還を阻んでいることは決して否定できない。加えて、小高にはスーパーやコンビニエンスストアなどはほとんどなく、病院はあるものの処方箋をもらうための薬局がなく、わざわざ隣の原町区へ足を運ぶ必要がある。
　一方、今年4月からは幼稚園や小学校などが再開され、幼稚園児から高校生を含む小高に通学する子どもの数は約600人である。新入生が非常に少なく、幼稚園に関しては、年少の園児が1人もいないという現実もあるが、元気にランドセルを背負いながら友達と歩く子どもたちの姿は、Kさんをはじめとする小高を支える大人たちに勇気を与えてくれそうだ。また、「インフラや公共施設も少しずつではあるが回復しており、帰還者の方々はそれなりの生活を過ごしている」とKさんは話された。震災時、被災状況や避難情報を最も知る必要のあった小高ではその情報源となるラジオの電波が届かず、情報を得る術がなかったという。
　子どもたちの元気な姿やガス、水道、電気が不自由なく使える環境といっ

た「日常」を過ごすことがKさんは非常に素晴らしいと感じており、お話を聞くにつれて自然と、<u>何気ない日常に対して人は幸せを見出すべきであると実感できた。</u>

小高区では、復興へ向けて前向きに取り組む姿も取材しています。小高ワーカーズベースは、2014年5月に立ち上げられた事業所で、小高区の帰還住民に対して暮らしを支えるべくビジネスを展開しているそうです。その小高ワーカーズベースから生まれたビジネスのひとつとして、「HARIOランプファクトリー小高」という手作りガラス工房があります。このファクトリーでは、地域の女性がアクセサリー製造の技術と職とを得ることができます。小高ワーカーズベースのビジネス展開を取材した学生は、以下のように記録しています。

◆関大生（3年生、女性）の記録[3]
○被災地発信の商品の変化
以前は、被災地から発売される商品は義援金に代わるものといった要素が強く商品の価値そのものの評価は二の次という場合が多かった。しかし現在そういった状況に変化があるとWさんは言う。HARIOのアクセサリーのような高い品質の商品は、被災地の手作り品という情報を伏せて販売される。ガラスアクセサリー自身に魅力を感じ、手に取ってもらう段階にある。ビジネスとして展開していくうえで、継続した顧客の獲得は不可避である。義援金代わりの商品購入であれば継続は期待できない。それゆえにHARIOでは通常の商品と同じ形でアクセサリーが販売される。<u>私はこのお話を聞いた際に、本当の復興はこういったところから始まるに違いない、といった確信を持った。</u>

続けて、この取材を以下のようにまとめています。

◆関大生（3年生、女性）の記録[4]

○まとめ

Wさんは取材の後半に「小高はある意味で一度ゼロになった場所である。何もなくなったかもしれない。でも、見方を変えればすべてを始められる場所である。ここは何かが始まる日本で唯一のフロンティア。無限の可能性がある」とお話しされていた。

私はこの『フロンティア』という言葉にはっとした。まさにWさんは今、小高を開拓しようとしている。HARIOランプファクトリーの経営形態を見ても、それは従来にはなかった要素が詰め込まれている。女性の働きやすさを追求したこのような形態による産業がさらに評価されれば、小高からはじまったものが全国に展開される可能性もある。つまり小高で実践したことがよい例となり、全国へ広がることも期待できる。

「100の課題から100のビジネスを」というスモールビジネスの創出が日本のさまざまな産業を変えていくかもしれない。その時に小高のフロンティアの役割が果たされるのではないかと思う。

住民帰還が始まった小高区。課題を残しながらも、一歩一歩、まちづくりを進めています。これからも復興への歩みを見つめたいと思います。

2　福島第一原発へ

午前11時40分、小高区を出て、福島第一原発を見学するために富岡町へ向かいました。道すがらバリケードで塞がれた住宅が続く大熊町の光景には言葉を失うしかありませんでした。

午後0時20分、富岡町の旧エネルギー館へ入り、東京電力の方々と顔を合わせました。まずはセミナールームへ案内してもらい、免許証で本人確認を受けます。

午後1時、セミナールームで、東京電力の職員から福島第一原発の施設説明や廃炉への工程などを詳しく説明していただきました。印象深かったのは、「95％は普通の服装で歩くことができます」という言葉でした。私は、福島第一原発の構内については、防護服を着なくてはならず、数時間しか構

9－1　セミナールームで施設の概略説明を受ける。

内に留まることができない、そして除染や廃炉の作業が遅々として進んでいないと理解していました。ですから、意外な言葉だったというほかありません。その意味で、除染や設備の復興は確かに進んでいると感じました。続いて、「また、来年もこの施設を見に来てほしい」という言葉も心に刺さりました。福島第一原発の廃炉作業が、「実際に」どれだけ進んでいるのかを自身の目で確かめてほしいというのです。確かに、言葉での説明だけでは福島第一原発の今は伝わりません。実際に、来て見て判断してほしいというメッセージなのでしょう。

　午後２時前から第一原発へ向け移動を始めました。ここからはカメラ撮影はできません。構内に入るには、入退域管理棟で一時立入者カードが貸与され、厳重な身体チェックを受けます。そこで、入構前時点でのわれわれの被ばく放射線量を事前に調査します。第一原発の視察後に被ばく状況を確認するためでした。このような検査機器は、もちろん体験したことはありません。それにしても、われわれは、見たこともない設備を次々と通過します。まるで、宇宙飛行にいく映画のような体験でした。

　入構検査が済むと、われわれは専用バスに乗り込んで構内をめぐります。

9－2　施設入構前に職員から見学前の説明を受ける。

　まずは、至る所にある巨大な貯水タンクが目に飛び込んできます。それに凍土壁とその上を走るパイプラインが生々しい姿をさらしています。しかし、圧巻は、第一原発１号機が眼前に現れたときでした。爆発で損壊した鉄骨やコンクリートが、むき出しで天に伸びている姿には息を呑むしかありませんでした。すぐ隣の２号機は、巨大な青色のシートで囲まれて中は見えません。そしてバスは、坂をグルグルと下って、２号機と３号機の間を通り抜けます。このときだけは放射線量が一気に上昇します。つまり、このエリアが、「95％に含まれないエリア」なのです。窓ガラス越しに見上げた３号機。水素爆発時の姿そのままで、激しく損壊した姿をむき出しにしていました。もちろん、この場所は普通の服装では歩けません。「ここ」を処分できるかどうかが、福島第一原発の廃炉作業の大きな壁になることは、誰の目にも明らかでした。

　構内の視察が終わりました。バスから降りると、早速、全員が被ばく線量検査を受け、その数値を確認させてくれました。入構前と入構後とで放射線被ばくの影響がないことを、数値で確認させてもらったのです。午後４時ごろ、再びセミナールームで、東電の方々と質疑応答を行いました。私は、原

発廃炉の厳しさ、そして原発事故を踏まえて何を教訓とすべきかを問いました。

　原発の見学を終えてやはり強く浮かんできたのは、第一原発敷地内の「95％は普通の服装で歩くことができます」という言葉でした。確かに廃炉作業は進んでいます。しかし、問題は、残された「5％」です。本当にこの「5％」を解決できるのでしょうか。福島第一原発の問題の大きさを、われわれは、いま一度認識する必要があるのです。

　福島第一原発を視察した学生のうち、3名の記録を記します。1人目の学生の記録です。

◆関大生（3年生、女性）の記録 5
　○福島第一原発と、道中で見た光景
　2日目午後に訪れた福島第一原発やその道中で見た光景は、すべてが本当に衝撃的で私の記憶に深く刻み込まれました。道路沿いの店は、天井がそのままだったり、商品がそのまま残されていたりと、地震発生時のままそこだけ時が止まっているようでした。また、草が大型バスの窓まで届くぐらいに成長し、ツタが民家や車を覆うほど生い茂っていた様子からは、地震からそれだけの年月が経ったのだと感じました。建物が壊滅的な被害を受けたわけではなく、民家もそのまま残っているのに住民たちは帰ることができない、放射能という目に見えないものによって規制されているその土地からは、とても異様な雰囲気を感じました。帰る場所はあるのに帰れないという事実を目の当たりにし、とてももどかしくなりました。

　原発視察では、女の子が参加するのが珍しいという雰囲気があったのが少し驚きで、それほど放射能は人体に影響を与えるものであるという認識なのだと思いました。しかし、構内ではバスからはマスクもせず普通に視察でき、軽装の作業員の方は普通に歩いていました。総被ばく量も、歯科医院でのレントゲンと同量ということで、そこまでクリーンな現場になっていることが驚きでした。放射能が危険なものであることは間違いありませんが、実際ここまで回復しているという現状を、もっと日本国民に知っ

9－3　福島第一原発の構内。大量の貯水タンクが見える。

9－4　福島第一原発の構内。前方に福島第一原発２号機が見える。

てもらいたいです。

２人目の学生の記録です。

9−5　施設見学後、被ばく線量検査を受け安全確認をし、詳しい説明を受けた。

◆関大生（3年生、女性）の記録[6]

　2日目の午後からは福島第一原子力発電所の視察へ向かいました。原発に向かうバスに乗っていてまず驚いたのは黒いビニール袋に入った汚染物が積み上げられた光景です。あれほど多くの汚染物がまちの中に置かれていることに衝撃を受けました。そして、立ち入り禁止区域に入っていくと衣料店などが震災当時のままになっていて時が止まっているようでした。なかには窓ガラスが割れている店もあって震災の衝撃の大きさを感じました。原発に行く前に受けた説明では、現在では約95％のエリアに防護服なしで入ることができるとおっしゃっていました。それほど多くのエリアに防護服なしで入ることができると思っていなかったのでとても驚き、作業は着実に進んでいるのだなと感じました。たまり続けている汚染水の問題については、社会的影響も考慮しなければならない難しさも感じました。そして今一番の問題である燃料の取り出しについては、アメリカのスリーマイルアイランドでは11年という期間が取り出し完了までにかかっているということで、長い時間をかけてゆっくり慎重に行っていかなければならないと知りました。

　その後、原発とその周辺をバスで見学して、原発を本当に近くで見ることができました。実際に近くで見ると、津波によって流されてきたと思われるがれきがまだ残っており、衝撃が大きかったです。また、原発と海が本当に近く驚きました。海の近くにあるタンクがへこんでおり、津波の衝

撃の大きさを感じました。

　原発を見学してみて、テレビなどで見るだけでなく実際に自分の目で見てみないとわからないことがたくさんあると知りました。復興が進んでいる部分、復興にはまだまだ時間がかかる部分、どちらの面も知り、本当に貴重な経験になりました。

3人目の学生の記録です。

◆関大生（3年生、男性）の記録[7]
　訪問前、私は福島第一原子力発電所の視察を一番の楽しみとしていた。テレビでしか見ない原発で震災当時何が起き、復興へ向けてどのように歩んでいるのかを感じられる場所だと考えたからだ。実際、原発を目の当たりにすると、震災、あるいは津波がもたらした被害がどれほど大きかったのか、6年経った今でも感じることができた。1号機は外壁が外され、中が露わになっていたが着々と廃炉に向けて進んでいるのがわかった。ただ3号機に関してはいまだに水素爆発による建屋崩壊の爪痕が生々しく残っており、その悲惨さのあまり言葉が出なかった。また、原発内において雨水が地中に浸透して原子炉建屋内に流入するのを防いだり、敷地内の放射線量を下げるためにフェーシングという手法により一面がコンクリートの壁になっていた状況を見て、見えない脅威は本当に怖いと感じた。しかし、フェーシングにより原発内の放射線量が大幅に低下し、敷地の約95％を簡易マスクと通常の作業服で歩けることに少し安堵したとともに、自分が原発の現実をどれだけ知っていないのかを痛感した。専門用語が多い原発だが、視察するにあたってこの機会をより有意義なものにするため、少しでも原発について勉強しておくべきだったと本当に後悔した。したがってこれを機に原発について学び、廃炉への歩みを見届けたいと思った。

3　まちににぎわいを取り戻すために——富岡町の視察
学生たちは、富岡町も訪問させていただきました。富岡町では、ショッピ

ングセンター「さくらモールとみおか」を取材しました。富岡町は、住民帰還を目指してまちづくりを進めています。その生活拠点が機能しているかどうか、住民の生活環境を知るためです。

取材した3名の学生たちの記録からは、さくらモールとみおかの関係者だけでなく、富岡町に住む住民の声も伝わってきます。

3人の学生の記録です。

◆関大生（3年生、女性）の記録[8]
　○さくらモールとみおか
　さくらモールとみおかは、6つのテナントと7つの事務所を含む震災後初のショッピングモールです。

　コインランドリーやクリーニング施設も新たに加えられています。今は、富岡町で仕事をする作業員の方が昼食時に多く利用しているそうです。取材時にも多くの人が訪れており非常に活気があふれていました。地元の方々も利用しているということでしたが、まだまだ富岡町に帰ってきている人が少なく、公式に数えられているのは192人ということでした。

　お話をおうかがいしていく中で、このような新しい建物の建設はとても難しいのだなと感じました。多くの人が富岡町に帰ってきてほしいという願いを込め、また帰ってきた人が困らないように作っても、利用する人がいなければ意味がありません。来年度からは、富岡町での学校の再開も予定されているそうですが、子どもが少ない今、実現は難しいのではないかと思いました。

　しかし、地元の利用者の方にお話をうかがったところ「やはりふるさとはいい」とおっしゃっていました。モール内には、衣料品店やレストランなどがないため多少不便な部分があるものの、ふるさとのよさには代えられないそうです。「ふるさと」という言葉について考えさせられる取材でした。

　2人目の学生は、ショッピングモールで出会った住民の言葉を伝えていま

す。

◆関大生（3年生、女性）の記録[9]
「何もありません、大阪の人にも、世界中の人にもいっぱい助けてもらったから」

　そう涙ながらに話してくれた、富岡在住の方の話は、思わず私も涙してしまうほど、強烈に響いた。私は2日目、復興の象徴である、富岡町のさくらモールへ取材にうかがった。そこで私がドラッグストアで買い物されていた女性に話をうかがい、「関西の学生になにかしてほしいことや、訴えたいことはありますか？」と聞いたところ、冒頭のセリフが返ってきた。「まだ震災を思い出すと涙が出る」と言いながら、「大阪の人もありがとうね」と言ってくださった。なぜ、とても大変だったのに、ほかの人への感謝が一番初めに出るのかと、なんとも言えない感情に陥ったことは、深く心に刻まれている。

3人目の学生は、富岡町の印象を次のように記録しています。

◆関大生（3年生、女性）の記録[10]
　さくらモールとみおかの管理を任されているAさんをはじめ、さくらモールでお店を営業している方、利用しているお客さんの声を聞いて思ったことは、避難指示解除からわずか4カ月であるということもあり、必要最低限の生活はできるようになったものの、帰還するには難しい環境であるということです。現状の富岡町には若者や主婦に人気のカフェや衣料品店などはありません。現在の避難先でそれらの環境が充実していれば、若者は帰還にためらうのではないかと思います。しかし、あくまで現在の帰還の難しさであり、JRが開通すれば自然と帰還者数は増加するだろうし、そうなれば帰還した事業者が再開させるかもしれません。さくらモールとみおかの利用者に作業員が多いということからも、復旧に向けた作業が進められていることがわかります。

そう考えると、富岡町にはまだまだ未来があり、これからなのだと思いました。

　富岡町にも、富岡町復興のために活動している人たちがいます。未来をみている人たちがいます。その人たちの考えや思いをうかがうことができたことは、これからの生き方に強く良く影響していくと思います。

　とても貴重な時間を過ごすことができました。

3　福島を伝える

〈3日目：8月4日〉

1　原発と風評被害

　調査最終日の8月4日、学生たちは福島県の風評被害の実態を調査するために、農業総合センターを取材しました。その調査を、学生たちは以下のように記録しています。

◆関大生（3年生、女性）の記録[11]

　私は農業総合センターで取材を終えた際、風評被害の払拭の難しさを改めて感じた。Yさんのお話ではアンケートによれば、日本において2割の人たちは安全性が確認された商品であっても福島県産であれば手に取ることはないと考えているという結果であった。

　農林水産物の1点1点を検査する体制を持つ場所は世界のどこを探しても福島の他には無い。しかし、原発事故のイメージのみで離れてしまうのが現実である。

　Yさんは「日々口にするものについて気に掛けることは当然であり、風評被害がゼロになることはない。福島県産を手に取らない人が悪いわけではない」とお話しされていた。ただ、「福島県の食や福島そのものを知る人が増えることで様々なことが変わってくる。県外からくるあなたたちのような大学生からたくさんの人に自分の言葉で伝えていってほしい」という言葉があった。私は福島の食と向き合い、自らが様々な発信をされてい

る方だからこそ生まれる言葉であると感じた。

　私自身も福島県を３度訪問し様々な角度から様々なお話を聞くことで、現在の福島の輪郭がようやくつかめてきたという実感がある。それを福島から離れた関西地方やその他の地方の人に理解してもらうことは非常に難しい。風評被害の原因はそのような理解の浅さが原因であると考えられる。私は福島の食の安全性を理解してもらうこと、些細なことでも福島について知ってもらうこと、それが風評被害の解消につながってくるのではないかと思う。そのためにも今後福島に関わり、発信する人が多くなることが課題である。

2　福島を伝えるために

2017 年の福島県調査活動も無事に終えることができました。福島県を現地で見た学生たちは、その「今」を十分に吸収したようです。

参加学生のうち、３名の感想を以下に記します。

１人目の学生の記録です。

◆関大生（３年生、女性）の記録[12]
　○福島訪問を終えた感想

　どの取材を通しても、また県庁や福島大学の方との交流会を通しても、みなさん「福島が好き」「福島のために何かしたい」という熱い想いがあると感じました。福島訪問をする前は、東日本大震災の場所、復興中の場所、というイメージが強かったです。しかし訪問後は、食べ物がおいしい場所、人が優しい場所、復興が順調に進んでいて栄えている場所、というイメージに変わりました。私自身、震災を経験していないのもありますが、どこか他人事のように思っていた震災が、他人事でなく自分も関係者になったような気持ちになりました。私も福島のためになにかしたいと考えるようになりました。原子力発電について、震災について、福島について、たくさん知識と経験が増えました。そして関わった人の価値観や考え方を知り考えの幅が広がりました。福島に行けてよかったです。

2人目の学生です。

◆関大生（3年生、男性）の記録[13]
　私がこの福島訪問で一番驚いたことはお話を聞かせてもらった何人もの人が「大阪に帰った時に福島のことを良かったって言うのではなくて、実際に福島に来てみて思ったことを伝えてほしい」という声が多かったことです。普通は、福島に来てくれる人を増やすには福島の良いところを伝えてほしいものだと思うのですが、見たことをそのまま伝えてほしいということは、現状を多くの人に知ってもらいたいと思う人が多いということです。福島に対するイメージは当初のものとはたいぶ変わりました。私たちが大阪で福島についてのリアルな声を発信することはもちろん大切だと思いますが、実際に福島を訪問して目で見て感じてほしいというのが今一番の考えです。

　3人目の学生は、福島県の活動を振り返ってこんな記録を残してくれました。

◆関大生（3年生、女性）の記録[14]
　2日目は、おだかぷらっとほーむ、富岡町のさくらモールとみおか、そして夜の福島県庁の方々との交流会。本当にたくさんの方々とお話できたなあと、いま思い返してもすごく充実した1日だったと感じます。2日目、もちろん1日目も含めてですが、通して感じたことが、福島県の方々の、今自分がなにをするか、という考えがそれぞれにあってそれぞれに違うものだなということです。
　一人ひとりの考えが違うなんてことは当たり前なんですけど、どうしても「被災者」としてひとくくりにしてしまう部分があったのではないかと自分が恥ずかしくなりました。おだかぷらっとほーむのHさんのように、自分がいまなにをすべきか考えたうえで農業をはじめたり、おだかぷらっとほーむのような町の人が集まることができる場所をつくる方がいたり、

震災がきっかけで福島県庁に戻り県庁で働きはじめた方がいたり。富岡町では、「時間はかかるかもしれないけど絶対にみんな戻ってくると思うから」と、帰還してきたおばあちゃんがいたり、もちろん帰還しないという選択をした方も多くいて。どの選択も間違いでなく、それぞれのものなんだと感じました。

　福島訪問を通して一番学んだことは、やはり足を運んで、実際に話を聞くことが大切だということです。何においても、これを忘れずにいたいです。また、今回出会った方々とのご縁も切らさずずっと発信していくものにしたいです。そして福島県のことを関西で発信する活動を全力でサポートしていきます。

注

1　関西大学橋口勝利ゼミ 福島訪問報告書、2017 年 8 月 7 日（橋口研究室所蔵）。
2　関西大学橋口勝利ゼミ 福島訪問報告書、2017 年 8 月 7 日（橋口研究室所蔵）。
3　「小高ワーカーズベース取材報告書」、2017 年 8 月 17 日（橋口研究室所蔵）。
4　「小高ワーカーズベース取材報告書」、2017 年 8 月 17 日（橋口研究室所蔵）。
5　「橋口ゼミ福島訪問レポート」（橋口研究室所蔵）。
6　「橋口ゼミ福島訪問レポート」（橋口研究室所蔵）。
7　「福島訪問の感想」（橋口研究室所蔵）。
8　「橋口ゼミ福島訪問レポート」（橋口研究室所蔵）。
9　「福島訪問について」（橋口研究室所蔵）。
10　「取材報告書」（橋口研究室所蔵）。
11　「農業総合センター調査報告書」関西大学政策創造学部橋口ゼミ、2017 年 8 月 17 日（橋口研究室所蔵）。
12　「福島訪問についてのまとめと感想」（橋口研究室所蔵）。
13　「福島訪問を通じて」（橋口研究室所蔵）。
14　「橋口ゼミ福島訪問レポート」（橋口研究室所蔵）。

第10章 復興まであと何年？

－2018年の調査活動記－

第1節 スタートか停滞か

－第14回調査活動記 2018年3月－

〔第14回活動概要〕

2018年3月29日〜3月30日

参加者：学生3名、教員1名

◎飯舘村教育委員会へのインタビュー調査

◎浪江町、富岡町への調査（ボランティアガイドの案内）

2018年は2度にわたって福島県を訪問しました。まず3月は3名の学生とともに、飯舘小学校、飯舘村の除染状況、浪江町牧場、浪江町の家屋などを見学しました。1日目は福島大学の鈴木典夫先生、2日目は現地ボランティアの方が案内してくださいました。

「いいたて村の道の駅までい館」（飯舘村）

1 飯舘村、新たな一歩へ

〈1日目：3月29日〉

3月29日午後1時、福島駅で福島大学の鈴木典夫先生、そして福島大生たちと合流しました。ありがたいことに、鈴木先生がワゴン車をわざわざ運転し、しかも丁寧なガイドまで買って出てくれました。これまでもそうですが、福島大学災害ボランティアセンターのご協力がなければここまでの活動はできなかったと思います。

午後2時30分、飯舘村の道の駅に到着しました。この近辺の除染はほぼ終わっており、線量計をみても、毎時0.06マイクロシーベルトの水準にまで下がっています。駐車場には、車が幾台も停まっており、賑わいもまずまずといったところです。道の駅の売店では、地域の野菜まで売っていました。飯舘村の方々が、自分たちのできる範囲で、野菜づくりに取り組んでおられることを感じます。この野菜が少しでも売れてくれることを祈るばかりです。

鈴木先生の案内で飯舘村内の帰還困難区域を案内してもらいました。山奥のその境界線まで来てみると、確かにバリケードが道を分断しています。この近辺には、減容化施設もありました。これは、廃棄物に含まれる可燃物を焼却することによって、処分量を削減（減容化）する施設です。

午後4時ごろ、飯舘村役場を訪問し、教育委員会の方に取材させてもらいました。役場近くには、小学校が建設されています。村内の3つの小学校を統合して、この地に新しい小学校を建設しているのです。完成は間近で、翌4月の新学期に向けて急ピッチで進行している、という雰囲気でした。グラウンドもサッカーコートが二面も設置されており立派なものです。近くには、村の役所や老人ホームなどが近接しており、コンパクトシティを目指していることがわかります。ただし、機能を集約している様はわかりましたが、周囲を見渡すと人がいません。見たところ、買い物をする店がないようです。小学校が開校して、住民が集まり始めたときに、村の居住環境としてどう機能させるか、これからも解決すべき課題は、まだまだあるようでした。

10 - 1　完成間近の飯舘小学校。　　　　　10 - 2　本日で最後を迎える仮設住宅。

　飯舘村での取材を終えて、われわれは、鈴木先生に福島市内の仮設住宅を
案内してもらいました。先生によれば、この仮設住宅は、本日で最後という
ことです。仮設住宅の方々がそれぞれの住まいへと居を移されたため、この
仮設住宅はその役割を終えたのです。時間は午後6時ごろで周囲も暗くなり
始めました。近辺には、仮設住宅の部屋の光が、ぽつりぽつりと灯りだしま
した。人気のない仮設住宅の静寂が周囲を包んでいます。震災以来、いくつ
もの仮設住宅を訪れましたが、いつも耳にしたのが、「いつまでこの生活が
続くのだろう」という言葉でした。ですから、このような場面に立ち会うと
感慨深いものがこみあげてきます。

　今回案内してくれた福島大生は、この仮設住宅でこの日まで住民と一緒に
住み続けたそうです。当初は、住民とぎくしゃくした関係もあったようです
が、次第に馴染んでいったそうです。そういえば以前、福島大生から「いる
だけ支援」を実施しているという言葉を聞いたことがありました。学生自身
が、仮設住宅の住民と一緒に住むことで、仮設住宅の方々と交流し、住民と
一緒に卓球したり談笑することで、コミュニティ形成を支援する。そんな支
援活動です。学業やプライベートなど大学生活を抱えた若者が、その時間を
すべて捧げて一緒に住み続ける。学生にいくら自由があるといっても、ずっ
と一緒に住み続けるというのは、並大抵な覚悟ではできません。住民の方々
は、ふるさとも違えば世代も違います。それに、複雑な思いを有する方々と
の共同生活は、学生にとって目に見えない苦難もあったと思います。それで

も、「仮設住宅の方々の役に立ちたい」という福島大生の想いは、尊敬すべきことだと思います。そしてこの最終日を迎えたのです。この学生に聞けば、この最終日、住宅の方々の誘いでこれから食事に行くそうです。学生の熱意が住民に伝わった証拠でしょう。

2　命の選択

〈2日目：3月30日〉

2日目は、午前6時15分に路線バスに乗って福島駅を出発して、南相馬市へ向かいました。約2時間の乗車ののち、午前8時15分にJR原ノ町駅に到着しました。駅前近辺の街を少し歩くと、コンビニエンスストアや喫茶店、バーなどが次々に建ち並び、普通の地方の街の雰囲気に見えました。駅を見ると、何人もの人々が乗り降りしており、これも普通と変わらないようです。

午前10時ごろ、原ノ町駅近辺のレンタカー営業所でボランティアガイドと合流し、自動車で南相馬市を南下して調査を始めました。国道沿いの農地は除染が進んで、1つ2つ、ショベルカーが見えます。ガイドさんの話によれば、除染が済んだ後は、地主である農家が、農業を続けるかどうかを選択することになるそうです。しかし、農業のコストを考えると、実際には再開は難しいそうです。むしろ、企業が大規模農業を営むしか方法はないのではないか。そんなことすら考えてしまうのが現状です。

南相馬市の小高区近辺に入りました。ガイドさんにお話をうかがうと、小高区は帰還開始から1年3カ月たったものの、子どもの帰還は進んでいないそうです。この地域の4つの小学校は1つに統合されましたが、在校生は80名ほどに留まっているそうです。これは、避難先からの登校が困難なことが一因のようで、在校生の何人かはスクールバスで通っていると言います。「もしかすると、この震災の一番の被害者は子どもたちかもしれない」というガイドさんの言葉が強く印象に残りました。

午前10時40分、ガイドさんに「希望の牧場・ふくしま」を案内してい

10－3　震災後の被害が残る
家屋。

10－4　請戸漁港
の展望台。

10－5　富岡町の夜の森地区。

ただきました。小高い丘から見渡すと、高原に広がる芝生を黒い牛が闊歩し
ています。牧場長の話によれば、300頭の牛を飼っているそうです。この牧
場は、浪江町と南相馬市の境界線にあり、それがこの地の牛や豚の命運を決
めたそうです。震災直後、全町規模で避難を命じられた浪江町の畜産家は、
牛や豚を置き去りにしたまま避難せざるをえませんでした。そのため、取り
残された牛は脱走しますが、鎖で繋がれた牛は餓死するしかありません。そ
して放射性物質に汚染された豚は殺処分になったそうです。対照的に、猫や
犬などは避難させることができたといいます。つまり、牧場長は、ここで「命
の選択」があったというのです。

　除染活動にも大きな課題があるようでした。牧場長によれば、除染は、「や
れるところ」で実施するため、その範囲は限られてしまいます。そのため、
農家は戻ってきても農業を再開することができないそうです。工場がないの
で働き場がありませんし、病院もありません。請戸漁港でも漁業はとても成
り立たない状況です。結局、街に人は戻ってこず、地域の絆はズタズタにさ
れてしまったというのです。

　牧場を出た後、少し車を走らせました。そして、ガイドさんに、とある家
屋へと案内していただきました。その家屋は、震災後の姿がそのまま残され
ており、洗濯物はかけっぱなしです。内部は衣服や布団が撒き散らかされて
ぐちゃぐちゃです。窓ガラスには、猪がぶつかった痕が残り、獣が家屋を踏み
荒らした様子が伝わってきます。この状況を見ると、帰還が許されたとして
も、この家でどうやって生活を再建したらいいのか途方に暮れてしまいます。

浪江町の中心街を車で通りましたが、いまだに震災の影響が色濃く残っています。地震で倒壊の危険がある家屋には規制線が張られ、生活再建がとてつもなく困難であることを思い知らされます。営業しているのは、ビジネスホテルと飲食店ぐらいしかありません。つまり、復興事業者向けのビジネスしか成立していないのです。この状況では、住民や企業が商売することは難しいと思います。われわれは浪江町役場近辺の仮設商店街で休憩をとりました。この地には飲食店やコンビニエンスストア、日用品店が集まっており、わずかですが人の賑わいを感じることができます。かすかながら、まちの復興への一歩を見たように思います。

　その後、沿岸部へ車を走らせて請戸漁港を訪れました。漁港と言っても視界に入るのは、だだっ広い平地で、作業の方々やショベルカーがいくつも見えました。遠く丘の上には、福島第一原発が見えます。震災後に、この地に展望台が建てられていました。この展望台の入り口近くに設置されたパネルには、この地のかつての姿が展示されています。このパネルを見ると、家屋がこの地一帯にびっしりと広がっており、ここに街が確かにあったことを教えてくれます。しかし、現在は一面に何もなく、その面影を感じることはできません。小高い山の上に移動すると、震災犠牲者を弔う慰霊碑が安置されていました。おびただしい数の名前を見るにつれ、改めて震災被害の大きさを思い知らされるのです。

　われわれは、国道を南下して富岡町を訪れました。ここは桜並木の名所通りで、桜は六分咲きといったところです。それでも十分に美しさは伝わってきます。ただ奇妙な風景が1カ所ありました。道路を挟んだだけで、バリケードで「線引き」がなされていたことです。一方は、突貫工事がどんどん進み復興へと向かっています。しかし、その向かいは帰還困難区域ですから、震災時そのままで時間は止まっているのです。この名所通りは、震災復興の光と影を同時に感じさせるのです。

第2節　解決まで30年

－第15回調査活動記　2018年8月－

〔第15回活動概要〕

2018年8月1日～8月3日

参加者：学生15名、教員1名

◎内堀雅雄福島県知事への表敬訪問

◎飯舘村教育委員会へのインタビュー調査

◎福島県庁、北沢又復興公営住宅へのインタビュー調査

◎浪江町、富岡町へのインタビュー調査

◎ロボットテストフィールド、中間貯蔵施設での調査

15回目の福島県訪問では、15名の学生が参加しました。今回は、福島県庁職員の佐藤安彦氏の事前調整や当日の案内を受けて、南相馬市のロボットテストフィールドや浪江町の商店街、中間貯蔵施設など、復興の最前線を見学させていただきました。最終日の3日目には福島県庁で、内堀雅雄知事への表敬訪問を果たし、福島への想いを伝えました。

「福島の今」を伝える関大生たち（公開講座「ふくしまの今と未来」2018年12月、立命館大学いばらきキャンパスにて）

1 自分自身で感じること

〈1日目：8月1日〉

　2018年8月1日、午前7時15分、関西空港第二ターミナルで学生たち
と待ち合わせました。この地から、15回目の福島への調査活動が始まります。
　「福島の今を自分の目で見る」
　この目的意識を共有し、実りある活動にしたいと思います。

　正午過ぎに、われわれは福島駅に到着しました。私は、復興状況を確認す
るため、環境再生プラザへ向かいました。施設の展示を見ると、現在は、中
間貯蔵施設への移送が始まっている段階で、各地の除染が思ったより早く進
んでいることがわかります。翌日の中間貯蔵施設の視察を控え、貴重な情報
でした。
　午後3時からは、福島県庁で、福島県の復興状況について取材させていた
だきました。まず、県職員から、震災から現在までの福島県の変化を説明し
ていただきました。続いて、インフラ整備や住民避難など多岐にわたる現状
を、各担当者が丁寧に説明してくださいました。
　双葉町など沿岸部は帰還が進まない状況ながら、全体としては、なんとか
復興に向かって奮闘しているという印象でした。とにかく、道路整備や減災
のまちづくりなど一歩一歩できることに取り組んでいく。そして、原発周辺
地域を最先端技術の拠点にするなど、新たな付加価値をつけようとするビ
ジョンもあるようです。まちづくり像や復興ビジョンは、あくまでも市町村
が主役です。その歩みを県庁としてサポートしていくそうです。こうした県
と市町村の役割分担が明確にイメージできたことも印象的でした。
　いつも感じることがあります。福島県に来て、県庁や市町村職員はじめ、
復興の最前線の方々の話を聞いていると、本当に真摯に仕事されていると痛
感します。みなさん、それぞれ使命感を持って体に鞭打って頑張っておられ
ることも伝わってきます。しかし、一方で、各地域を取材すると、地域の方

からは、この復興への施策をめぐって、福島県庁への不信感を感じることもあります。この溝の深さをどうすればいいのかは、わかりません。これも、福島県が向き合うべき課題なのだと思います。

　福島県庁での取材を終えて、学生はこのような記録を残しています。

◆関大生（3年生、女性）の記録[1]
　2018年8月1日〜8月3日の福島訪問で私が一番印象に残っているのは、1日目県庁の取材で佐藤安彦氏の「福島の復興はまだ終わっていない、今もまだ福島の人たちは戦っている」という言葉だ。この言葉で福島はまだ復興の道半ばで、まだまだ支援が必要であること、原発被害によって他県よりも復興が遅れている現状、福島の今を正しく伝える必要性を再認識した。私自身もちろん福島の復興が完結したとは思っていなかったし、3月の訪問の際に沿岸部のまだまだ手付かずの現場を見てきたが、市内や県庁の方々もまだ福島は復興の途中で、県外や東北以外では風化している震災の記憶も県内ではまったく風化などしていない。この意識の違いをいかにして埋めるのかが課題だとおっしゃっていた。
　福島の今を正しく伝えるためにはどうすればいいのか、県庁の職員の方々のお話を含めて考える。大きな災害、事故などが起こった時、その後は情報が錯綜しそれらに左右されがちである。東日本大震災、津波、原発被害を受けた福島についても正しい情報を伝える必要がある。そのためには実体験が一番有効で、震災を経験した人の実際の声、現場を自分の目で見て伝えることが一番多くの人の心にささる。私たち実際に見て聞いた者が伝えることも重要である。しかし、県庁職員の方々は実際に福島に来て自分の目で確かめてほしいと皆さん一様にそうおっしゃっていた。では私たちは少しでも多くの人に福島を知ってもらうために、福島について考え意識してもらうために発信活動を行い、福島に行こうという人を増やす努力をすべきである。福島に来てもらう、行こうと思ってもらうためには安全性のアピールが必要だと思う。

2 復興への「答え」でなく「宿題」──中間貯蔵施設を見学
〈2日目：8月2日〉

1 南相馬市

2日目の8月2日を迎えました。午前7時30分、貸し切りバスで、南相馬市へ向かいました。この1日は、佐藤安彦氏ら県職員の方々が案内役を引き受けてくださいました。バス内では、学生たちが自己紹介ののち、福島での活動への意気込みを一人ひとり、佐藤氏へ丁寧に語りかけていました。みんな、「自分の目で福島を見たい」と言います。学びへの純粋な情熱を感じ、取材の成果が予感できました。

南相馬市に入りました。われわれは、まずロボットテストフィールドを視察しました。広大な敷地にドローンの試験研究施設を急ピッチで建設しています。この地では、今後、企業立地を促したり研究者の交流を図ったりする

10−6 ロボットテストフィールドの建設現場。福島の新たな産業研究拠点となることが期待される。

ことで、南相馬市を産業技術の最先端拠点として地域活性化へつなげたいそうです。現在のところ、広大な敷地には建物はほとんどありませんが、数年後には見違えるような施設が生まれていることでしょう。

　次に、南相馬市小高区を訪れました。私は、震災以降、この地を何度も訪れています。初めて訪れたときは、街に人影はなく、ただただ静寂の街でした。しかし、前回訪れたときは、住民帰還を目の前にして、建設工事の音が激しく響いていたのです。

　そして、今回。街を歩いてみると、音はとても静かになっていました。メインストリート脇には、病院がいくつも目にとびこんできます。新しい家屋がたくさん建ち並び、街が再生していることを感じます。小高駅からは学生たちが何人も降りてきて、若い人の息吹をも実感できます。小学校近くを歩いていると、子どもたちの甲高い声があちこちから聞こえてきたことに驚きました。子どもたちは、この地で確かに学んでいるのです。私は、かつて、この地域のK氏に取材したことを思い出しました。K氏は、通学路の安全性を確かめるために、小学校への通学路の放射線量を測定されていました。小学生の安全を願っての地道な活動が、このように報われたのです。

　小高駅前の通りから少し離れて坂を登り、小高産業技術高校へ足をのばしました。道路からグラウンドを見ると、高校生たちが野球の練習をしていました。高校生たちは、道行く私たちに「こんにちはっ！」と、行儀よく元気にあいさつしてくれました。思わぬもてなしに本当に驚きましたが、気持ちいいものです。街の活気はこうした言葉からも感じられるものです。この生徒たちは、今後は、技術者としてロボットテストフィールドで研究活動に活躍することを期待されているそうです。小高区の子どもたちが産業技術高校に進んで先端技術について学び、ロボットテストフィールドでその力を生かせれば、地域内で若者を主役にできます。その日が来れば、小高区の地域の力は、もっとたくましいものになる。そんな希望を抱かせてくれました。

2　浪江町

午後0時10分、浪江町へ入り、「浪江町仮設商店街まち・なみ・まるしぇ」

10 − 7　小高区の街の風景。住民帰還が始まり、人々の声が聞こえるようになった。

10 − 8　小高駅は再開し、住民や高校生の行き交う姿が見られた。

を訪れました。学生たちと浪江焼きそばを食べに行ったら、20分待ちの大盛況です。この地が街の拠点となっていることを感じます。すぐ近くの浪江町役場へ入ってみると、帰還者向けに高速道路の無料カードの案内がありました。住民帰還へ向けてできるだけの手を打っているのでしょう。浪江町仮設商店街へ戻ると、佐藤安彦氏の手引きで、浪江町の副町長を紹介してもらいました。副町長によれば、浪江町は企業誘致を進めて、産業と雇用を創出して住民帰還を進めているそうです。補助金政策も功を奏したのか、大企業の進出もみられるそうです。働く環境が整えば、住民の生活にも光明が見えてきます。ただし、現在の住民のことを聞いてみると、かつて2万人いた住民は現在約800人に留まっているそうです。それでも副町長は、まずは4,000人を目標に頑張るそうです。現在、子どもは小中高で10人、こども園は13人が在籍しているそうです。そして、保育士が足りず人手不足が深刻だともおっしゃっていました。そんな状況でも、副町長は「10人も帰ってきたねえ！」と、ハキハキ話された姿が印象的でした。確かにこの子どもたちが浪江町の希望になります。短い時間でしたが、その力強い言葉に、浪江町復興への強い意志を感じることができました。この後、一部の学生たちは、ボランティアガイドの案内で、浪江町の視察に向かいました。

　浪江町を訪れた学生の記録です。

◆関大生（3年生、女性）の記録[2]

　2日目、午後には、震災の被害が大きいとされていた浪江町へ行きました。浪江町沿岸部、請戸地区には、何もなかったです。草が生い茂り、汚れた建物、骨組みだけの建物だけが残されていて、7年前までここに人が住んでいたのかと疑うくらい、何もない場所でした。災害危険区域に指定され、住民の方たちは、仕事を失い、離れざるを得なくなった町に新しく作られたものは、慰霊碑でした。慰霊碑に書かれた名前を見ると、震災により亡くなられた多くの方々がいることを改めて実感しました。地域ごとで名前が書かれているため、特定の地域では、津波の被害が直接的であったことがわかりますし、同じ苗字の方が続いて並んでいると、家族全員が同じ場所で震災に遭ったことがわかりました。

　もうひとり、浪江町を訪れた学生の記録です。この学生は1日目に、浪江町から福島市へ避難している方にも取材を行っていました。

◆関大生（3年生、女性）の記録[3]
　印象的なエピソード
　8月1日に取材した北沢又団地の復興公営住宅の取材が印象に残っています。それは、私が70代の女性2名と男性1名に取材をしていた時、「浪江に帰還したいですか？」とうかがうと「ハハハ」と3名の方が笑われたことです。この3名の方々にとっては浪江に帰ることなんて夢のような話なのだと強く感じました。「みんなで帰れるなら帰りたいけど、それまでには死んじまうわあ」と笑いながら話されている様子をみて、改めて何も悪くない福島県の方の生活をガラッと一瞬にして変えてしまった地震の怖さを考えました。8月2日に3名の方々が住んでいらっしゃった浪江の町を実際に自分の目で見て、昨日の笑顔の裏に隠された気持ちをより考えさせられました。田んぼには木が生え、コンビニや駅の入り口は木で覆われ、家の前にはバリケートが張られ、小学校の下駄箱の中には当時の学生の靴が残り、この場所だけ7年前の震災の日から時が止まっていま

した。自分の目で見て自分の耳で聞いたことで、福島はまだ復興の途中であるという言葉の意味をより深く理解することが出来ました。

3　中間貯蔵施設を見学

　午後1時30分、浪江町仮設商店街を出発し、中間貯蔵施設へ向かいました。この中間貯蔵施設の見学は希望者のみの参加です。われわれは、途中、帰還困難区域、福島第一原発を横目に見ながら国道6号線を南下していきます。そして、午後2時。大熊町に入ると、国道から交差点を太平洋側へ曲がって中間貯蔵施設へ向かいます。このゲートでは、本人確認など、厳重な入域管理を受けて敷地内へ入ります。途中、何台もダンプカーとすれ違い、道路脇で清掃作業する人たちが目に入ります。放射性物質を含んだ土壌や廃棄物(以下、「除去土壌等」と表記)の受け入れが、今、まさに途上であることがひしひしと伝わってきます。

　バスは、プレハブ舎の前に停車し、われわれはその屋内に案内してもらいました。会議室で全員着座すると、職員から中間貯蔵施設の詳しい説明を受けました。福島県内からここに運び込まれた除去土壌等は、30年もの間、この地で保管されるそうです。しかしそのあとの行き先はどうなるのでしょうか。それはいまだに決まっていません。施設の方々は、この設備の充実を図り、県内各地の除去土壌等を少しでも早く受け入れるよう、ただただ目の前の業務を進めていく。そして集めた除去土壌等の管理も行う。「そういう立場で進めるしかない」ということではないでしょうか。この現状をみたとき、人は、「復興は進んでいる」あるいは「復興は進んでいない」と、どちらにも解釈できると思います。ただ言えることは、どのような解釈があったとしても、現時点で、この場所が、復興の拠点になることは間違いないということでした。

　もう少し、中間貯蔵施設について述べます。正直に言えば、施設はいまだ建設途上にあることに驚きました。前日、環境再生プラザを訪問した際に、除去土壌等の搬入が始まっていることを聞いていました。だから、敷地内の施設がすべて完成しており、万全の態勢を整えたうえで受け入れていると

10 − 9　中間貯蔵施設。県内各地から汚染土壌等が集められている。

　思っていました。実際は、「とにかく作った施設に除染物を受け入れて管理する。その作業と並行して設備を広げていく」という印象でした。地域住民の方々や地元自治体、そして福島県とで「安全性」を追求しながら、一つひとつ復興への道を歩んでいるのだと思います。かつてない規模の大災害、ましてや広範囲の原発事故からの復興です。除去土壌等の量的な多さや、安全性への見解の複雑さを考えると、その遂行には膨大な時間が必要とされます。しかし、復興に向けていち早く処理を進めていかなければならないのも事実です。ですから、「今のベストの答えで、一つひとつ進めていく」しかないのかもしれません。中間貯蔵施設には、原発からの復興への「答え」を見つけに来たのですが、むしろ「宿題」が見つかりました。それは、「未来への宿題」です。そして、いつ解けるかわからない、われわれにつきつけられた「宿題」でもあるのです。

　学生の感想も以下に記します。

◆関大生（3年生、女性）の記録[4]
　○視察で知ったこと
　　中間貯蔵施設では、現在3カ所が稼働しており、2018年度は180万㎥回収予定である。また用地確保の点では、2020年までに、大熊町、双葉町の帰還困難区域で最大1150haを取得予定としている。現在も用地取得のために契約をし、土地を買収しているが、すでに地主が高齢で亡く

なられており、相続がされておらず、契約が進まないことがあるなど、問題も多い。今後も用地確保を進める予定である。

貯蔵施設内には高濃度の汚染物質を密閉して運搬するために、大きなベルトコンベアが建設中であった。また、施設内に15mもの高さまで積み上げられた土には風水で崩れないよう、排水層を入れるなどの安全面の工夫もされている。中間貯蔵施設へ輸送される順番は、市町村と福島県が調整して決められている。

○感想

まず、バスから見た中間貯蔵施設内の土地の、広大さに驚きました。まだこれから貯蔵地が広がっていくと知りさらに驚き、今後10年ほどで本当に作業が終わるのか、と感じると共に、7年の歳月が経っても、震災の爪痕を感じました。

中間貯蔵施設内で話してくださった方の、「そのままを伝えてください。7年経ち、関西や関東で災害が起こると、東北のことは忘れられてしまう」という言葉や、「7年たち、国の政策的にも忘れ去られていき、できるところとできないところが分けられてしまう」ということを聞き、福島の現状を知る大切さや、それを多くの人に伝える大切さ、必要性を感じました。そして、私自身も震災・原発を忘れてはならないと感じました。

また、放射線量が安定するまで30年間かかるということを聞き、最低でもこれから30年間は、福島は放射線と関わる必要があり、中間貯蔵施設はなくならないという事実に、福島の現状を目の当たりにしました。

3　福島の発信への決意——内堀雅雄福島県知事との出会い

〈3日目：8月3日〉

1　福島県知事への表敬訪問

午前8時30分、福島駅前のホテルから、徒歩で福島県庁へ向かいました。福島県知事を表敬訪問するためです。県知事への面会ですから、学生はみんなどこか緊張の面持ちでした。

午前9時、われわれは、福島県庁に到着し、まずは県職員から復興状況の説明を受けました。農林水産部の職員からは、農地の除染や風評被害の問題を説明いただきました。福島県では、世界的にみても厳しい水準で検査基準を設定して除染を進めているものの、販売促進の進まない状況が伝わってきました。危機管理部の職員からは、震災以降の除染の進捗についてうかがいました。震災以降、放射線量は、自然減や除染の効果があって、ほとんど他の地域と変わらない状況にまで進んだそうです。問題は、「この進捗をいかに知ってもらえるか」ということです。さらに、企画調整部長からもお話をいただきました。大事なことは、「風評と風化」の問題だそうです。福島の被災状況については、問題があったときだけ情報発信されるため、福島のマイナスイメージがどんどん一人歩きしてしまうそうです。その一方で、福島がいまだ復興の最中にあることが忘れられてしまう。人の記憶というのは皮肉なもので、ネガティブなものばかり残ってしまい、ポジティブな側面は忘却されてしまいがちです。だからこそ、現場を見た学生自身が発信して、関西の方々に耳を傾けてもらうことが大切なのです。職員のみなさんが貴重な時間を割いて、学生たちに強く訴えかけてくれる。ありがたいことです。

　そして午前10時になりました。内堀雅雄知事への面会の時間です。部屋の中が緊張で張り詰めるなか、颯爽と内堀知事は現れました。室内は、一瞬で独特のオーラに包み込まれ、われわれは血が逆流するような緊張感で満たされました。

　「ようこそ福島へ」、内堀知事は、学生たちに優しい言葉をかけてくださいました。そして「福島で何を感じましたか」と学生たちを見渡しておられました。学生たちは、しっかりと知事を見据え、福島での学びを毅然と伝えていました。知事は、そんな学生たちやわれわれの活動に体ごと向き合い、学生の言葉にしっかり耳を傾け、学生たちの席まで足を運んで話を聞いてくれました。謙虚でありながら、それでいて信念と強さを感じさせる方でした。

　そして、学生たち。臆せず堂々と、自分の言葉で伝えている姿が印象的でした。このとき、私は、「福島に行きたいという学生の想いに応えること」、そして「学生は福島で確実に成長すること」、さらに「若者を育てることが

10－10　内堀福島県知事への表敬訪問。学生たちは福島での学びを伝えた。知事は学生たち一人ひとりの言葉に耳を傾けている。

使命」という自分の信念を改めて確認しました。その想いを私は知事に伝えました。「すごいことを話していますよ」という知事の言葉、そして知事の差し出してくれた手、グッと握った感覚を、私は生涯忘れないと思います。復興への志にあふれた人物との邂逅は、学生たちにとっても人生の宝になっ

たことでしょう。知事との記念撮影は、これまでの活動の成果だと思います。そんな震えるような時間でした。

2　飯舘村への取材

　県庁への訪問を終えたのち、午後は、タクシーに乗って飯舘村役場へ向かいました。飯舘村の教育委員会の職員と待ち合わせ、この春開校した小学校の施設を見学させていただきました。この小学校は、飯舘村の3つの小学校が合併して小中学校一体で設立されました。この地域の子どもたちは、将来の主役となります。その拠点をみせてもらったのです。職員の説明では、飯舘村の帰還者は、現在約800人だそうです。そして、小学校では、教師の数が比較的多いため、子どもたちへの指導は行き届いているようです。それに、この小学校は、地域のコミュニティとの繋がりを目指した新しい型の学校でもありました。家庭科教室や調理施設は、地域の高齢者との交流スペースとしても活用しています。校舎の廊下の真ん中に来てみると、らせん状の階段があります。そのまわりには、本棚がいくつもあって、あふれんばかりに本が並んでいます。子どもたちが、身近に本に触れることを願ってのことだと思います。つまり、飯舘村の小学校は、幼年期の子どもから受け入れて

10－11（左）　飯舘小学校。学校にはコミュニティスペースが設置され住民との交流を進める。
10－12（右）　飯舘小学校。らせん状の階段に本棚が設置されている。

中学校まで育て上げる。そして、小学校を地域交流スペースとして地域学習を重ねることで、地域への愛着を醸成するのです。教育方法としては、理想的で先進的とまで感じました。とはいえ、4年生は1クラス2人だそうです。在校生には、福島市から通学バスで通っている子どもたちもいます。これから先、子どもたちがどれだけ小学校へ戻ってくるか、そして入ってくるか。大きな課題を残していることは確かです。

3　福島訪問を終えて

　東日本大震災が発生した2011年、われわれは、その年の6月から調査活動を毎年実施して、関西で発信してきました。そんな学生たちとの活動も、今回で15回目を迎えました。

　今年、私は、福島県を訪れてみて、確実に変化を感じました。それは、南相馬市小高区でのことです。私が、震災から1年あまり過ぎたころにこの地を訪問した際は、誰一人いない「沈黙の街」でした。しかし、今回、この地を歩いてみると、病院がいくつも開院し、小学校の体育館からは子どもたちの声が聞こえてきました。高校生からは、「こんにちはっ！」と元気なあいさつが返ってきます。少しずつ、そして着実に前に進んでいるのです。

　とはいっても、国道6号線を走ってみると、大量の汚染廃棄物、バリケードでふさがれた家屋、荒れたままの農地が広がっています。復興への重荷はまだまだ残っています。それでも、福島の方々は、今できることに一つひとつ取り組んでいきます。それぞれの立場で、それぞれのやり方で、やるべきことを続けるのです。

　学生たちは、福島でたくさんの人と出会いました。そのみなさんが、学生たちに、「福島で感じたことを大阪で伝えてほしい」と言います。だから、学生たちに一生懸命に話しかけてくれました。そして、学生たちは、その声に一生懸命、耳を傾けたのです。学生たちは、その言葉を聞くたびに、共感して、自分の心に着実に刻んでいきました。

　2日目の調査を終えて、浪江町から福島市へ帰るバスの中でのことです。私は、取材を終えた学生たちの想いを聞きました。学生たちは出会った人た

ちをこのような言葉で表現したのです。

「不安のなかでも生きていかねばならない人がいる」

「除染が済んでも農業に不安な人がいる」

「住みたくなるような魅力ある街をつくろうと頑張る人がいる」

　ふるさとへの誇り、仕事への情熱、生活への不安、住民間の溝、子育ての苦悩。それらは、すべて福島で住む人々の姿を表すものです。ですから、学生たちは、「自分たちが感じたことを伝えなければいけない」と自分の想いを決意の言葉に変えていくのです。間違いなく、学生たちは、使命感をしっかりと胸に受け止めていました。よくぞここまで、受け止めてくれたと思います。学生たちの成長が頼もしいとも思います。気が付くと、涙がぐっと込み上げてきました。ふと、前の席を見ると、福島県職員の方が、ずっと、うつむいていました。よくみると、メモをとるボールペンを震わせながら、泣いていたのです。その後ろの女性職員も同じです。うつむいて肩を震わせていました。福島での経験は、それほど人を成長させるのです。その軌跡は、県職員の方々にも確かに伝わっていました。学生たちは、必ず、自分の経験を伝えてくれると思います。

「福島を想い、伝え、ふるさとに力を尽くす若者を育てる」

　これからも、大学教師として、私ができることに力を尽くしたい。その想いを新たにした時間でした。

　福島訪問を終えた学生の記録を以下に記します。

◆関大生（3年生、女性）の記録 [5]

　私は3月に福島を初めて訪問して、その時沿岸部を見て津波被害の悲惨な現場や、原発被害地域の様子、希望の牧場でのお話を聞いて、また福島駅周辺の市内を見て、こんなにも差があるのに沿岸部は手付かずのところも多く対応が遅れている、ほったらかしにされている部分もあるなと感じていた。それは、国や県庁の対応が遅いことが原因だと思っていた。

　しかし、今回もう一度福島を訪問して、県庁の方々、沿岸部の方、知事、そして、たくさんの方の話を聞いて、自分の認識が間違っていたのだと分

かった。県庁の方々は市町村と連携して沿岸部の復興にも尽力されていることを知った。帰還問題についても住民に帰還を促すためには暮らしに必要な衣食住、病院、教育、職場の提供が必要で、その整備ができていないと帰還したくてもできないし、帰還してもらいたくても促すことができないジレンマを抱えていると知った。決して対応が遅く、ほったらかしたわけではなく、必死に考えてはいるものの、大津波、原発事故という未経験の未曾有の大災害で手が付けられない現状なのだと知った。

　また、沿岸部だけでなく、広い福島全体を見てもらいたい、原発被害地域だけでなく、その地域でも安全なところを見てもらいたい、福島のこと自体を否定しないでほしいという県庁職員の方々の思いを知った。また、沿岸部の方の話でも、いつまでも被災地ではなく前に向かって進んでいるという気持ちを知った。こうしたジレンマを抱える現状と、イノベーションコースト構想など未来に向かって進む福島についての両面を、橋口ゼミ福島班の一員として関西で発信していきたいと思う。

◆関大生（3年生、女性）の記録 [6]
　○訪問前と訪問後の変化
　福島取材の意味、自分たちの必要性の意味を正しく理解できるように変化しました。
　私は訪問前、福島の方はあまり取材を受けたくないのではないかと考えていました。また、福島県にとってもまだ復興途中である福島のことをわざわざ関西で伝えて意味があるのか、かえって迷惑ではないのか、復興支援であるならば復興の進んだ観光地などだけ取材すべきなのではないかとも考えていました。なので、取材先の交渉や福島旅行の準備が億劫になることも正直ありました。そのため、私は福島県のためでなく自分のまちづくりの研究を進めるために福島に行くという結論のもと福島県に来ました。

　しかし福島に来てこの考えは変わりました。どこの取材をしても福島県の方々はまっすぐ私のことを見て話をしてくれ、資料を用意してくれたり

当時の写真を用意して持ってきてくれたりしました。また、2日目の夜には私たちのためにたくさんの県庁の方々が集まってくださったことにも驚きました。お会いしたみなさんに「ありがとう！　がんばってね！　また来てね！」と温かく声をかけていただき、自分たちの活動は福島にとって少しは意味があり、邪魔者ではないことを強く感じることが出来ました。

　○関西にてどう伝えたいか

　私は関西にて、福島にとってポジティブな面もネガティブな面もすべてをありのままに正しく伝えたいです。私は以前から福島にとってのネガティブな部分を関西にて発信することが誰にとってメリットとなるのか分かりませんでした。しかしこの福島訪問でポジティブな面だけでなくネガティブな面も合わせて伝えることの重要性を学びました。

　この3日間の取材で多くの様々な立場の方々からお話をうかがい、東日本大震災の被災者であっても、一人ひとりが経験した被害は違うことを当たり前のことながら再認識させられました。実際に被害にあわれ今なお自分の家に帰れない方、震災時から様々な地域へ避難しながら今もずっとご老人を守っている方、客観的に福島について研究している方、村のためを想い復興を進める方、県外から福島に進学し被災者のそばで活動する方。多くの人に会えば会うほど、地震・津波・原発の悲惨さに加え福島に住み続けている方々の強さに触れることが出来ました。家も大切にしていたものも一瞬にしてさらい、すべて何もなかったかのような場所に変えてしまった津波の被害。そして自分の家や田んぼがあるにもかかわらず、そこへ行くために許可を必要としてしまった原発事故。福島は復興の進んでいる場所とまだまだな場所があることを佐藤安彦さんはすべて話してくださいました。私はそのネガティブな面を聞き、福島に不信感を覚えるようなことはなく、逆に福島に信頼感と応援したい気持ちがわきました。福島には様々な思いを持った方々がいますが、皆さんの共通点は今の福島を知って欲しいこと、福島に来て欲しいこと、そして福島を大好きなことであると感じました。関西にて「ありのままの福島」を発信することで、今一度関西に住む方々に福島のことを考える機会を持ってもらいたいと思いま

す。関西には福島に行ったことがない方々がたくさんいます。自分たちの一言でその言葉を一生信じて生きる人がいることも考え、関西にて発信したいと考えています。

もう1人、学生の記録です。
福島の経験を関西でどう伝えたいかを記しています。

◆関大生（3年生、女性）の記録[7]
　「福島の今は今後20〜30年後に日本のどこかで起こりうること」という佐藤安彦さんの言葉が大変印象に残りました。今回、家族や知り合いに「福島にゼミ研修に行ってきた」というと、口をそろえて「どうだった？復興は進んでた？」と同じ質問が返ってきました。その会話のキャッチボールの中でも十分に福島の現状や正しい情報を広めることが出来ると帰ってきて実感しました。福島を訪れたことがないからこそ目に見えない放射線もまた怖いと感じてしまう。私は訪れて自分でその地に立ったからこそ感じた皆さんの人柄の温かさ、自然や美味しい食材があふれる福島の魅力の立証者になりたいです。
　浪江町の「まちづくりなみえ」のMさんに、「純粋に質問を投げかけられるのは学生のうちだけだ」とおっしゃっていただいたように、私たちが今回、皆さんから学び、感じた、前を向いて未来の次世代のために行動している「今」の福島を伝えたいと思います。復興という言葉はひとことで説明するにはとても難しいし、福島を訪れてみると余計に分からなくなったのも事実です。しかし、まちづくりの面でも一度決定したら先進国である日本は急ピッチで目標に向かって事業を進める力をもっています。だからこそまた数年経って訪れてみると今とは違う新しい福島があると思います。私たち橋口ゼミもその過程と共に継続して時間を追った変化を届ける必要があると思いました。今回の西日本豪雨や、大阪府北部地震での予測できない自然災害で恐怖と不安に包まれていた中でも、被災経験者である東北や熊本の方々のSNSからの情報に救われた人はたくさんいらっ

しゃったと思います。福島ロボットテストフィールドを始めとして、災害対応の研究や福島の現在の復興への取り組みが、今後日本だけでなく世界で東日本大震災に及ぶほどの災害が起こったとき、リスクを予想して事前に回避できる希望となることを期待したいです。

注
1 「福島訪問個人レポート」(橋口研究室所蔵)。
2 「福島県ゼミ研修旅行　個人報告　2018 年 8 月 9 日（木)」(橋口研究室所蔵)。
3 「福島個人報告書」(橋口研究室所蔵)。
4 「福島研究個人報告書」(橋口研究室所蔵)。
5 「福島訪問個人レポート」(橋口研究室所蔵)。
6 「福島個人報告書」(橋口研究室所蔵)。
7 「活動報告書」(橋口研究室所蔵)。

第11章　ふくしまの未来を

－第16回調査活動記　2019年－

〔第16回活動概要〕

2019年6月6日〜6月8日

参加者：学生14名、教員1名

◎北沢又復興公営住宅、福島民報社、福島県観光物産交流協会、双葉郡未来会議、とみおかプラスなどへのインタビュー調査

◎福島県庁、福島大学、大熊町役場、浪江町役場へのインタビュー調査

◎なみえ創成小学校・中学校での歌の鑑賞授業実施

今回で16回目の福島調査活動となりました。福島の未来を切り拓くべく、大熊町は住民帰還への歩みを始めました。そして、行政・民間組織の方々は各地で力を尽くされています。今回も、一つひとつしっかり福島を見つめたいと思います。

「福島のこれから」を伝える関大生たち（「チャレンジふくしまフォーラム in 関西」2019年11月、京都ホテルオークラにて）

1 福島市の日常

〈1日目：6月6日〉

　午後0時、関西空港から飛行機と電車を乗り継いで福島駅に到着しました。ここから各自取材を始めていくことになります。午後1時40分ごろ、まずは環境再生プラザを訪れました。この施設は、震災以降、何度も訪れた場所で、震災後の推移を知るには格好の場所です。各地の除染状況を見ると、仮置き場からの除染廃棄物の搬出は、各地でどんどん進んでいました。昨年以上に中間貯蔵施設への搬入は、順調に推移しているようです。

　午後3時から、ゼミメンバーはグループに分かれ取材に赴きました。私と学生3人は、福島民報社を訪問し、報道部の方にお話をうかがいました。その方は、震災当時、富岡町に出向き、被災者の方々とともに震災の被害に怯えながらも情報発信をされたそうです。お話からは、震災当日の有様が伝わってきました。震災当日の東京電力への取材、翌日の富岡町から川内村への避難、さらに食料や水、ガソリンが不足する中での取材と、次々にあふれ出てきます。この福島民報社も、震災当時には印刷機トラブルが発生し、危うく紙面発行を断念するところだったそうです。いずれも、震災から8年過ぎても当時を思い起こさせるエピソードでした。

　現在の福島市についてうかがってみると、福島市内では、普段の生活で放射性物質の被害を感じる光景はほとんど見られないそうです。市民は洗濯物も普通に干しているし、外出もしています。空間の放射線量は震災当時より大きく下がっており、放射性物質が原因で病気になった事例も聞かないということです。このお話からは、少なくとも、福島市は復興に向けて着実に歩んでいることを感じます。だとすれば、福島の問題は、この事実がしっかり伝わっていないことにあるのかもしれません。いくら、福島市での生活が平常通り過ごされているとしても、それでも「福島は危険」と言う方はおられます。その一方で、福島の方々の生活が、年を経て変化していることを認識したうえで、福島の問題を判断する必要性も感じるのです。それだけでなく、

福島民報社の取材を通じて、福島を伝えることの限界も感じました。「福島の復興を進めたい」、「福島を復興させたい」と思って情報発信しても、新聞紙面では限界があります。情報への解釈は人それぞれ異なり、どうにもならないからです。どんなに復興の情報を伝えても、一度危険と解釈した人はずっと危険と解釈してしまいます。いくら、高名な学者の言葉を載せても、人の解釈を変えるには限界があります。だから、メディアは、放射性物質の空間線量の減少、復興への実績を地道に伝えるしかないのでしょう。このように、福島の風化を止めることは大事です。しかし、前向きな情報だけでなく、帰還困難区域の存在など、福島の苦しさを伝えることもまた大切だと思います。事実、福島民報社の方も、「実際に来てもらって、福島のあるがままを見てもらうことが一番」とおっしゃっていました。福島民報社への取材で、伝えることの難しさを教えていただきました。

福島民報社を取材した学生は以下のように記録しています。

◆関大生（3年生、男性）の記録 [1]

第一に福島民報社さんは本当にマスメディアとしての使命感に燃えていると感じた。また、情報が偏ることを懸命に避けているなとも思った。自分が特に心に残った言葉として「真実はたくさんあるが事実は1つ」がある。この言葉には福島の風評被害のすべてが詰まっているなと感じた。実際に空間放射線量は○○シーベルトや野菜に○○ベクレルがあったなどの事実は既に情報として開示されている。しかし、この情報を扱う人や捉え方は様々だ。ゼロしか信じないようなゼロ信者、その数値は安全だと言う学者。どちらも同じ数値だが、捉え方は千差万別だ。つまり、人によって「真実」は異なるのだ。これを福島民報社さんはあえて触れないで、どちら側にも付かないで数値を出し続けて読者に考えて貰おうというスタンスであるのが見えた。これはメディアとしては本当に良いことだと思う。どちらかに偏ってしまったらメディアという1つのフィルターを通すことによって大衆操作が可能となってしまうだろう。そこを強調して私たちに伝えようとしていたのを感じ、これが福島民報社さんなりの福島の風評被害

などに対する手段なのだと思った。また、私たちへのアドバイスとして「嘘をつかない」「自分たちの感じたものを伝えて欲しい」という言葉をいただいた。ここにも福島民報社さんのスタンスが出ているなと感じた。

2　帰還とまちづくりと——避難指示解除の分岐点
〈2日目：6月7日〉

1　浪江町

　午前7時30分、われわれ一行は、貸し切りバスで福島市から浜通りの浪江町へ向かいました。

　午前9時35分、浪江町役場に到着しました。ここで、各チームに分かれて取材に赴きます。一部の学生と私は浪江町役場の職員にお話をうかがいました。取材では、職員の方の苦悶の表情が印象的でした。浪江町では、現在、公共インフラの復旧はほとんど済んだそうですが、住民の帰還は進んでいないそうです。そもそも浪江町は、震災前の住民が21,000人に達し、相双郡では最大の街でした。しかし、現在の居住民はわずか1,000人程度に留まっているのです。

　もともと、浪江町は地域でも屈指の商業のまちだったそうです。そのためか、居酒屋など商業施設は比較的早く戻ってきてはいます。スーパーや医療機関がなく、居住環境の整備には不足な点はありますが、今年7月に大型商業施設が開業するなど、明るい兆しも見えます。現在、避難指示が解除されている区域は、住民の約8割が住んでいたエリアなので、とにかくここを拠点に復興していくことが先決ということでしょう。現在は、企業の誘致を進めて、従業員の移住環境も整えているようです。実際に、大企業の子会社が浪江町へ進出したのは明るい材料です。とはいえ、子どもの帰還は苦しい状況です。そんななか、昨年4月に、なみえ創成小学校・中学校が創設されました。これが、子どもたちの帰還に繋がればと願います。

　浪江町職員のお話のなかで、とりわけ印象的だったものがあります。それは、「避難指示解除の判断が、住民帰還に大きな影響を与えたこと」です。

避難指示解除の判断が早かった広野町は住民の約9割が帰還、川内村は約7割、楢葉町は約6割と、住民の帰還は進んでいます。しかし、避難指示解除に時間がかかった富岡町は約5パーセントに留まっているのが現状だそうです。富岡町へは、私たちも幾度か取材に訪れましたが、確かに住民帰還については遅々として進んでいませんでした。つまり、避難指示解除の判断が遅れるほど、避難者の帰還は難しくなってしまうのです。たとえ、避難者が帰還への意志を持っていたとしても、避難先での生活基盤を固めてしまわざるを得ないのです。浪江町は原発から10km圏内にあるものの、空間線量は比較的低い状況にありました。それゆえ、早く避難指示解除の判断さえできていれば、帰還ももっと進んでいたかもしれないのです。この判断が「住民帰還の分岐点」だったとすれば、浪江町の帰還の遅れは、決断時期の問題だったのかもしれません。

現在、浪江町は、浪江町に帰還された方だけでなく、避難されている方への生活支援にも取り組んでいるそうです。とはいえ、浪江町と避難先とで生活圏が離れたために、住民間のコミュニティは分断されました。そのため、顔の見えない住民の間で合意をとらなければなりません。その一方で、新たなコミュニティもつくらなければならないのです。本当に果てしない作業です。職員の方は、「復興への道に答えはない」と言います。それでも、今できることに取り組むしかないのです。

浪江町役場のすぐ隣には、浪江町の仮設商店街「まち・なみ・まるしぇ」があります。その店舗を取材した学生の記録を以下に記します。

◆関大生（3年生、女性）の記録[2]
　○取材内容
　浪江町に戻ってきた当初は人もいなければまだ何もない状態だった。最近では少しずつ人が増えたり、道路が整備されたり、コンビニエンスストアが建てられたりと復興が進んできている。しかし、まだ買い物ができる施設が少ないため不便さがあったり、住民の方からは「もうここには住めない」「魚は食べられない」という声もあったりする。

浪江町を元の状態に戻すことは無理だと考え、むしろ今後は戻すというよりも新しく町を創っていくと考える。町を創っていくうえで、行政にお願いするならば、何かテーマパークのような魅力的なものを設備したらいいのではと考える。

　震災後、営業するにあたって難しかったことは人手不足という点。当初は、なかなか働いてくれる人が見つからず時給を1,500円にまで上げていた。現在は働き手も集まり、主に役場の方や住民の方が1日60〜100人程食べに来るので営業はできているが、夜は出歩く人が少ないため15時頃には店を閉めている。働き手に対する消費者ももちろん必要で、需要と供給のバランスは今後の浪江町を創っていくうえでも課題でもある。

　また、今後の課題として世間の福島県へのマイナスのイメージを払拭することが挙げられる。ニュースによって悪い面ばかりが取り上げられることがあるため、正しい今の状況を伝えていく必要がある。その際、若い世代よりも30〜40代、高齢者の方のほうが福島県に対して悪いイメージを持っているので若い世代に発信していくのを期待したい。

　営業するうえで、何でも話せるアットホームな店の雰囲気をつくり、楽しんで笑って帰ってもらうことを大事にしている。このように会話があることで、他県から来た人にも今の浪江町の現状を知ってもらうことができる。

　〇感想

　店を営業するにしても、町を新しく創っていくにしても、人が必要になるが、町に戻る人がいれば、戻らない人もいて、さらに、少子化が進んでいる現状の中、人材の確保というのはなかなか難しい課題だと思った。しかし、ほとんど人がおられず何もなかった当時に比べると、店は普通に営業できるようになり、道も整備され、少しずつではあるが前に進んでいる。Kさんにとって、浪江町は故郷であり、震災後の店を営業する厳しさに負けず、故郷のために何ができるのかを考え、行動を起こしているということは、故郷への熱い想いを持っているからこそできることだと感じた。

　生きていくうえで、人との繋がり、笑うことは欠かせないこと。人々に

とってこのお店の存在は大きいと思うと同時に、もっとこういった店ができて、活気にあふれたらいいなと感じた。

　震災によるマイナスの部分だけではなく、こうして一歩ずつ進んでいる人々がいて、町も変わってきているということを発信していきたい。

　午前10時50分、なみえ創成小学校・中学校を訪問しました。浪江町役場から車でわずか5分の距離です。校長先生が、玄関でわざわざ出迎えてくれました。校長室に案内いただいたのち、校長先生から学校の説明を受け、校内を見学させていただきました。なみえ創成小学校・中学校は、2018年4月1日に開校。現在、小学生14名、中学生2名が学んでいます。それゆえ、子どもたちにはほぼマンツーマン体制での指導が実施されています。実際に教室を見学すると、先生たちが熱心に指導されています。校長先生によれば、来年も2名の入学が見込めそうとのことです。1年1年、子どもたちの学びの場がにぎわうことを祈ります。校内見学の最後に、学校の2階の窓から、浪江町の遠景を見せてもらいました（**11－1**）。眼下には、震災後に建てられた家屋がいくつも並んでいます。この建屋で帰還住民の方々が過ごされています。そして遠くには海が広がっており、津波の被害を受けた請戸漁港や浪江小学校が見えました。震災の爪痕と復興への建屋が合わさって視界に飛び込んできます。改めて思います。浪江町の復興は、始まったばかりなのです。

　正午ごろから、学生たちは子どもたちにあいさつし、給食を一緒に食べて親交を深めました。午後1時からは、子どもたちへの「歌の鑑賞授業」の準備に入ります。体育館で会場設営とリハーサルを入念に行いました。午後1時20分には、小学生たちが入ってきて鑑賞授業のスタートです。司会の先生が「これから、ミュージックフェアが始まります」とおどけた紹介をしてくれて、子どもたちと私たちの緊張感を和らげてくれました。まずはコンサートです。中川誠十郎氏が3曲を歌いました。そして後半は、「翼をください」、「愛の歌が包む星」、「天まで届け」をワークショップ形式で学び、一緒に歌いました。中川氏の発声と歌詞の指導を受けながら、子どもたちは学生たち

11－1　浪江町の街並み。なみえ創成小学校・中学校の2階からの遠景。近くには、居住スペースが広がり、遠くには請戸の海岸が見渡せる。

11－2　なみえ創成小学校・中学校での交流会。先生方が熱心に子どもたちを元気づける姿が印象的だった。

と一緒に歌い上げました。そして最後は、なみえ創成小学校・中学校の校歌をみんなで歌って、鑑賞授業を終えました。最前列で歌を聞いたり歌ったり

する子どもたち。その後ろで一生懸命手をたたいて盛り上げる先生方の姿が印象的でした。声を出したり、歌詞ボードを指さして子どもたちを励ましたり。住民の生活には、小学校は不可欠です。それは、こうした先生方の熱意があってこそ存在するのだと改めて感じました。

◆関大生（3年生、女性）の記録[3]

　まず、なかなか人がいない浪江町の中に綺麗にそびえ立つ浪江小学校・中学校の独特な雰囲気が感じられ、楽しい交流会になったと考えるゼミ生もいるが、想像以上に緊張感のある取材となったと個人的には思いました。学校案内の際に、校長先生と個人的にお話しさせていただきましたが、その中でも特に印象に残ったのは、私が「こんな広い校舎に数名の子どもがいると少し寂しさが漂うように思いますが、これだけ校舎を広く設計しているのには何か意味があるのですか」と質問したところ、「浪江にたくさんの子どもたちが戻ってきてほしい。約300人もの子どもが戻ってきても対応できるように考えて作っています。そういう願いが込められています」という校長先生のお言葉でした。まだまだ課題が多く、「今のこの学校に足りないところはなんだと思いますか」とゼミ生全体に投げかけておられた校長先生。明るい未来を目指して、試行錯誤されている誠実な姿がとても印象的で、感銘を受けました。

2　大熊町

なみえ創成小学校・中学校をあとにして、われわれは、浪江町から南下し、大熊町へ入りました。この地は、ほとんどの場所が今なお帰還困難区域です。道路わきの住居は、入り口が柵で遮られ、中に入ることはいまだに許されていないのです。午後3時15分、大熊町役場に到着しました。今年、大熊町の一部が帰還困難区域を解除されました。その区域に新設されたのが、この役場の建屋なのです（11－3）。

　この大熊町の復興状況について、おおくままちづくり公社の方々から説明を受けました。それによりますと、この地に役所ができたのは、比較的放射

11－3　大熊町役場。多くの職員の方々が復興に向け勤務して
おられた。

11－4　大熊町。役場の向かいにあるコンビニエンスストア。
貴重な商業施設。

線量が低かったからだそうです。ただし、商業施設はいまだ整備されておら
ず、買い物をする店は役場の前にあるコンビニエンスストアだそうです。確
かに、大熊町役場から道路を挟んで、その建物は見えます。とはいっても、

プレハブ建てで、スペースはアパートの一部屋分に過ぎません。それでも、公社の方は、「あのコンビニで買ったお昼ご飯を食べておなかいっぱいです」とおっしゃっていました。たとえわずかな建物でも、大熊町にとってはかけがえのない存在なのです。事実、この復興拠点ができたことで、帰還を考える住民が増えたそうです。大熊町役場が新設されたこの地は、特に利便性も高いわけではありません。線路からも幹線道路からも遠く、内陸部に入った地域にあたります。ですから、商業施設ができるような場所でもありません。繰り返しますが、放射線量が比較的低い地域にこの建物を建設したのです。役場の中に入ってみると、二階建てで木目仕様の立派な空間が広がっています。多くの職員がおられて驚きました。新たなまちづくりに向けて、たくさんのエネルギーが注ぎ込まれているのです。

　バスの窓から帰還困難区域を見学すると、東電関係の宿舎や太陽光発電施設、そして復興公営住宅など普段の生活を感じるものはほとんどありません。改めて、大熊町のまちづくりの難しさは群を抜いていることを思い知らされます。道路沿いの家屋の前に、おびただしくならぶバリケード。これが取り払われる日は、本当にくるのでしょうか。率直に言って、大熊町の将来ビジョンには制約が多すぎるように感じます。

　私は、まちづくり公社の方に、大熊町の将来のビジョンについてうかがいました。すると、2022年の春を目指して、大野駅近辺の除染完了と並行して、賑わいあるまちづくりを進めていくとおっしゃっていました。目下のところ、大野駅近辺の居住区域では除染が進みつつあり、避難指示解除が見込めそうな状況になっているそうです。その見通しを踏まえて住民説明会が行われています。つまり、3年後にむけて、大熊町の復興が大きく歩みだそうとしているのです。だからこそ、とにかく、今は帰還を考える人への居住環境を整えて、1人でも住民を増やすことが大切なのだと思います。住民の方だけでなく、原発関連のお仕事で移住される方をも見込んだまちづくりを行う。もちろん、子育てや教育環境、公園づくりなどを包摂した総合的なまちづくり戦略は必要です。しかし、そうした中長期的ビジョンはまだまだ考える余裕がないのかもしれません。とにかく、除染の実施と帰還住民の受け入れが大

11－5　まちづくり公社の方々との意見交換会。住民帰還を目指したまちづくりビジョンをうかがった。

切なのだと思います。大熊町の今を視察した学生の記録を以下に記します。

◆関大生（3年生、女性）の記録[4]
　今回初めて役場の方に案内していただきながら帰還困難区域を見ることができて、貴重な体験となりました。今年4月に一部解除になったばかりの大熊町は想像していたより衝撃が大きかったです。たとえば震災発生後のまま残されている施設や家を見たときは、8年も経っているのにこんなにも整備は進んでいないのかと思いました。今自分が住んでいる地域で当たり前の商業施設や学校がないということも大変衝撃を受けました。大熊町役場の方がおっしゃっていた、「またぜひこのツアーに参加して欲しい」というお言葉には大熊町役場の方々の想いが詰まっていると考えます。少しでも多くの人に大熊町の現状を身をもって知ってもらうことが何よりも復興につながるからです。私たちもこの研修旅行を経て様々なことを知りました。それをたくさんの人に伝えていきたいです。

◆関大生（3年生、男性）の記録[5]

　小学6年生のときテレビで東日本大震災を見て衝撃を受けたのをいまだに覚えている。親やおばあちゃんから阪神・淡路大震災の話を聞いたりしてもイメージできなかったり、小学校の避難訓練などめんどくさいなと思っていたりと地震について本当に何も思っていなかったのが、一気に変わった。いつか行ってみたい。実際に見てみたい。ずっと思っていたが、なかなか機会に恵まれなかった。初めて被災地、しかも帰還困難区域というまだ「あの当時」が残っている現場に行ったのは本当に衝撃の連発だった。ここが元農地なのか、家の窓ガラスが割れ、少し傾いている。テレビなどで見たことの無いような物を実際に見ることによって、生きた知識のような物が入ってきたような気がした。この景色と共に、実際に被災者であり、この地域の住民でもあったTさんの話を聞くことによって、震災以前のイメージと今のこの現状、本当に自然の怖さ、そして、原発の事故の影響は計り知れないことがわかった。関西でこのようなものを実際に見た人は少ないと思う。なので私たちがここで見て感じたことを一所懸命に伝えていかないといけないと強く心に刻んだ。

3　地域で活躍する方々

　学生たちは、原発被害を受けながらもまちの再生に取り組む団体にも取材を行っています。その取材内容を記します。

◆関大生（3年生、女性）の記録[6]
──双葉郡未来会議への取材記
　○取材内容

　地震・津波・原発事故による影響の差や、避難状況の違い、家族構成や価値観の相違などによって、分断や軋轢といった状況が引き起された中で、対立するのではなく、異なる価値観や違いをむしろ活かして一緒に考えられる場があったらいいのではという思いから未来会議は立ち上げられた。元々それぞれの町で行われていて、後に双葉郡8町村の枠を超えたもの

として、双葉郡未来会議が行われるようになった。双葉郡未来会議として活動するうえで、8町村で寄り合うようになったので、今まで繋がることのなかった人々の繋がりが増え、友達も増えた。復興していくには人々の協力、助け合いは必要不可欠。また、未来会議という枠があることで自分たちがしたいことが明確になり、しやすくもなった。

　行政の方には、データの提供やイベントをする際に協力をしてもらい、他の市民団体とは主に意見交換や情報共有等を行っている。基本的には、行政や市民団体に期待することはなく、しなければいけないことやしたいことは、周りに求めるのではなく、自分たちで行う。

　復興については、震災の被害が大きかった浪江町、富岡町のような沿岸部の地域は、震災が起こる前の状態に完全に戻すことではなく、ゼロから町を創っていくことで、またゼロからの人々の繋がりをつくることだと考える。また、自分たちの税収で町を賄えるようになったり、町の人々が仕事につけるようになったりというように自立することが「復興した」という意味にしっくりくると考える。しかし、地域や人によって復興の意味は様々であったり、町になかなか人が増えにくかったりと復興には時間がかかる。

　○感想

　みなさんとても気さくで、いきいきしていると感じた。初めて双葉郡未来会議のことを知った時、こういった8町村が寄り合い、協力できる場というのはとても魅力的だと思った。実際お会いしてみても、予想通りで、さらに、新しいことに挑戦していくパワーも感じた。震災後、こうして寄り合うことによって今まで出会うことのなかった人と出会い、友達も増えたという意見がきけたのは何だか嬉しかった。双葉郡は協力し合うことによって震災前よりもパワーアップしているのではと思った。

　午前中に取材させていただいたKさんがおっしゃっていたように、浪江町や富岡町のような震災の被害が大きかった地域では、ゼロから町を創っていくことが復興だとおっしゃっていたので、改めて復興の意味を再確認できたとともに、人によって復興の意味は様々であるということを自分も

含め人々が知っておくことは大切だと思った。また、その町で人々が自立して生活できれば復興したと言えるのではという考えは、あまり考えたことがなかったので、そこまで考えているのだなと驚くと同時に納得もした。

多くの人がメディアを信じ、福島県に対してマイナスのイメージを持っていることはあるが、実際には町の人は普通に生活をして、一歩ずつ前へ進んでいるので、そういった正しい情報を自分たちの言葉で発信していきたいと思う。

◆関大生（3年生、男性）の記録[7]
──とみおかプラスへの取材記
○なぜ、とみおかプラスを立ち上げたか
富岡町では、今、町の復興を本格的に推し進めるために、住民の帰還を目指している。ふるさと富岡を魅力ある町として再生し、発展させるためには、行政と町民が互いに連携・協働し、さらには町内外にかかわらず、情熱を持ったあらゆる人々が互いにつながる環境づくりが求められる。そこで、町内外のあらゆる人々のつながりを土台として、富岡の未来に向けたまちづくりを主導する民間主体の団体である「とみおかプラス」が設立された。つながりと創造による新たな魅力の創出を基本理念とし、町外応援の受け皿と、行政、公共的団体を補完する役割を担っている。とみおかプラスは、町の未来を担う人材の確保、発掘、育成をする「人材 plus」、町に安全や安心、元気をもたらす共助や協働の仕組みづくりである「安全・安心・元気 plus」、町に新たな魅力を生み出す取り組みの「新たな魅力 plus」、町外から町に関われる交流、つながりの仕組みづくりである「交流・つながり plus」の4つの活動を通して、とみおかのまちづくりを主導している。
○行政との違い
とみおかプラスは新聞配達や、イベント企画など様々な事業に活動範囲を広げている。行政との違いはなんだろうか。行政は主にハコモノである。ハコモノとは○○屋をつくったり、道路整備をする。とみおかプラスはそ

こにコンテンツを加える。つまり運営である。行政がふれあい農園を作ったらとみおかプラスはそのふれあい農園の運営を請け負う。行政はお金はあるが専門的知識が少ないため、専門的知識はあるが資金がないとみおかプラスが運営するのである。

○つながりを大切にしてきた出来事について

福島県の沿岸部は、南から楢葉町、富岡町、大熊町というように並んでいる。この３町は双葉郡未来会議に代表されるように、双葉郡としての連携がある。しかし、町の復興状況はそれぞれ違う。南の楢葉町が最も進み、次は富岡町、４月に避難指示が一部解除されたばかりの大熊町が最も復興が進んでいない。富岡町は、いままで楢葉町から、様々な支援を受けてきた。いわばバトンを受け取ったと思っている。今度は、そのバトンを大熊町に渡せるようにやっていきたい。

○これからどうしていきたいか

新しい事業として、夜ノ森駅の周辺の施設の管理権を手に入れ、新しい店を入れていきたい。

始めたい事業の一つに居酒屋がある。今も、居酒屋を町に作ってほしいが、人がいなくて、儲けが出ないからだれもやっていない。しかし、町の居住者数は、現在、約1,000人いる。しかも、住民登録をしていなくても、夜間に町に常住する人口は3,000人いる。居酒屋を始めると人は来るはずである。それなら、とみおかプラスが居酒屋を作ろうと思う。そこから、賑わいのある駅前を作り、賑わいのある町にしていきたい。

何を始めようにも、まず人がいないと話にならない。だから、人を呼び込みたい。

町に不動産屋がないので、宅建業者と住民の仲介役として空き家バンクを始めた。他にも、町に新聞配達屋がないので、新聞配達もしている。しかし、いつまでも代わりをしていると町の商業が育たない。そろそろ、新しく町に不動産屋が入ってくるそうである。そのために、そろそろ空き家バンクの事業を終了し、不動産屋に任せようかと考えている。

○感想

今まで、行政の方から復興についての話を聞いていたので、民間の方から復興についての話を聞けて、新しい視点からの町づくりを知ることができた。

　取材を受けていただいたＳさんは、行政で担えないというより、民間が主体となった町づくりについて、話してくださった。行政はお金を出し、建物、すなわちハコを作ることはできるが、そのハコを自走させることができない。つまり、お金を稼いで、補助金を頼らずに、ビジネスとして成り立たせることができないのだという。

　今まで、行政の方から復興はハード面では進んでいるとうかがってきた。しかし、町づくりを担う主体は、町に住む、住民の方であることが望ましいはずである。また、住民の方が町づくりをしていくからこそ、住民の生活に必要な商業施設、福祉施設が作られ、利用される。町の施設が活用され、住民の方にとって住みやすい、賑わいのある町にだんだんとなっていく。そうして、町が補助金に頼らずに自立できるようになっていく。これこそが、本当の意味での復興に近いのではないかと感じた。

　行政の方の役割と、住民の方の役割が復興には必要であるが、今、求められているのは住民の方が担う役割が大きいと感じた。

4　福島県庁との交流

　午後6時40分、福島市で福島県庁との交流会が実施されました。20人近くの福島県職員が参加してくださり交流を深めることができました。地元の食材をふんだんにいただきながら、学生たちは福島での学びを県職員の方々に伝えていました。県職員の方々も、熱心に耳を傾けてくださり、貴重な交流の機会となったのです。

3　福島から学んだもの

　今回の福島県調査活動も無事に終了しました。2011年6月から数えて実に16回に達しました。思い返してみると、よくここまで継続できたと思い

ます。当初は、徒手空拳でとにかく福島へ行って、それから、ただただ継続して活動しただけです。出会った人を大切にした。一生懸命に関西で発信した。ただ、それだけを続けてきたのです。

　もちろん、学生たちがこの活動の意義を感じて、世代を超えて参加してくれたことが大切でした。今年の参加学生は、東日本大震災の発生時は小学生だったのです。８年前のことですから、記憶も薄くなりつつあったと思います。だからこそ、素直に福島を学び、感じることができたのです。学生たちが、先入観なくお話を聴き、そして吸収しようとする姿勢は、福島の方々の心を開きました。そして、福島の方々は、学生たちにやさしく応じ、貴重なお話をいくつも聞かせてくれました。

　福島は、私にとって、大学教育のあり方を確立してくれた場所でした。「福島へなぜ行くのか？」と問われても明確な答えはありません。「何がわかったのか？」と問われても、明確に答えられません。ただ、わかっているのは、「福島に行った学生たちは確実に変わった」ということです。被災地を実際に訪問して、福島を肌で感じることこそが、復興を進めるうえで意味のあることなのです。しかし、このように調査して発信してきても、終わりにはまったく近づいていません。むしろ、複雑な問題が今も積み上がっています。今回は、そのことを思い知った調査でした。福島の復興への道は、いまだ半ばです。私たちは、これからも、その歩みを見守り続けねばならないのです。

　福島を訪れて学生たちはどのように変化したでしょうか。学生たちの記録を以下に記して、本章を閉じます。

◆関大生（３年生、女性）の記録[8]
　「福島県に行く前と行った後で自分の中でどのような変化があったか」について述べていこうと思います。私は今年の２月に一般社団法人ならはみらいの１dayプロジェクトに参加させていただき、全国の大学生と社員の方とともに福島の復興に携わっておられる方のお話を聞きました。福島へ行く前はまだまだ町が荒廃していてインフラ整備なども滞っていると

思っていました。ですが、いわき市は全然そんなことはなく、自分が生活している地元と変わらぬ街並みでした。一方、浪江町に行くと、見たことがないくらいの量の黒いビニール袋の山が一面にある光景を見て衝撃を受けました。もし自分の家がそのような場所になっているかもしれないと考えると言葉が出ないくらい悲しい気持ちになったことを覚えています。その経験を経て今回の研修旅行では、ある程度福島についての知識が備わった状態であったので、前回ほどギャップや衝撃を受けることはありませんでした。ですが、この研修旅行を終えて変わったことが二つあります。それは「福島県へのイメージ」と「自分のなりたい人間像」や「自分の物事の捉え方」が変わったということです。福島と聞くと「震災・原発」というイメージがやはり定着してしまっていましたが、実際たくさんの場所を訪れて、たくさんの方とお話しする中で福島の魅力をたくさん知ることができました。福島の食材や日本酒は都会や自分の地元で食べるものと比べものにならないくらい美味しく、福島の人々はとても温かい方ばかりでした。実際に足を踏み入れ、五感で感じることがその地を知る最適な手段なのです。また、熱い信念を持って活動されている県庁職員の方や前向きに復興を目指す企業の方、自分なりに生きがいを見つけて人生を楽しんでおられる住民の方々といったたくさんの大人の方とお話をして、自分もこの人たちのような強い人間になりたいと思いました。私はもともと物事をすぐマイナスに捉えてしまう性格で、この研修旅行を計画する中でも自分の力不足に落ち込むことがありました。ですが、この研修旅行で福島の人々の前向きな姿勢を見て、これから困難な壁にぶち当たり、マイナスに考えてしまっても、その壁を壊せるくらい強気な姿勢で挑戦していこうと思えるようになりました。

◆関大生（3年生、女性）の記録[9]

　まず、今回の研修で最も印象に残ったことは、復興していくには人、そして人と人との繋がりが重要だということである。取材先の方々に「復興するには何が必要で、また足枷になっているものは何か」といった復興に

関する質問をした際、様々な意見があった。震災による被害の大きさは地域によって差があるので課題は様々である。震災の被害が大きかった浪江町や富岡町で取材した際は、被害が小さかった地域は元の町を土台として復興することができるが、自分たちの場合は震災前の状態に戻すことが復興ではなく、ゼロから町を創り、そして人々が自分たちの税収で町を賄えるようになれば復興したと言えるのではないかという意見があった。町を創るうえで、人々が互いに協力し合うことは必要不可欠だと思う。協力し合うことで新しいことに挑戦できたり、成し遂げたりすることができる。もちろん協力することだけでなくその町で働く人、消費者などといった人も必要になる。しかし、町に戻ってくる人がいれば出ていく人もいたり、少子高齢化も進んでいたりで人材の確保は決して簡単ではない。実際に町を歩いていても老人の方が多い印象を受けた。もちろん福島県だけでなく、日本では少子高齢化が進んでいて、<u>ある意味、福島県はこの先日本が直面する問題にすでに直面している</u>とも考えられる。また、今回の取材に応えてくださった方々との繋がりを大事にして、「何かこれがしたいから、観光したいから福島に行く」ではなく、単純に<u>「この人に会いたいから福島に行く」というように福島に足を運び、現地の人々と話をすることだけでも私たちができる復興の一部になる。</u>そういったことも含めて今回の研修でできた繋がりは大切にしていきたいと思ったと同時に、「人」そして「人と人との繋がり」が重要だと感じた。

◆関大生（3年生、女性）の記録[10]

　今回の取材を通して、たくさんの人と出会い多くのことを学んだ。それぞれの場所で、復興のために活動を行っておられたが、活動の形はそれこそ違うが、みんなその根底にあるのは「ふるさとである福島のまちが好き。この町を守りたい、元気にしたい」そんな思いではないかと感じた。取材をする中で、「そもそも復興は、どうなったら復興だと思う？」と聞かれ、「元の生活に戻ること」と答えたが、「元の生活には戻っている。自分たちは普通の生活を送っているよ」と多くの方に言われ、<u>「被災地として同情</u>

して欲しいとは思わない。一歩ずつ少しずつ前進している姿を見て欲しい」という声を聞いた。一方で、町がひどい被害を受け、長く避難指示が続いた浪江町では、帰れない人や帰ってこない人々が多いため、家々の7割が破壊されているという。確かに浪江町に行ったとき、人気は少なくお店の営業をしているところも少なかった。また、人が来ないので家が朽ちて荒れている。現状はひどいものだというリアルで辛辣な言葉に胸が痛くなった。みんな帰りたいけど帰れない。長い避難ゆえに新しい土地での基盤が出来てしまって、帰ってくるのが難しいケースや福島に大事な家畜や田んぼがあるから戻ってくる人々。私たちが自分の家を好きなように、自分のふるさとには、帰りたいと思わせる何かがある。帰りたいことに理由はないが、ただ自分の家があるから、大好きな人がいるから帰る。取材をしている中で、福島を守りたいという強い声もあって、そういった強い想いを持った人々がいるから、ここまで福島は立ち直ったのだと思う。強いエネルギーを持った人にたくさん出会った今回の研修で、私も頑張ろうと思える活力をもらった。復興は「人と人とのつながり」これが答えだと思う。歌を教わった中川誠十郎・幸子夫妻がよくおっしゃっていた「一期一会」という言葉。人との出会いを大切にすること。まさにこれこそが復興の答えだ。県外の人が福島の地に足を運び、目や肌で感じたことを帰って自分の周りに話す。その地で会った人々の話に耳を傾ける。人との出会いや繋がりが、またその地に行きたくなる感情を芽生えさせる。傷が大きい分時間はかかるが、そうやって少しずつ進んでいくことが一番の近道だと知った。

◆関大生（3年生、男性）の記録[11]

　最初、福島に行く前のイメージとしては、いくらネットなどで綺麗に復興しているなどと聞いても少しぐらい爪痕が残っているのではないかと思っていた。しかし、実際に福島駅について降りた瞬間にビックリした。それは「普通の街」だったからだ。拍子抜けするレベルになんの手がかりもないような街の様子に一瞬、震災があったことを忘れるレベルだった。

そして取材をして行く中で、ある意味イメージ通りだったのが、帰還困難区域だった。荒れ果てた家、家を守るシャッター、草が生い茂った田畑、これはテレビなどで見た光景であったが、実際に自分の眼前に置いた際には今までのような、他人事ではなく当事者のような感情になった。今まで関西から遠く離れた福島だったので感じることのなかったリアリティーを強く感じた。また、この研修に行っている時に出会った被災者のTさんの話は、より鮮明に脳裏に浮かんできて、今も思い出す。また、行く前は「そこにはたくさんの人がいて実際に生活していた」ということが具体的にイメージ出来なかった。理解はしているけど何となくわからないような感覚だったが、実際にいき、たくさんの人に会い、話を聞くことによって、震災があったということを知った。北沢又第二団地では、いまだに苦しんでいること、コミュニティの問題が予想以上に大きいこと、コミュニティというものが人にとってどれほど大きなものであるのかということに気付かされた。また、予想以上に明るく前を向いている人たちもたくさんいることに驚いた。課題先進地区ということを意識して、震災から前を向いて新しく事業を始めている人たちからは、この考え方を自分も持たないと、と思うようになった。一番驚いたことはやはり県庁の人たちの熱さだった。自分の地元の市役所の人たちの態度や物に対する考え方は良いイメージを持っていなくて、マニュアル通りにしか動かない、定時には颯爽と帰るようなイメージだったのだが、佐藤安彦さんを始め、会った県庁の人たちが真剣に復興を考えて動いていることに当たり前であるが感動した。全部の取材先や会う人たちに対して、私たちの活動を認めてくれるのかと行く前は心配していた。しかし、皆さんが立場や今の感情を問わず、温かく受け入れてくれて、「また来てね」、「もっと話を聞いてほしい」と言っていただき、活動の意義やこれから私たちがこの人たちの想いを無駄にしないように頑張らないといけないという義務感が帰る頃には芽生えた。

◆関大生（3年生、女性）の記録 [12]
　私は、震災後から視察に行くまで、「福島＝"再生不可能なまち"」と

いうイメージを持っていた。そして、広範囲に及ぶ原発の被害は永遠に続くものであり、完全復興は極めて困難であると考えていた。また、再生困難なまちを膨大な資金を投資してまで復興させる必要はあるのかと疑問を抱いていた。なぜなら、復興により人々が、震災以前の生活を取り戻せるのかというと、必ずしも YES とは断言できないからである。そして、そこには風評被害・風化や厳しい労働環境、子育て環境が根強く存在し、避難住民の大半が、割り切れない故郷への思いを持っているに違いないと考える。しかし、実際に福島を視察すると、復興は、少しずつではあるが、進んでいるのだと身をもって感じた。特に福島駅周辺は震災があったとは思えないくらいの街並みであった。そして、視察を行う中で、除染作業も着々と進んでいるように感じた。一方で、震災から 8 年も経過しているにもかかわらず、中心部から外れると寂しい街並みが長く続いていたことが印象的であった。

　視察による最大の意識変化は、“ 再生不可能なまち ”と決めつけるのではなく、福島に住んでいる人々の気持ちを尊重し、“ 再生するにはどうすればよいかを考える ”ことが大事だということである。福島のまちづくりは課題も多く、非常に困難である。しかし、視察を行う中で、被災者は、それらを諦めずに取り組むことを望んでいるのだと感じた。実際に、被災された方とお話しし、私は、故郷への愛着や、震災以前の暮らしを取り戻したい、という人々の熱い想いに刺激された。そして、そのような人々がいることを忘れず、心に留めておかなければならないと強く感じ、まちを再生するためにはどうすればよいか、議論を続けていくべきであると考えた。ゆえに、まちづくりにおいては、様々な視点を駆使して、住民に寄り添った形で復興を続けていかなければならない。

注

1　個人レポート（橋口研究室所蔵）。

2　取材報告書（橋口研究室所蔵）。

3　チームレポート（浪江町なみえ創成小中学校）（橋口研究室所蔵）。

4　〔帰還困難区域〕チームレポート（橋口研究室蔵）。

5 〔帰還困難区域〕チームレポート（橋口研究室蔵）。

6 橋口ゼミ研修旅行個人レポート（橋口研究室蔵）。

7 福島研修個人レポート（橋口研究室蔵）。

8 福島研修個人レポート（橋口研究室蔵）。

9 個人レポート（橋口研究室所蔵）。

10 福島県レポート課題（橋口研究室蔵）。

11 個人レポート（橋口研究室所蔵）。

12 福島県レポート課題（橋口研究室蔵）。

終章　大学生がみた福島

学生福島賞の賞状。福島での子どもたちとの交流活動が
評価されて受賞

1　東日本大震災をみつめて

　私は、学生たちと9年間、福島を見つめてきました。私たちは、震災後、繰り返し福島に足を運び、そこから見えた事実を伝えたつもりです。しかし、それは、必ずしも「福島の真実」をすべて伝えたものではありません。あくまで、私の視点と行動範囲に縛られた情報にすぎないのです。そして、東日本大震災は、福島だけの問題ではないことを意識することも、当たり前ながら大切です。宮城県や岩手県はもちろん、全国各地に避難生活を余儀なくされている方々やその親族、友人にも東日本大震災の影響は及んでいます。

　序章の冒頭で紹介した「復興は、まだ途中なんですよ」という福島県職員の言葉が、今一度重くのしかかります。この言葉を、できるだけたくさんの方々と分かち合えたらと願います。そしてこの言葉に向き合おうとする学生たちが、今もたくさんいることもお伝えしたいと思います。これが、本書を執筆した最大の動機です。

2　東日本大震災と大学

　大学は、東日本大震災にどう向き合うべきなのか。この問いは、今、私たち「大学人」に強く突きつけられています。もちろん、困った人がいれば助けることが大切です。支援を求める地域があれば、ボランティア活動を行う。このことの大切さは、疑いようがありません。事実、たくさんの学生たちが、震災後、被災地でボランティア活動をしています。しかし、敢えて、大学として、ゼミナールとして震災に向き合う場合はどうでしょうか。「何のために、何を目的に取り組むのか」を考えなければならないと感じています。大切なことは、まず、学生が「自分の言葉で被災地の今を発信する」ということです。被災地の現場を見て、聴いて、感じる。そこから自分の頭で考えて、被災地の現実と課題を自分の言葉で発信する。これこそが学生として震災に取り組むべきことではないでしょうか。これは、「東日本大震災の問題を忘れ

ないで欲しい」という福島の方々の想いに報いることにもなるのです。だからこそ、私は学生たちと被災地を訪問し続けるのです。

　そしてもう１つ、われわれが取り組んできた福島の調査活動から言えることは、それが「人を育てる場」であり、そして「学びの場」であったということです。復興調査活動から、たくさんの若者が育ちました。学生は被災地の方々と触れ合う中で、共感する力や伝える力を養います。初対面で、しかも複雑な悩みや悲しみを背負う方々との対話は、学生たちに極度の緊張感をもたらします。しかし、そうであるからこそ、自らの生きがいや使命感を熱く伝える方々に刺激を受けて、学生たちは生きる力を確実に高めるのです。

　いま日本は、地方の衰退や人口減少社会への対応が強く求められています。福島第一原発事故を抱える福島は、この課題の克服が日本中のどこよりも求められています。つまり、福島はこれからの日本が立ち向かうべき道を示す地でもあるのです。このように考えれば、福島へ学生たちを導いてしっかり学んでもらうことが大切だと確信できます。そして学生たちは、福島で本当に成長しました。それは紛れもない事実です。

　それでも敢えて問います。学生たちに福島で学んでもらうことは、本当に必要なのでしょうか。この問いをここで掲げるのは、福島でゼミ活動を行う場合、「なぜ、福島へ学生を連れて行くのか」という問いを、必ず投げかけられるからです。もちろん、福島で学びたいという学生もいれば、そうでない学生もいます。学生本人が福島で学びたくても、両親や親族の反対で叶わなかったという事例はいくつもありました。私は、学生たちのこうした考えや判断は、仕方のないことだと思います。事実、私は、福島の調査活動にあたっては、各学生に両親へ事前相談するように伝えています。そのうえで不参加ということであれば、もちろんかまいません。つまり、被災地での活動に対する学生やご家族の考え方は、それぞれ異なるということです。被災地での支援活動が必要だと考えていたとしても、現地に行くかどうかの話は「別」なのです。

　振り返ってみると、福島では、私のゼミナールだけでなく、たくさんの大学が活発に活動されていました。私の所属する関西大学でもいくつかのゼミ

ナールが活動していますし、関西圏や関東圏、四国の学生の活動も目にしました。全国からこれほどたくさんの学生たちが福島に向き合い続ける、そんな姿に心から尊敬します。みんな、高い志と行動力を持って福島に赴いています。

　だからこそ、大学人たる大学教職員は、「大学教育は、東日本大震災にどう向き合うべきなのか」という問いを、今一度考える必要があるのです。福島や被災地の復興支援に向かう若者にどんな目的意識をもってもらうか、学びを花開かせるためにどう導けばいいのか。被災地の学びを、社会にどうやって還元させていくのか。こうしたことを私たちは考えなければなりません。東日本大震災は、私たち大学人にも、大きな問いを、今なお突きつけているのです。

3　これからの福島

　福島は、福島第一原発事故の問題を抱えています。この問題が福島から消えることは、おそらくないと思います。ですから、福島を「元どおり」にすることは現実的な目標にはならないでしょう。

　福島大学の鈴木典夫先生は、「私の夢は、福島を震災前よりももっと豊かにすることです」とおっしゃいました。この言葉は、数年前、復興への道を模索する富岡町を視察した日に、「福島の復興はどこまで進めたらいいのでしょうか」と、私が問いかけた際の答えです。この言葉を聞いたとき、私は、正直に言えば不可能な目標だと思いました。しかし、この本を執筆している2019年の現在、この言葉はもっと大きな意味を有しているように思えてきました。

　復興と言えば、物的な回復を想定します。道路や鉄道が整備され、公共施設や住宅、病院、日用品店や食料品店、飲食店などが、かつてと同じように立ち並ぶことです。このことで帰還者や移住者を迎えて人口が回復していくこと。これは、もちろん大切なことです。しかし、この回復は、福島にとって、特に相双地域の市町村には難題です。しかし、今にして思えば、それだ

けでなく、「心の豊かさ」をも含めた復興を意味しているように思います。震災以降、福島の方々は、大切な方を失った悲しみや生活の苦しみ、将来への不安を抱えて過ごされています。それだけでなく、これからへの希望や復興への志に生きる方もおられます。この多様で複雑な「想いの体系」が、福島の方々の心の中に形作られていることを、これまでの取材から強く感じました。「悲しみや希望を、すべて受け入れて生きていく」、そんな福島県民が生活する福島は、震災以前に比べれば、確かに膨らみを増しています。もしかしたら、これを「豊か」という言葉で表現したのかもしれません。

　震災の受け止め方は人それぞれ、復興への評価も人それぞれです。福島は、新たなふるさとづくりを目指すために、異なる価値観を有する人々を、すべて必要とし受け入れようとしているのです。だからこそ、福島には私だけでなく、たくさんの人が惹きつけられるのです。

　「なぜ、福島へ学生を連れて行くのか」、その答えはここにある。私はそう思うのです。

あとがき

「福島のありのままを伝えてください」

2011 年 6 月から始まった福島での調査活動。私たちは、お話を聴かせていただいたのち、必ず、「私たちが大阪に帰って、何をしたらいいですか」と問いかけます。すると、いつでも、どこに行っても、みなさんこうおっしゃるのです。「福島のありのままを伝えてください」。私は、この言葉に励まされながら、本書を書き上げることができました。

執筆のきっかけ

本書を執筆するきっかけは、福島大学の奥本英樹先生からのご提案でした。福島での調査活動を始めて、7 年目を迎えていたころでした。奥本先生は、「これだけ継続的に学生たちと福島にこられたのなら、ぜひ本にして出版されたらどうですか」と言われたのです。

正直に言えば、戸惑いだらけでした。私は、震災や原発の研究者ではないのですから。ただ、地域活性化については、ここ数年、フィールドワークを重ね、授業に反映してきた経験がありました。ですから、「では、福島の調査から、地域活性化に向けた処方箋を提示するような本にしてみます」と答えたのです。しかし、奥本先生の考えは違いました。「福島の震災被害の分析や復興政策を提案する本は、もうたくさん出ています。だから、橋口先生は、『福島に行って学生がどう感じたか』を素直に発信すれば良いんですよ」と言うのです。つまり、関西の学生に福島はどう映ったのか。そしてその認識は福島に行くことでどう変わったのか。それを記録として残すことで、福島を伝える、ということです。そして、最後にこうも言ってくれました。「これは、何年も福島に学生と来られた橋口先生にしかできないんですよ」と。そのとき、私は「自分がなすべきこと」に気づいたのです。

「伝えることが支援」

「伝えることが支援」——不思議な言葉に思えます。事実、ゼミに入って
きた学生と福島プロジェクトを立ち上げる際、「福島の今を伝えるのが、私
たちの目標です」と言っても、学生たちは、たいてい不思議そうな顔をしま
す。毎年、新しい学生たちと会う度に同じような反応を受けます。たぶん、
学生たちには、「もっと他の支援方法があるのではないか」という疑問と、「私
たちに伝えることができるのだろうか」という不安とが入り混じっていたか
らだと思います。

学生だからこそ伝わる

実際に学生たちと取材活動をしていると、戸惑いがちだった学生たちは目
に見えて変わっていきます。取材にあたっては、取材先の選定や交渉、事前
質問の作成を、すべて学生自身に担当してもらいます。私は、プロジェクト
の目的やスケジュールについては学生たちに伝えますが、あとはすべて学生
たちがそれぞれチームで準備を進めるのです。福島の現地に行っても同じで
す。学生たちは、4つほどのチームに分かれてそれぞれの取材先を自ら訪問
します。ですから、学生たちは主体的に福島の今を学ぶことになります。加
えて言えば、学生たちは、私が知らない福島をいくつも知っているのです。
つまり、自分の問題意識で福島の方々の声を直接うかがうからこそ、学生た
ちの福島への認識は大きく変わるのです。思い返してみれば、この活動には、
9世代にわたって学生たちが関わりました。それぞれの学生たちが福島の想
いを受け止めて、その認識を変えていったのです。

私は、これまで大阪で社会人に向けて福島での調査報告を幾度も行いまし
た。そのたびに、聴講者の方は、「学生たちの感想を聞きたい」とよくおっしゃ
います。大阪の若者が、どう認識を変化させたのか。大阪や関西の方々は、
このことに強い関心を示してくれます。同じ関西、そして学生だからこそ、
福島の今が伝わるのだと思います。

私の学生時代

1995年1月17日、阪神・淡路大震災が発生しました。当時、私は19歳で大学受験の浪人生でした。1月17日の早朝は、センター試験の翌朝で頭は二度目の大学受験のことでいっぱいでした。そんな折の大震災でした。私は大阪府泉佐野市の実家にいましたが、そこでも大きく揺れました。テレビを見ると、高速道路が折れ曲がり、線路が割れ、家屋の火災が燃え広がる様子がずっと放送されていました。神戸方面の同級生が被災した話も聞きました。しかし、当時の自分は何もしませんでした。それどころか、何をするという考えすらなく、とにかく目の前の受験のことばかり考えていました。そして大学受験に合格して京都での大学生活が始まると、震災に関わるということはまったくありませんでした。

　今にして思うのは、そのとき何もしようとしなかった自分に対する、どうしようもない「悔い」です。数年前、本学に現役の政治家の方にゲスト講演していただいたことがあります。その方は、阪神・淡路大震災でボランティア経験をしたことを機に、政治家を目指すようになったそうです。この国のために何かしたいと考えたそうです。その考えと行動に比べれば、私はずっと何もしてこなかったことになります。今にして思えば、それが東日本大震災に対して私を突き動かす動機にもなっています。そして何よりも、東日本大震災に向き合おうとする学生たちへの尊敬の気持ちをも湧き立たせるのです。

変わったのは自分自身
　そう考えると、この福島の活動を通じて認識が変わったのは、私自身かもしれません。自分の専門外であったとしてもできることがある。特別な能力がなくても、被災地に役立てることがある。誰かのために自分のできることをする。福島を訪問することで、学生時代には決して有していなかった考えを持つようになりました。もっと言えば、「人のために自分ができることをすること」の大切さを、講演会で社会に伝え、授業で学生たちに説くようにもなりました。本書を書き終えて、改めて読み直してみると、その自分の認識の変化がよくわかりました。だとすれば、これまでの一連の活動は、福島

をとりまく「風化と風評」の問題が、私のなかで徐々に解決していく過程だったのかもしれません。

調査方法と参考文献

　本書は、2011年6月から2019年6月までの16回に及ぶ取材活動の記録をもとに作成しました。主な取材先は、各章の冒頭に示しています。改めて、多くの行政機関、民間組織、大学関係者、そして避難生活を送られる方々にお世話になったと痛感します。その温かいご対応に心からお礼申し上げたいと思います。そして少しでも早く、その懸命な営みが実を結ばれることを願ってやみません。ただ、すべての取材の記録を取り上げることは、私の能力の限界と紙幅の制約のため叶いませんでした。ですから、ここでは、本書では伝えきれなかった被災地のメッセージがまだまだあることも記しておきます。

　関大生の記録は、ほぼ原文通り引用しています。ただし、最低限の文章表現の修正は行っており、文章の一部を略した部分があります。取材先の個人名は、原則としてアルファベット表記としていることも付記しておきます。そして、本書には、特に参考文献はありません。先に述べたとおり、学生と私が被災地を取材して、見て聴いて感じたことを、月日の流れに合わせて記したものだからです。そのため、これまでの地域活性化、あるいは震災などの膨大な研究蓄積に、新たな知見を提示することを目的とはしていません。あくまで、「福島で感じたことを発信する」ことを念頭に置いた作品だということです。そのため、通例の学術作品と比べて極めて異色の体裁をとっていることを、ここに確認しておきます。

　関大生たちの膨大な調査記録の編集、整理には、藤澤和久氏に大変お世話になりました。藤澤氏とは、2011年に、彼が関西大学大学院ガバナンス研究科の修士課程に在籍した際に知り合いました。福島の活動には、第3回活動（2012年2月）から参加され、学部学生たちの指導者としての役割も果たしてくださいました。本書の執筆にあたっても、9年間に及ぶ学生たちの膨大な報告書やレポートを整理してくださいました。調査当時の学生記録

がこのように活き活きと掲載できたのは藤澤氏のご尽力の賜物です。なお、藤澤氏は、大学院修了ののち、河北新報社に就職され東北地方各地の振興に尽力されています。福島での学びが、彼の将来を決定づけたのだと思います。

「福島の今」を発信した市民公開講座は、関西大学地域連携センタースタッフの熱意あふれる支援で実現しました。

本書の出版にあたっては、編集工房レイヴンの原章氏から、「学生たちの素直な想いのこもった作品ですね」との言葉をいただいて、本書出版の意義を再確認することにつながりました。福島の今を発信するために、「たくさんの方に読んでもらいましょう」と励ましてくれたのは、関西大学出版部の樫葉修氏です。両氏とも、私の原稿をていねいに読んでくださり、文章表現の完成度を高めることができました。

福島の方々へ

福島の方々には、改めて、本当にお世話になりました。みなさん、苦しい生活環境の中、貴重な時間と労力を割き、「福島の今」を伝えてくださったのです。そのお姿に尊敬の念を抱くとともに、改めて深く感謝申し上げます。そして、本書の執筆に関して、ご理解をいただいたみなさんに深くお礼申し上げます。特に、本書冒頭で、「復興は、まだ途中なんですよ」とご教示くださった佐藤安彦氏は、2011 年から今に至っても、復興の最前線で力を尽くされています。学生たちの受け入れ、被災地各地への案内を一手に引き受けてくださっただけでなく、本書の内容についてもご指導くださいました。もちろん、本書の内容に関わるすべての責任は、筆者である私にあることは言うまでもありません。

最後になりますが、この東日本大震災で犠牲になった数えきれない方々のご冥福をお祈りします。そして、今なお日々の生活に苦しむ被災者の方々の生活環境に、少しでも希望の火が灯ることを心から願っています。

2019 年 12 月

橋口勝利

著者略歴

橋口勝利（はしぐち　かつとし）

1975年、大阪府泉佐野市に生まれる。大阪明星学園で中学・高校時代を過ごし、京都大学経済学部卒業後、京都大学大学院博士後期課程を修了。経済学博士（京都大学）。京都橘女子大学文化政策学部ティーチングアシスタント、日本学術振興会特別研究員・関西大学政策創造学部教授などを経て、現在、慶應義塾大学経済学部教授。著書に、『近代日本の地域工業化と下請制』（京都大学学術出版会、2017年、中小企業研究奨励賞準賞および政治経済学・経済史学会賞受賞）がある。

大学生、福島を聴く——東日本大震災と「心の復興」

2020 年 3 月 1 日　第 1 刷発行
2020 年 10 月 19 日　第 2 刷発行

著　者　橋　口　勝　利
発行所　関西大学出版部
〒564-8680 大阪府吹田市山手町 3-3-35
TEL 06-6368-1121／FAX 06-6389-5162

印刷所　尼崎印刷株式会社
〒661-0975 尼崎市下坂部 3-9-20

©2020 Katsutoshi HASHIGUCHI　　　　　　Printed in Japan

編集協力：原章（編集工房レイヴン）　　カバーデザイン：鷺草デザイン事務所
ISBN 978-4-87354-715-2　C3030　　　　　落丁・乱丁はお取り替えいたします